Trade Policy Uncertainty and Technol
Content Upgrading of China's Manufactur

贸易政策不确定性
与中国制造业出口
技术含量升级

窦钱斌 / 著

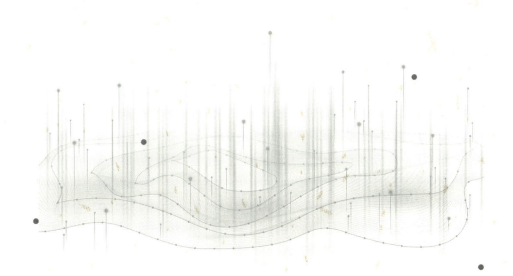

中国财经出版传媒集团

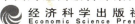
经济科学出版社
Economic Science Press

图书在版编目（CIP）数据

贸易政策不确定性与中国制造业出口技术含量升级 /
窦钱斌著. -- 北京：经济科学出版社，2023.6
ISBN 978 - 7 - 5218 - 4822 - 9

Ⅰ. ①贸…　Ⅱ. ①窦…　Ⅲ. ①制造工业 - 出口贸易 -
研究 - 中国　Ⅳ. ①F426.4

中国国家版本馆 CIP 数据核字（2023）第 101100 号

责任编辑：杨　洋　杨金月
责任校对：刘　娅
责任印制：范　艳

贸易政策不确定性与中国制造业出口技术含量升级
窦钱斌　著
经济科学出版社出版、发行　新华书店经销
社址：北京市海淀区阜成路甲 28 号　邮编：100142
总编部电话：010 - 88191217　发行部电话：010 - 88191522
网址：www. esp. com. cn
电子邮箱：esp@ esp. com. cn
天猫网店：经济科学出版社旗舰店
网址：http：//jjkxcbs. tmall. com
北京季蜂印刷有限公司印装
710 × 1000　16 开　16.5 印张　270000 字
2023 年 6 月第 1 版　2023 年 6 月第 1 次印刷
ISBN 978 - 7 - 5218 - 4822 - 9　定价：60.00 元
（图书出现印装问题，本社负责调换。电话：010 - 88191545）
（版权所有　侵权必究　打击盗版　举报热线：010 - 88191661
QQ：2242791300　营销中心电话：010 - 88191537
电子邮箱：dbts@ esp. com. cn）

　　感谢安徽财经大学、中国科学技术大学知识产权研究院、中国科学技术大学先进技术研究院的资助。

前言 >>>

　　改革开放以来，尤其是中国加入 WTO 之后，在相对自由的国际贸易环境之下，中国制造业通过大量吸收境外直接投资、产业转移以及外包订单等，深度嵌入当代国际分工体系中，这无论是在数量上还是质量上都给中国制造业带来了长足发展。然而，这一发展模式也造成了当前中国制造业在全球价值链分工中处于低端化的困境，高附加值、高技术含量的生产关键环节都被发达国家所控制，中国制造业出口面临着技术含量升级的难题。更为重要的是，与过去相比，当前世界正在经历百年未有之大变局，未来中国制造业出口可能还将面临更加不稳定性和不确定性的外部发展环境，其中，来自出口市场的"贸易政策不确定性"就是不确定性环境的重要表现之一。因此，本书探讨的一个核心问题是：出口市场的贸易政策不确定性与中国制造业出口技术含量升级之间存在怎样的关系？

　　本书主要从理论机制、实证检验、政策破局、动力转换四大视角对这一问题展开研究。"理论机制"着重于从理论层面探讨贸易政策不确定性是如何影响中国制造业出口技术含量升级的；"实证检验"则聚焦于对理论结论和理论机制进行经验数据的证伪检验；"政策破局"则回答了中国施行的自由贸易协定（FTA）战略能够在多大程度上对贸易政策不确定性的负面技术冲击起到"破局"效果；"动力转换"则拓展性地讨论了在不同强度的贸易政策不确定性时期，驱动中国制造业出口技术含量升级的动力转换特征。本书在进行相关研究时使用的数据主要有中国工业企业数据、中国海关进出口数据、CEPII-BACI 数据、WITS 关税数据和 WTO 的 Tariff Download Facility 数据。据此，本书的研究内容大体可以分为以下四个方面。

（1）理论机制方面的研究。本部分基于比较优势理论，从要素禀赋结构、内生技术进步和市场需求三个驱动因素出发，构建了一个能够分析中国制造业出口技术含量升级的理论框架，并在此基础上引入贸易政策不确定性，探析了其在中国制造业出口技术含量升级过程中的作用机制。研究发现：贸易政策不确定性对中国制造业出口技术含量升级具有抑制作用。一方面，市场贸易政策不确定性的提高会引致市场需求扭曲，降低企业出口产品到该市场获得的预期收益，进而使出口企业更倾向于退出该市场，导致企业资本积累速度以及研发可用的投入下降，尤其是在高技术含量产品方面，贸易政策不确定性越高越能够打击企业对高技术含量产品研发所能够获取的垄断利润的期望，造成要素禀赋结构升级机制和内生技术进步机制双重受阻。另一方面，贸易政策不确定性也会通过"对不同产品预期收益的扭曲影响"进一步作用到"多产品企业内部对于产品出口种类的选择"上，市场贸易政策不确定性上升会迫使多产品企业放弃那些在该市场上不具备竞争优势的出口产品种类，而只保留具备足够竞争优势的产品种类。然而，在中国制造业的转型升级过程中，企业出口的那些具备足够竞争优势的产品种类往往是技术含量较低的产品种类，这抑制了企业对于更高技术含量产品种类出口的动力。

（2）实证检验方面的研究。一方面，本部分提出了一个"双边显性比较优势"的构造方法，并在此基础上构建了允许同类产品在不同目标市场上具有差异的出口技术含量指标，然后通过高维面板固定效应模型研究了贸易政策不确定性与中国制造业出口技术含量升级之间的相关关系。实证结果显示，前者对后者的抑制效应显著，这一结果在考虑内生性、政策的滞后效应、解释变量测算误差等各种情况后依然保持稳健，并且还发现尤其是在美国和欧盟发达国家市场上，贸易政策不确定性每上升 1 个单位对中国技术密集型产业出口技术含量升级造成的负面影响要远高于其他市场。另一方面，为了识别出理论分析中的微观机制，本书创新性地分析了企业出口产品种类中"核心产品"和"核心技术产品"之间的差异，前者指的是企业内部出口份额最大的产品种类，而后者指的是短期内最能够帮助企业提升市场地位的更高技术含量的产品种类。研究发现，在核心产品和核心技术产品不等价的企业中，企业出口技术含量升级主要源于核心技术产品出口倾向性的提高，而不是核心产品出口倾向性；中国制造业出口技术含量升级的微观过程就是企业不断地培养自身在核心技术产品出口上的比较优势，使产业的"技术化倾向"不断提高；然而，在贸易政策不确定性上升的影响下，企业为了对冲市场上的不确定性风险，会更加倾向于出口本身更具有比较优势但技术含量相对较低的核心产品种类，这也导致了核心技术产品出口倾向性被挤压，最终导致产业的出口技术含量升级受阻。

（3）政策破局方面的研究。本部分将中国申请参与的 FTA 划分为"主动参与型"和"被动应对型"两类，并分别以申请参与《中国—东盟全面经济合作框架协议》（CAFTA）和《全面与进步跨太平洋伙伴关系协定》（CPTPP）为例，研究了 FTA 战略的"政策破局"效果。在以参与 CAFTA 为例的研究中，本书通过双重差分法设计了一个准自然实验，发现 CAFTA 显著抑制了贸易政策不确定性对中国制造业企业出口技术含量升级的负面影响效应，并且这一政策效果还与企业的所有制、出口方式以及地理区位相关，特别是对上游行业的冲击还可能通过"投入—产出"的关联渠道对下游行业的企业出口技术含量升级带来积极影响。在以申请参与 CPTPP 为例的研究中，本书则通过构建一个一阶差分回归模型反事实模拟了中国参与 CPTPP 对产业出口技术含量增长率的作用，研究发现相比不加入 CPTPP 的情形，加入后能够使中国制造业在大部分行业和目标市场上提高出口技术含量增长率，并且这一作用主要是通过改善行业内"企业平均出口技术含量增长率"实现的，而不是通过行业内"企业间资源再配置效率增长率"实现的。

（4）动力转换方面的研究。本部分则是一个拓展性讨论的环节。首先，本部分创新性地提出了一个二维的拓展动态 OP 分解方法，将中国制造业出口技术含量变化分解为四个来源：目标市场选择效应、技术进步效应、产品—技术配置效应和产品更替效应。其次，通过对出口技术含量增长结构分解的测算发现：中国制造业出口技术含量增长的首要来源是产品—技术配置效应，代表了制造业产品在全球价值链上的战略性攀升过程是增长的核心原因；技术进步效应和目标市场选择效应处于第二梯队，说明推动生产技术进步和策略性选择目标市场对制造业出口技术含量的提升都具有重要作用；产品更替效应较弱，表示出口市场上新旧产品的更替不能有效解释中国制造业出口技术含量的增长趋势。最后，本部分则进一步基于不同强度的贸易政策不确定性分组，对分解的恒等式进行了受约束的似不相关回归，发现中国出口面临的贸易政策不确定性在由低向高进行转变的过程中，动力结构也出现了明显的转换特征，目标市场选择效应和技术进步效应能够对出口技术含量变化进行解释的份额分别表现出"由低向高"和"由高向低"的转变过程。

基于以上研究结果，本书也提出了若干对策建议。如中国应当参与乃至引领 WTO 进行现代化改革；抓住美国当下还未重返 CPTPP 的有利时机，积极推动加入 CPTPP 的谈判进程；推动制造业数字化发展，增加产品的技术含量；引导国内消费者对本土中高端产品进行"内向化"消费等。

目 录

Contents

第一章

绪 言

第一节 研究背景与研究意义

一、研究背景

改革开放初期，为了让中国积极参与国际分工，充分利用国际市场发展国内经济，中央提出了"两头在外、大进大出"的国际大循环发展战略。在这一发展战略的指导下，中国的制造业出口在数量上已经达到了较大规模，在质量上也有了长足的进步，在结构上更是形成了较为完整的工业体系基础。但是，中国制造业在全球价值链分工中仍然处在较为低端的位置，从而造成当下中国在诸多领域被发达国家技术"卡脖子"的事实，这已经严重影响到了中国"制造业强国"战略实施成功的可能性，进而可能成为未来阻碍中国经济稳定发展的重要诱因。主要表现在：第一，中国制造业出口的产品大多是附加值较低、技术含量较低而污染能耗较高的产品种类。2015 年，中国制造业出口到经济合作与发展组织（OECD）国家的增加值为 482. 43 亿美元，澳大利亚、法国、日本和德国的对应值分别为 159. 07 亿美元、564. 10 亿美元、1855. 66 亿美元、1715. 97 亿美元，中国制造业出口增加值总量已具有一定规模。然而，从人均上看，中国出口到 OECD 国家的人均增加值仅有 34. 96 美元，与世界其他国家相比，澳大利亚为 667. 91 美元，法国为 847. 65 美元，日本为 1459.53 美元，德国为 2100.67 美元。① 第二，中国参与国际竞争的企业往往缺乏较强的自主创新能力，对于真正高尖端产品的生产能力不足。例如，2018 年美国商务部针对中国中兴通讯进行了"封杀"，不允许其购买美国的"敏感产品"；2019 年美国商务部单方面将华为列入"实体清单"，禁止华为在未经美国批准的情况下从美国公司进口元器件和相关技术。这些案例都凸显了当前中国制造业在世界前沿技术性的产品创新能力上，总体还有所欠缺。

中国制造业的转型升级成为一个难题，然而与过去相比，当前制造业发展面临的外部环境却没有变得"更好"，反而更加"恶劣"，这可能为转型升级带来更大阻力。党的"十四五"规划指出，当前世界正在经历"百年未有之大变局"，中国经济发展面临的"国际环境日趋复杂，不稳定性和不确定性明显增加"，加上新冠疫情全球大流行的影响，经济全球化的进程阻滞，单边主义、保护主义和霸权主义思想抬头，世界政治经济格局进入了变革动荡期。在这一时代背景之下，可以预见到在未来一段时间内，其他国家市场针对中国制造业出口的贸易政策可能存在较大的不确定性。这种贸易政策不确定性具体体现在：第一，经济主体无法准确获知未来某个市场针对中国实行的某类关税或非关税贸易政策会在何时发生"坏的"变化，当这种"变坏"的可能性增加时，贸易政策的不确定性会提高。② 第二，针对该市场同样无法准确获知未来某项政策"变坏"的程度会有多大，当市场贸易政策向坏的方向发展时，其可以调整的空间幅度越大，表示不确定性程度越高。尽管中国当前已经通过参与《区域全面经济伙伴关系协定》（Regional Comprehensive Economic Partnership，RCEP）、申请参加《全面与进步跨太平洋伙伴关系协定》（Comprehensive and Progressive Agreement for Trans-Pacific Partnership，CPTPP）等诸多努力，尽力地维护了外部贸易政策环境的稳定，然而作为 21 世纪最重要国际关系之一

---

① 资料来源：OECD-TIVA 数据库。

② 对于不确定性的描述需要借助数学工具，不确定性描述的是决策者在事前无法准确获知某一事件的事后状态。假设某市场针对中国在未来一期贸易政策变化是一个随机事件，且存在 {不恶化；恶化} 两种状态，贸易政策不确定性指的是经济主体无法获知未来一期的贸易政策状态是不恶化还是恶化，因而产生不确定性。不确定性的数学量化需要指明某一状态发生的概率，这里将贸易政策不确定性理解为"恶化"状态发生的可能大小。

的"中美关系"，其是否稳定仍存在一定的不确定性。因此，来自出口市场贸易政策不确定性的提升与中国制造业转型升级之间存在何种关系成为一个重要的现实问题。

本书通过"出口技术含量"概念来考察制造业的转型升级问题，其主要原因在于：第一，出口技术含量水平可以较为直接地反映某个制造业行业（或企业）的技术水平，并且由于出口技术含量指标可以通过一国出口的显示比较优势构造而成，因而可以较为方便地进行国家或者产业间的比较。第二，由于出口技术含量也可以从产品层面进行定义，这使我们从微观层面去考察贸易政策不确定性影响制造业转型升级的机制时变得较为容易处理。在此基础上，本书通过几个分解的小问题来对总问题展开研究：第一，出口市场贸易政策不确定性是如何影响中国制造业出口技术含量升级的，结论是否能够得到经验数据的支持？第二，中国正在实行的《自由贸易协定》（Free Trade Agreement，FTA）战略能够在多大程度上对贸易政策不确定性的负面技术冲击起到破局作用？第三，在不同的贸易政策不确定性时期下，驱动中国制造业出口技术含量进行升级的动力是否存在明显的转换特征？

二、研究意义

本书研究意义主要体现在以下三个方面。

第一，本书立足于"百年未有之大变局"的现实背景，研究新时期我国制造业强国战略的发展环境。鉴于学术界有关贸易政策不确定性理论的研究还处在起步阶段，本书的研究将立足于"西方发达国家主导的国际政治经济格局正在发生近代以来的革命性调整变化，未来世界经济版图的格局有赖于中国经济的继续稳定发展"这一基本判断，进而对未来我国制造业强国战略实施所面临的发展环境作出科学预判。

第二，本书立足于中国的特殊情况，探讨了中国出口面临的贸易政策不确定性产生变化的内在理论逻辑。国内外对中国贸易政策不确定性的研究通常将其假定为外生性的条件，然而随着中国经济的快速崛起以及对外发展战略的转变，中国面临的贸易政策环境存在内生性变化，因而简单处理为外生条件是不合适的，本书立足于中国发展的实际情况对这一问题进行了理论机制探讨，这一研究视角具有一定的创新价值。

第三，本书立足于理论联系实际的原则，高度聚焦于我国制造业转型升级受阻的现实问题。从我国制造业转型升级的现实情况来看，一方面，劳动力要素成本优势的变迁内在要求了制造业需要进行转型升级；另一方面，出口贸易政策环境的变化外在要求了制造业转型升级的路径需要进行调整。本书基于贸易政策不确定性视角进行的研究，有助于为未来我国制造业转型升级提供可借鉴的政策建议，因而具有较高的应用价值。

第二节　研究思路、研究方法与结构安排

一、研究思路

在对所要研究的问题进行综合概述后，本书对现有的相关文献资料进行了整理和述评，阐明了本书的理论基础以及边际贡献，在此基础上，首先，本书从理论逻辑上探讨了中国制造业出口受到目标市场贸易政策不确定性的冲击会如何影响产业的出口技术含量升级。其次，通过构建计量分析框架对理论研究中提出的关键作用机制进行了实证检验，验证了两者的负向因果关系以及微观的传导路径。再次，通过反事实框架考察中国正在实施的 FTA 战略能否对贸易政策不确定性的负面技术冲击效应进行破局，并拓展性讨论在不同贸易政策不确定性时期，中国制造业出口技术含量增长的主要动力来源出现了何种转换特征。最后，总结全书主要研究结论并提出相关政策建议。本书的技术路线如图 1-1 所示。

二、研究方法

在研究方法上，本书以理论研究和实证研究为主，辅之以文献研究和比较研究方法（见图 1-1）。

第一，理论研究法。本书主要使用理论研究方法对贸易政策不确定性影响后发国家制造业转型升级的微观机制进行了刻画和分析，主要任务是基于一个普遍的效用函数之上，构建出发达国家和发展中国家在不同技术

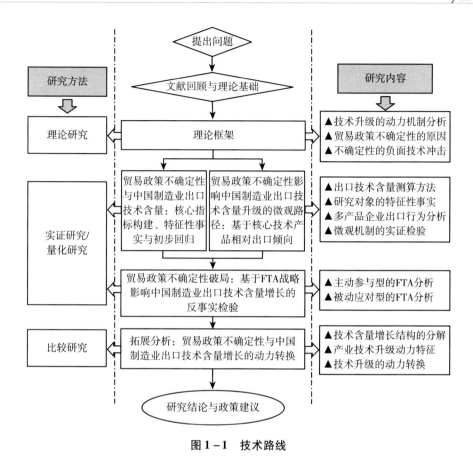

图 1-1 技术路线

含量产品上的市场竞争框架，探讨"后发国家能够摆脱比较优势陷阱以实现技术升级的机制""贸易政策不确定性形成的机制"，以及"贸易政策不确定性是如何通过锁定后发国家比较优势陷阱以阻碍后发国家技术进步的机制"，为后文的实证分析和政策研究提供了理论依据。

第二，实证研究法。本书主要在以下两个方面使用了实证研究方法：一方面，为了对理论模型中提出的影响效应和影响机制进行检验，本书提出了一系列能够反映理论模型机制的实证研究指标，设计了高维固定效应模型、时变参数模型、Bartik 工具变量回归模型等实证研究方法，并利用中国工业企业数据、中国海关进出口数据等微观数据库进行了经验性的证伪研究；另一方面，为了对 FTA 战略的政策效果进行评估，本书分别以中国申请参与《中国—东盟全面经济合作框架协议》（Framework Agreement on Comprehensive Economic Co-operation between the Association of South East Asian Nations and the People's Republic of China，CAFTA）和 CPTPP 为例，分别构造了双重差分的准自然实验模型以及基于一阶差分回归的反事实模拟模型，检验了中国参与 FTA 能在多大程度上对贸易政策不确定性的负面技术冲击效应起到"破局"效果。此外，本书还利用统计数据进行了大量的特征性事实描述分析，可以较为直观地观测本书研究对象之间的现实表现和相关关系。

第三，比较研究法。为了研究中国制造业出口技术含量增长的结构特征，首先，我们在对增长进行结构分解的基础上，不仅比较了不同结构分解项对产业总体技术增长的贡献，还比较了不同产业、不同时期、不同出口市场、不同出口类型以及不同所有制企业等组别之间增长结构的特征差异。其次，为了进一步深入理解中国制造业技术增长与其他国家的差异，本书还将中国与美国、英国、德国、法国、日本、韩国、俄罗斯、印度 8 个代表性国家的制造业出口技术含量增长结构进行了国际比较分析，梳理了中国"特色"的产业技术结构的演进特征。最后，为了对中国制造业出口技术含量增长动力转换进行研判，本书还比较了在高贸易政策不确定性和低贸易政策不确定性组别之间，推动出口技术含量增长的主要动力来源有何差异。

第四，文献研究法。本书首先搜集和整理了国内外大量有关贸易政策和产业技术进步的权威文献，梳理并总结了既有文献有关制造业技术进步动因、一国贸易政策变化影响效应、贸易政策不确定性原理的演进、相关重要指标的测算方法等各方面的研究成果，并着重分析了既有文献对本书研究的问题具有哪些重要启示以及存在哪些不足之处。基于此，一方面，为本书构建理论框架以及设计量化研究方法提供了坚实的文献基础；另一方面，也强化了本书研究的边际贡献，厘清了本书在现有贸易领域和产业经济学领域文献中的位置。

三、结构安排

本书结构安排如下：

第一章为"绪言"。本章在简要介绍本书研究背景后，提出了本书所关心的核心问题：中国制造业出口面临的贸易政策不确定性与出口技术含量升级之间存在何种关系？基于此，本章进一步介绍了对该问题进行研究的研究意义、研究思路以及研究方法等，并初步总结了全书研究中所涉及的创新观点、创新方法、创新视角等可能的创新之处，厘清了本书的核心研究价值。

第二章为"文献综述"。本章在对经济学中的不确定性原理、产业技术进步、贸易自由化等基础理论进行回顾的基础上，总结了既有研究中关于海外市场政策变化影响一国产业发展的各方观点，并分析了各方讨论中产生差异化观点的根源，以及既有文献研究所普遍存在的不足之处，一方面为下一章构建出本书的理论分析框架和经验研究做了重要铺垫，另一方面也进一步阐明了本书相比于既有文献所作出的边际贡献。

第三章为"理论框架"。本章的工作是对本书所关心的核心问题进行逻辑演绎分析。首先，从比较优势理论视角构建出一个能够分析中国制造业出口技术含量升级的统一框架，厘清能够驱动出口技术含量升级的核心因素有什么。其次，引入贸易政策不确定性的分析，探究目标市场针对中国产生贸易政策不确定性的原因，以及不确定性上升对出口技术含量升级的核心驱动因素存在哪些影响，进而可能引致产业出口技术含量的何种变化。最后，提出一个简化的理论模型，给出贸易政策不确定性的形成条件及其对发展中国家内生技术进步机制的影响。

第四章为"贸易政策不确定性与中国制造业出口技术含量：核心指标构建、特征性事实与初步回归"。本章创新性地提出了一个"产品—市场"二维出口技术含量的测算方法，在利用经验数据对贸易政策不确定性与二维出口技术含量进行客观测算的基础上，首先观察了萨缪尔森指出的特征性事实，即中国制造业出口面临的贸易政策不确定性上升并非发展过程中的偶然事件，而是必然结果，然后通过构造一个初步的高维固定效应模型，初步验证了理论分析中的核心命题，即贸易政策不确定性是否在经验上与中国制造业出口技术含量存在显著的负相关关系，并进一步利用各类稳健性检验的方法以及 Bartik 工具变量回归佐证了回归结果的稳健性。

第五章为"贸易政策不确定性影响中国制造业出口技术含量升级的微观路径：基于核心技术产品相对出口倾向"。本章为全书的重点和难点章节之一，基于理论分析，本章提出了一个企业核心技术产品种类的筛选方法，厘清了其与梅耶等（Mayer et al.，2014）构造的核心产品种类的理论逻辑差异，将梅耶等（Mayer et al.，2014）的框架构建成本书框架的一种特殊情形，即企业出口的核心产品和核心技术产品是同一种产品的情形条件。进一步，基于企业对核心技术产品的相对出口倾向性，构造出了产业技术化倾向水平的测算方法，刻画了中国制造业在微观层面的转型升级特征，进而帮助我们从企业的微观产品配置视角探析了贸易政策不确定性影响中国制造业出口技术含量升级的微观机制。

第六章为"贸易政策不确定性破局：基于 FTA 战略影响中国制造业出口技术含量增长的反事实检验"。本章主要探讨了中国正在实行的 FTA 国家战略是否能够有效帮助制造业应对日趋严峻的贸易政策不确定性环境，进行技术升级的政策破局。本章将中国参与的 FTA 战略划分为主动参与型和被动应对型两类，并分别以 CAFTA 和 CPTPP 为例，分别通过准自然实验以及反事实模拟的方法，重点讨论了 FTA 战略如何影响"贸易政策不确定性对中国制造业出口技术含量升级的冲击效应"，同时也拓展性地探讨了中国参与 FTA 后，企业产品出口的自主主导权以及企业间资源配置的相关问题。

第七章为"拓展分析：贸易政策不确定性与中国制造业出口技术含量增长动力转换"。本章是一个拓展性讨论的章节，本章将梅利茨和波拉涅克（Melitz & Polanec，2015）建立在企业进入和退出自选择上的技术进步分解方法（即动态 OP 分解法）进行了技术上的拓展，将技术升级的动力来源拓展到企业在产品和市场层面的二维自选择上。基于这一分解方法上的创新，本章进一步讨论了在高贸易政策不确定性和低贸易政策不确定性时期，中国制造业出口技术含量增长的动力之源有何差异，为未来制造业技术升级的动力转换提供了经验证据。

第八章为"研究结论与政策启示"。本章主要是对全书研究的成果和观点进行系统的梳理和总结，并基于主要结论，为当下中国制造业的转型升级提供一定的政策建议。

第三节　可能的创新点与不足之处

一、可能的创新点

本书可能的创新点主要体现在以下三个方面。

第一,研究视角的创新。(1)关于目标市场的贸易政策如何影响出口国制造业产业技术升级的问题,传统文献的视角主要集中在关税、出口补贴、配额等狭义的贸易政策上,近年来学术界越来越关注知识产权、劳工、环境保护等广义贸易政策的影响,但是既有文献对这些政策进行讨论的关注点多是"目标市场某个确定性政策冲击之下可能对出口国造成何种政策后果",然而在当今全球价值链分工日益紧密的背景之下,政策的不确定性变化问题更加突出,正如汉德利和利蒙(Handley & Limão,2015)指出的,进口国关税政策不确定性变化对一国出口的冲击效应要远高于实际关税变化的影响。本书从中国出口面临的贸易政策不确定性环境这一新视角,研究了其对制造业出口技术含量升级的影响效应,在一定程度上拓展了有关中国企业出口价值链攀升的动因研究。(2)从影响机制方面来看,在梅利茨(Melitz,2003)、梅利茨和奥塔维亚诺(Melitz & Ottaviano,2008)等经典文献的影响下,目前学术界对产业出口技术含量变化机制的解释,最有影响力的一系列文献就是建立在内生化成本加成(mark-up)决定"企业进入或退出"基础之上的企业"自选择效应"机制,然而对于由微观企业内部产品种类扩展边际变化引发的技术变化机制关注相对较少,尤其缺少对多产品企业内部核心产品种类的关注。本书创新性地剖析了企业内部出口的多产品种类之间存在核心产品和核心技术产品种类的差异,在理论和经验两方面证明了即使不考虑企业的进入和退出,企业对于不同产品种类内部相对出口份额进行选择的自选择效应(也即对于核心技术产品相对出口倾向性扩张的选择),也可能影响产业层面的技术进步,丰富了企业异质性产品出口的微观机制研究。

第二,研究方法的创新。(1)既有文献对于企业(或产业)出口技术含量的测算普遍采用出口目标市场同质性的假设,即同一产品在不同市场上出口的技术含量相同,这一同质性假设能够成立的前提是某国对于某产品的显示性比较优势不会随着出口目标市场的改变而改变,然而在双边贸易政策、目标市场独特禀赋等各类因素的作用下,双边显示性的比较优势会被扭曲,造成某国对某产品进行生产的技术水平在不同市场上存在差异性,因而导致出口技术含量应当具有市场异质性。为了解决这一问题,本书在豪斯曼等(Hausmann et al.,2007)的基础上,通过引入目标市场对本国出口产品产生标准化需求的一个CES效用函数,创新性地提出了一个考虑目标市场差异的显示性比较优势指标，并基于该指标构造出了"产品—市场"两维的出口技术含量测算方法，经过多角度验证后，发现该指标的应用性较强。（2）梅耶等（Mayer et al.，2014）指出，企业出口的"核心产品"是企业核心竞争力所在，并提出核心产品的筛选方法是提取企业内部出口份额最大的产品种类。本书认为在转型国家中，如果企业内部某个出口技术含量更高的产品种类无法"成长"为核心产品的话，企业将只能够在低端产品市场上获取竞争力，而无法实现转型升级。本书基于"企业的产品选择对企业市场地位的平均贡献"和"产品—市场二维出口技术含量"两者的相关程度，创新性地提出了一个能够筛选出作为企业正在进行转型升级"靶向性"的产品种类的方法，进而帮助我们从微观产品层面去理解产业转型升级的机制。（3）目前学术界对产业技术增长结构的分析多是建立在 FHK（Foster et al.，2001）、GR（Griliches & Regev，1995）、BG（Baldwin & Gu，2006）和 DOP（Melitz & Polanec，2015）4 种结构分解方法上，其中 DOP 方法被认为是最能够还原经验事实真相的方法。但是这些方法均是建立在产业组织的经典问题"企业进入和退出"基础上，然而本书的研究表明，企业内部出口的产品在不同目标市场上的进入和退出会导致出口扩展边际的变化，也会引致产业层面平均的出口技术含量变化。因此，本书对 DOP 方法进行了进一步拓展，一方面是将该方法引入产品—市场层面的结构分解中，另一方面是将这一种一维分解的方法拓展到了两个维度。

第三，基础理论的创新。一方面，本书的理论模型放弃了梅利茨（Melitz，2003）、梅利茨和奥塔维亚诺（Melitz & Ottaviano，2008）、梅耶等（Mayer et al.，2014）诸多经典文献设定的垄断竞争市场之中异质性企业能够自由进入和退出的理论框架，而是将李嘉图的比较优势理论引入不同技术含量产品的国际分工之中，构建了一个包含两种替代性产品（高技术产品和低技术产品）、发达国家和发展中国家在不同技术含量产品上进行市场竞争的理论框架，并且将发展中国家在高技术含量产品比较优势上的获取内生到了一个内生技术进步机制之中，进而可以分析贸易政策不确定性是如何通过改变发展中国家的内生技术进步，最终引致出口技术含量的变化的。另一方面，汉德利（Handley，2014）、汉德利和利蒙（Handley & Limão，2017）、冯等（Feng et al.，2017）诸多权威文献在理论推演中均假设了企业出口面临的贸易政策不确定性为一个外生性条件，本书创新性地探讨了中国出口面临的目标市场贸易政策不确定性产生的原因。本书认为这与中国在不同技术含量产品生产上的比较优势演化有关：当中国采用静态比较优势参与国际分工时，中国制造业出口技术含量会陷入升级"陷阱"中，发达国家对中国的贸易政策不确定性会相对较低；当中国利用外资或技术转移提升自身的动态比较优势时，虽然能够进行出口技术含量升级，但是受到发达国家的技术前沿限制，依然处在发达国家的从属地位，贸易政策也不会产生较大不确定性；而当中国通过内生技术进步培养出自身的内生比较优势时，中国的技术进步可能会向发达国家进行后发赶超，进而威胁到发达国家在高技术含量产品上的垄断地位，发达国家出于保障自身的出口收益会产生贸易政策变化的不确定性。

二、不足之处

在量化分析的过程中，中国工业企业数据库和海关进出口数据库是本书的两个重要微观数据来源，然而受限于目前学术界普遍对这两个数据库的较差可获性，本书掌握的这两个数据库的原始数据样本年限分别为1998～2013年和2000～2015年。这也导致我们无法观察在2018年中美贸易冲突这一重大历史事件之下，中国出口面临的贸易政策不确定性陡然突变，对中国制造业技术升级的重要影响。这对本书来说既是一个遗憾，也是一个不足之处。

第二章

文献综述

本书将从贸易政策不确定性视角研究中国制造业技术升级问题，依据研究主题的需要，主要从以下三个方面进行文献回顾：一是有关贸易政策不确定性理论的研究，二是有关产业出口技术含量升级的理论基础以及中国经验的研究，三是专门回顾确定性的贸易政策与产业技术升级关系的研究。本章在明确各种理论和解释对本书研究的启发后，从中提取出对本书理论框架和实证分析有益的部分，据此总结出本书研究的边际贡献。

第一节　贸易政策不确定性的研究动态

一、贸易政策不确定性的理论溯源与概念界定

（一）不确定性的经济学基础

经济学思想中，对于经济解释可以从两种不同的视角出发：一种是将整体经济视为"类似于"某种机械运动的系统，经济研究的目的就是解释系统是如何运转的；另一种则是从经济"个体"行为出发，基于个体选择决策机制，研究在不同约束条件下个体行为的转变导致的一系列经济结果（Taylor，1929）。事实上，在经济学研究中，这两种视角并非割裂的，亚当·斯密、瓦尔拉斯、阿罗等诸多经济学大师的研究范式都在两者之间构建了联系。

但问题是，从不确定性的思想出发，两种视角下的经济研究方法所涵盖的经济学思想内涵并不完全一致。从前者来看，前者假定经济是一种机械系统，其实质是认为在获取近乎完备知识的基础上，人可以依据系统的初始状态以及假设的基本原则对系统的结果进行预测，而不确定性则表现为这一预测功能的暂时失效，因此不确定性与经济理论的预测结果相关，而不是经济学知识的一般组成部分；而从后者来看，不确定性则成为个体决策过程中的影响因素之一，基于个体在不确定性状态下的决策，不确定性因而对经济结果产生影响，因此不确定性是经济学知识的一般组成部分（Schmidt，1996）。

本书对贸易政策不确定性的研究，则是建立在后一种视角之下，即基于个体选择的研究范式。但是在这一视角之下，学术界就数学方法是否能够帮助解释和预测"不确定性"，产生了两种截然不同的研究方向。

一部分学者持"否定"意见，这一派学者理解的"不确定性"可以概括为"原教旨主义的不确定性"。奥地利学派较早在个体主义的经济学研究中嵌入"不确定性"因素，奥地利学派认为在个体决策过程中，不确定性的产生具有双重动因，一是由于外部环境过于复杂，个体无法有效获取且利用市场中的所有信息，因而无法作出最佳决策，导致行为选择的不确定性；二是个体的选择行为以及行动结果之间存在时间差，行动的结果并不完全由个体所控制，因而导致决策结果的不确定性（Menger，1990；Hayek，2011；Von Mises，2016）。从奥地利学派的方法论来看，由于不确定性产生于个体行为在一定目标导向之下的意外结果，因此否定了其与数学方法的相关性。凯恩斯（Keynes，1937）从认识论的角度更进一步地指出，不确定性的内涵不仅区别于确定性的事物，同时也区别于存在某种可能性的事物，不确定性指的是完全不可被认识的知识，如未来20年铜的价格。奈特（Knight，1921）则进一步区分了"可测度的不确定性"和"不可测度的不确定性"之间的区别，奈特（Knight，1921）指出，"可测度的不确定性"指的是风险，代表了在一定概率分布条件下的客观数量，而"不可测度的不确定性"则超出了数学的定量运算，因为不确定的事件可能是不连续的甚至是独一无二的，因而我们在事前无法获知概率分布的具体类型，甚至可能并不存在概率分布。

而另一部分学者则尝试将不确定性纳入概率分析的数学方法中，可以将这一派学者理解的"不确定性"概括为"概率主义的不确定性"。冯·诺伊曼和莫根斯坦恩（Von Neumann & Morgenstern，2007）、萨维奇（Savage，1972）发展了一种预期效用函数理论，该理论基于效用的公理化和主观概率，假设个体能够按照主观概率对不同潜在事件结果做出主观反应，那么个体在预期效用最大化的约束之下可以进行理性决策。这一数学化处理方式，将奈特（Knight，1921）定义的不可测度的不确定性降级为可测度的不确定性，也为现代金融经济学领域的资本资产定价理论、期权定价理论奠定了思想基础。西蒙（Simon，1997）认为，在假设参数服从已知的某种概率分布基础上，可以将风险和不确定性引入需求函数、成本函数之上，进而进一步拓展不确定性在经济学中的应用范围。

综上来说，"原教旨主义"和"概率主义"的不确定性可以认为是主客体不同视角下的经济解释思想。前者从人的意志出发，基于人的主体性行为和心理活动引致的不确定性来理解经济现象，强调的是"人有关自己无知的知识很重要"；而后者则将不确定性看作客观的研究对象（即客体），将其引入现代经济学方法中，通过理论和量化研究预测事件发生的概率，强调的是"人有关未知发生的可能性的知识很重要"。本书对于贸易政策不确定性的研究，考虑的则主要是后一种情境，如果按照"原教旨主义"考虑不确定情形，则理性人的假设可能将失去作用，其结果正如卢卡斯（Lucas，1983）所说，经济学的推论可能将没有价值。

（二）关税视角下的贸易政策不确定性概念界定

基于"概率主义不确定性"的理论基础，学术界开始将不确定性引入政策研究中，帕斯托和维罗尼西（Pastor & Veronesi，2012）从政府的行为动机和行为结果差异性的角度，将不确定性划分为两种，一种是政策的不确定性（policy uncertainty），另一种是政治的不确定性（political uncertainty），前者主要指的是政府的政策对私人部门盈利水平产生的不确定性影响，后者主要指的是"政府当前的政策措施是否会发生改变"存在不确定性，换言之，政府"要做什么"以及"做了什么之后的结果"，都存在不确定性。不过，也有学者将政治不确定性（political uncertainty）指代为政府换届或其他政治事件导致的不确定性（Julio & Yook，2012；Jens，2017）。本书所关注的政策不确定性含义主要指的是政府出于政治或经济方面的动机，造成当前政策措施发生意外改变的情形（屈文洲和崔峻培，2018）。

在现代国家功能不断拓展的背景之下，政府的政策措施和工具不断丰富和完善，因而政策的不确定性也有不同的表现形式，在国家债务、税收和政府购买等方面的不确定性可以称为"财政政策的不确定性"，在存款准备金率、利率、货币供应量等方面的不确定性可以称为"货币政策的不确定性"，而在关税、贸易壁垒、贸易或投资协定等方面的不确定性又可以称为"贸易政策的不确定性"（Huang & Luk，2020；张峰等，2019）。

在将不确定性的概念引入贸易政策层面之前，我们首先需要界定本书所关注的贸易政策范畴。在现实中，各国政府能够干预贸易活动的具体政策工具可以称为贸易政策。按照这一定义，贸易政策可以有广义和狭义之分，狭义的贸易政策主要指关税、出口补贴、配额以及各类贸易限制等能够直接影响贸易的政策，而广义的贸易政策则还包括针对知识产权、劳工保护、环境保护等非贸易活动目标，但能够对贸易产生副作用的政策工具（Smith，2013）。在不失一般性的基础上，为了后文实证研究的容易处理，本书对于贸易政策不确定性的研究范畴主要界定为狭义贸易政策中的关税政策。一方面，关税政策是所有贸易政策中最核心也是最关键的政策工具，基于关税政策可以在整体上衡量一国总体的贸易政策不确定性程度；另一方面，关税政策也较为容易量化，且不同的产业之间具有可比性，因而量化结果也具有较强的应用性。

综上，本书将贸易政策不确定性界定为：一国出口的产品面对某个市场的关税贸易政策向负面方向变化的可能性大小，意即某个出口市场针对本国产品征收的关税发生上升的概率。注意到，这一定义可以从"产品"和"市场"两个维度进行理解。从市场层面出发，某个出口市场政府制定的贸易政策会对该市场上的进出口贸易产生影响，而在出口市场的政府改变某项贸易政策之前，出口国企业很难获知未来贸易政策的具体内容，并且在政策出台后，政策执行的强度和效果也不确定，因而企业的出口决策面临着贸易政策不确定性；从产品层面出发，同一个市场上出口不同产品面临的贸易政策不确定性是不同的，例如，某市场主要针对的是技术含量较高的产品贸易政策不确定性较大，那么主要出口劳动密集型产品的企业受到该市场贸易政策不确定性的影响效应可能就相对较小。

二、贸易政策不确定性的度量方法与评价

对贸易政策不确定性进行测算是后文实证研究的起点，贸易政策不确定性衡量的是 C 国企业出口到特定目标市场，面临该市场政策制定者出台有关"不利于 C 国企业出口到该市场的政策"的概率性大小，该概率会直接影响 C 国企业出口到该市场的预期决策。对此，既有文献主要有以下三种不同的测算思路。

一是通过关税进行量化测算。既有文献主要是从关税的约束性悬空（binding overhang）角度进行考虑的，亦即将"当前使用的关税政策的税率"逆转为取消该政策后实行"替代的关税政策的税率"的可能性定义为贸易政策不确定性大小（Osnago et al.，2015）。钱学锋和龚联梅（2017）将这种测算方法总结为"最优关税逆转为最坏情形的可能性"。例如，在 WTO 的框架之下，存在约束性关税税率（Bound Tariff，BND）和最惠国关税税率（most favored nation，MFN）两种关税制度安排，当中国企业的出口被某个目标市场取消最惠国关税政策时，出口关税则处于约束性关税的制度安排之下，此时若约束性关税的税率相比最惠国关税的税率越高，则关税发生上升的不确定性程度越大。这种测算思路同样可以应用到双边和区域贸易协定的框架之中，在这些协议之下，存在相比最惠国关税税率更低的优惠关税税率（preferential tariffs，PRF）的制度安排，因此若优惠关税的制度安排被取消，将启用最惠国关税制度，那么最惠国关税相比优惠关税的税率越高则不确定性程度越大。此外，汉德利和利蒙（Handley & Limão，2015）、毛其淋（2020）等的研究还使用了美国针对中国施行的非正常贸易关系关税①和最惠国关税之间的差距来衡量中国在加入 WTO 之前所面临的贸易政策不确定性，其指标的构造思路同样基于"约束性悬空"视角。总的来说，这种测算思路是目前学术界使用最广泛的一种，该测算思路也被写入 WITS（world integrated trade solution）数据库的《用户手册》中作为指导性方法。

---

① 非正常贸易关系关税指的是在 1980 年之前，美国总统胡佛签署的斯穆特 – 霍利关税法案，规定了向那些没有和美国建立正常贸易关系的国家征收的税率。

　　二是通过非关税壁垒的政策赋值法进行测算。克劳利等（Crowley et al.，2018）认为，当企业在上一时刻直接观察到自身出口的产品在目标市场上的政策（如反倾销调查等政策）发生变化后，企业在这一时刻会更新"该产品出口到该目标市场会受到政策冲击的可能性"的信念，同时这一信念还会扩散到企业对其他目标市场的预期。例如，上一时刻某企业 F 出口的产品 P 在目标市场 A 上受到贸易政策冲击，企业 F 不仅会对目标市场 A 还会对目标市场 B 更新"出口产品 P 会受到政策冲击"的信念，进而影响企业出口行为的决策。在这一思路之下，可以将上一时刻若某产品受到了反倾销等政策冲击赋值为 1，反之则为 0，进而识别出贸易政策不确定性对企业出口的影响效应。魏明海和刘秀梅（2021）认为这种信念扩散也很可能发生在企业之间，如企业 F 出口产品 P 在目标市场 A 上遭受贸易摩擦，而企业 F′ 则是向目标市场 B 出口产品 P，没有直接遭受 A 市场的贸易政策冲击，但是由于 F 和 F′ 生产的产品同属某一个产业，因而企业 F 针对产品 P 出口的不确定性信念同样会传染到 F′。

　　三是通过提取文本关键词相对频率变化进行文本分析。该思路起源于贝克尔等（Baker et al.，2012，2016）对经济政策不确定性测度的研究，随后黄和卢克（Huang & Luk，2020）将这一思路应用到了中国，测算了包括贸易政策、货币政策、财政政策等不同层面的政策不确定性指数。该思路主要是通过对一段时期内一国国内权威媒体上出现的"贸易政策""贸易壁垒""不确定性""关税"等关键词进行文本挖掘，再对文本进行一系列的标准化处理构造出不确定性指数。但是这一指数构建的方法只能反映宏观层面的不确定性变化情况，卡达拉等（Caldara et al.，2020）又进一步将这一思路拓展到了企业层面，他们通过对 2005～2018 年 7526 家企业的季度财报电话会议（quarterly earnings conference calls）的文本搜索了诸如"关税""进口税""进口壁垒"和"（反）倾销"等关键词，在对关键词出现频率进行标准化之后得到了企业层面面临的贸易政策不确定性指数。

　　对比来看，以上三种思路各有优缺点。第三条的文本分析思路可以直接从微观主体的情绪和感知去测算贸易政策不确定性，并且由于数据来源的海量和广泛，理论上指数数据可以精确到日度数据，同时由于可以对关键词进行任意选取，因而可以涵盖不确定性的多重来源（包括政治经济因素和利益集团等），以及探究在何时是何种因素造成了不确定性变化的主要原因。但是这一思路的问题也来源于数据本身的限制，一方面，关键词的选取带有主观色彩，因而无法具体到某一特定的贸易政策冲击带来的不确定性变化（龚联梅和钱学锋，2018）；另一方面，关键词中无法提取出海量的产品层面大数据，因而也无法细化到产品层面的贸易政策不确定性冲击。对比第三条思路来看，第二条思路能够具体细化到出口遭受的贸易壁垒是什么，也能够细化到何种产品遭受了贸易壁垒，在企业出口面临贸易壁垒时产生下一期的不确定性感知，这是相对第三条思路的进步之处。但是问题在于，第二条思路的测算是赋值法，即假定了产品同质性，例如，农产品和高技术产品的出口都遭受了贸易壁垒，该方法认为企业出口在两种产品上面临的贸易政策不确定性是相等的，同时由于不考虑贸易壁垒的次数，因而也假定了时间同质性，如中国出口的同一高技术产品在2000年和2020年遭受的贸易壁垒次数分别是10次和100次，该方法认为两期之间企业出口面临的贸易政策不确定性等价。相比另外两条思路，第一条思路的贸易政策不确定性测算可以较好地兼顾时期、企业、产品和市场多个层面，并且由于产品和市场之间的异质性，也不存在第二条思路中的潜在问题。当然，即便从狭义的贸易政策去看，贸易政策也绝不仅限于关税政策，但是关税政策是贸易政策中最古老也是最核心的部分，通过对关税政策不确定性的测度能够较好地反映全局性的贸易政策不确定性大小，具有一定的经验意义。更为重要的是，无论指标的构造思路是什么，其核心思想应该为所研究的问题服务，本书研究的理论问题是中国制造业的出口产品在目标市场上面临的贸易政策不确定性的影响效应，因而本书选择从第一条思路去构造全书的核心指标。

三、贸易政策不确定性的经济影响

目前，学术界考察贸易政策不确定性的影响时，一部分学者采用的方法是直接考察贸易政策不确定性的影响效应有多大，也有一部分学者通过贸易协定来研究贸易政策不确定性的影响。后者能够实现的主要原因在于贸易协定能够大幅降低实际关税上涨的概率，进而降低贸易政策不确定性，甚至有的学者认为在贸易协定生效之前，贸易政策不确定性降低的影响效果就已经出现（Groppo & Piermartini，2014；Lakatos & Nilsson，2017；余智，2019）。

（一）贸易政策不确定性对贸易的影响

1. 对出口二元边际的影响

胡梅尔斯和科诺（Hummels & Klenow，2005）将出口活动区分为集约（intesnsive margin）和扩展（extensive margin）的二元边际。在不同层面，二元边际可以有不同的表现形式，如在产品层面，集约边际和扩展边际则分别代表着"相同产品种类在贸易数量上的扩张或收缩"和"不同产品的种类数量扩张或收缩"；而在企业层面，集约边际和扩展边际又可以被界定为"已有企业在贸易数量上的变化"和"出口企业数量的变化"（Bernard et al.，2009；赵伟，2014）。

从贸易政策不确定性在集约边际方面的影响来看，汉德利和利蒙（Handley & Limão，2015）利用1986年葡萄牙加入欧共体的政策冲击提供了经验证据，经验研究表明葡萄牙加入欧共体在很大程度上消除了企业对未来偏好的不确定性，激励了葡萄牙企业的出口总量，其影响程度要比实际应用关税下降的作用更大。亚利桑德里亚等（Alessandria et al.，2019）、钱学锋和龚联梅（2017）、毛其淋（2020）使用中国微观出口企业数据进行的研究，利蒙和麦吉（Limão & Maggi，2015）对美国与古巴贸易的研究，以及奥斯纳戈等（Osnago et al.，2015）对149个国家贸易的研究，都进一步验证了这一重要结论。但是也有学者提供了结构性的反向证据，曲丽娜和刘钧霆（2021）将研究对象限定到高技术企业的出口上，发现贸易政策不确定性下降对高技术企业的出口数量具有抑制作用。

从贸易政策不确定性在扩展边际方面的影响来看，汉德利（Handley，2014）的开创性论文将动态异质性企业模型引入随机过程，研究表明即使应用关税浮动不大，但关税上限约束带来的贸易政策不确定性降低对企业是否立即进入出口市场的决策亦有重要影响。冯等（Feng et al.，2017）基于中国加入WTO的政策实践，发现了贸易政策不确定性下降会激励中国国内那些能够提供低价且高质产品的企业进入美国和欧盟市场。格陵兰德等（Greenland et al.，2014）和迦巴罗等（Carballo et al.，2018）分别利用18个主要经济体以及美国出口的数据进行研究，也进一步佐证了汉德利（Handley，2014）和冯等（Feng et al.，2017）在扩展边际方面影响效应的研究结论。此外，汪亚楠和周梦天（2017）、周定根等（2019）还研究了贸易政策不确定性对出口产品种类方面的扩展边际影响。汪亚楠和周梦天（2017）的研究结果表明，贸易政策不确定性下降不仅扩展了企业出口的产品范围，同时还降低了出口产品的偏度。但是周定根等（2019）发现了相反的经验数据结果，贸易政策不确定性下降不仅会诱发企业更加倾向核心产品的出口，而且非核心产品还会加速退出出口市场。

2. 对贸易利益的影响

既有文献从出口企业的加成率和利润、出口产品的创新和质量、出口的增加值等多个视角研究了贸易政策不确定性对贸易利益的影响。

一是对出口企业的加成率、利润方面的影响。谢杰（2021）将企业对关税削减的延迟反应以及WTO的约束承诺变化纳入分析框架中，发现在加入WTO后，中国工业企业出口的加成率普遍表现出了对贸易政策不确定性具有延迟反应的现象，而WTO的约束承诺则会使中国工业企业的加成率明显上升。这一研究结果也得到了徐卫章和李胜旗（2016）、姜帅帅和刘庆林（2021）研究的佐证，具有较高可信度。汪亚楠（2018）则发现了无论是从短期还是长期效应进行考虑，贸易政策不确定性与企业出口利润之间都具有显著的负相关关系，并且从分位数上看，当企业的利润率越高，企业受到贸易政策不确定性的负向影响也越大。

二是对出口产品的创新和质量方面的影响。孙林和周科选（2020）利用区域自由贸易协定的签订作为双重差分中的政策冲击，发现贸易政策不确定性下降有助于企业出口产品质量的提升，并且这一结果不会随着企业所有制形式的改变而改变。汪亚楠等（2020）的研究结果也支持这一结论，并且认为OFDI是贸易政策不确定性影响出口产品质量的重要渠道。但苏理梅等（2016）的研究提出了相反观点，研究发现贸易政策不确定性的下降不仅不利于企业出口产品质量的上升，反而具有负面作用，其作用机制是通过放宽市场准入门槛，使更多的低质量产品生产企业进入市场，进而导致总体的出口产品质量下降。

三是对出口增加值方面的影响。赵婷婷和李俊（2021）认为，贸易政策不确定性上升不利于中国制造业的增加值上升，其原因在于不确定性会在宏观层面降低对本国出口产品的潜在市场需求，进而在微观层面使企业利润下降，负向冲击制造业的增加值，并且在实证分析中还发现这种负向影响在中间品以及较为复杂的全球价值链中效应更大。但是这一研究主要采用的是多元回归方法，没有进行因果效应的识别，张平南等（2018）则利用中国加入WTO构造了一个准自然实验，进一步佐证了两者之间的负向因果关系。

（二）贸易政策不确定性对贸易之外的经济影响

贸易政策不确定性是否会对贸易方面产生直接的影响是针对贸易政策不确定性进行研究的应有之义，但是目前越来越多的文献也开始关注其对非贸易层面的影响。学术界从企业储蓄和投资（Sudsawasd & Moore，2006；毛其淋和许家云，2018；Caldara et al.，2020）、消费者福利（Handley & Limão，2017；Schott et al.，2017；Steinberg，2019）、人口流动（Facchini et al.，2019）、资产价格和回报（Gozgor et al.，2019；Bianconi et al.，2021，He et al.，2021）、经济增长和经济波动（Carballo et al.，2018；Olasehinde-Williams，2021）等多个视角展开了讨论。然而本书关注的问题是贸易政策不确定性与制造业出口技术含量的关系，与本书相对较为密切的研究视角主要集中于企业创新以及技术进步方面。

从对企业创新方面的影响来看，佟家栋和李胜旗（2015）、刘和马（Liu & Ma，2020）通过中国加入WTO的准自然实验研究了贸易自由化对企业创新的影响，其中贸易自由化造成目标市场贸易政策不确定性下降是影响的中间路径，实证结果发现，在WTO的冲击之下，贸易政策不确定性下降越大，行业中的企业申请专利越多。李敬子和刘月（2019）、李等（Li et al.，2021）则分别利用中国工业企业数据和中国能源企业的数据，发现了贸易政策不确定性能够导致政府部门增加对企业的补贴，并且与政府政治关联越大的企业能够获得越多的补贴，而补贴则促进了企业的投资和创新。

从对技术进步方面的影响来看，周和季（Zhou & Ji，2022）基于中国、OECD和新加坡的面板数据，利用2016年和2017年的中美贸易摩擦事件设计了一个准自然实验，发现了贸易政策不确定性对中国全要素生产率（TFP）具有显著的负向影响因果效应，2017年和2018年中国因贸易政策不确定性造成TFP平均损失分别达到2.7%和3.5%。魏悦羚和张洪胜

（2019）则基于中国微观层面的企业数据，发现中美建立永久正常贸易关系（PNTR）使中美双边的贸易政策不确定性大幅下降，进而提高了外资企业和私营企业的生产率，但没有发现对国有企业的生产率具有显著正向影响。

第二节　产业出口技术含量的相关文献

出口技术含量（export technological content）这一概念最早出现在豪斯曼和克林格（Hausmann & Klinger，2007）、豪斯曼等（Hausmann et al.，2007）的文献中，他们认为由于技术要素在全球范围内无法自由流动，各个经济体（或产业）的生产技术水平必然存在差异，进而形成一种较为稳定的国际贸易格局：具有高技术水平生产优势的发达国家出口相对较高技术含量的产品，而不具备这种优势的发展中国家则出口相对较低技术含量的产品。在这种贸易格局之下，产品的出口技术含量越高则代表着该产品的生产率水平、产品质量以及附加值越高（Rodrik，2006）。因此，一个经济体产业层面的出口技术含量则由产业中不同技术含量水平的产品组合所构成，若产业中技术含量较高产品的出口份额越大，则表示产业整体出口技术含量越高（黄先海等，2010；陈晓华等，2011）。由此可见，过往文献对产业出口技术含量的理解，实际上表示的是一个经济体内部高端产品出口的相对比重，反映了一国产业的综合竞争力以及在国际分工模式中的相对地位水平。

一、产业出口技术含量升级的理论基础

（一）比较优势理论

由既有文献中出口技术含量的概念内涵可知，一国产业出口技术含量的形成依赖于一个重要假设：同产品在发达国家生产要比在发展中国家生产具有更高的技术含量（姚洋和张晔，2008；陈晓华和黄先海，2010）。显然，这一假设遵循着比较优势的理论框架，即一国出口其具有相对比较

优势的产品，而进口其不具有比较优势的产品。然而，正如伍德和梅耶（Wood & Mayer, 2001）针对非洲国家分析中所指出的，非洲国家在技术含量较低的初等产品上进行出口具有一定比较优势的原因在于：教育水平较低但自然资源较为丰富。换言之，发展中国家不具备生产高端产品的要素禀赋和技术条件。因此，发达国家和发展中国家会分别在高端和低端产品上形成较为明确的国际分工体系。

在这一逻辑体系之下，发展中国家出口贸易格局（出口技术含量）的形成取决于两个方面：一是在既有（existing）的比较优势条件下进行产品的专业化分工生产；二是尝试进入暂时不具备比较优势，但是经过生产增长能够获得一定比较优势的产品生产领域（Redding, 1999）。也正如豪斯曼和克林格（Hausmann & Klinger, 2007）所指出的，发展中国家的产业想要进行出口技术含量的升级，则需要培育自己在高端技术产品生产上的比较优势，将出口产品的结构转向高技术含量产品密度较高的产品空间（product space）范围上。那后发国家如何才能实现这一目标呢？

林毅夫和李永军（2003）指出，一国产业结构和技术结构的转型，从根本上说，是由该国经济中要素禀赋结构的变化所决定。发达国家和发展中国家的自然资源禀赋状态已经给定，各国间人口增速差距不大，只有资本这一要素存在较大差别，因此发展中国家进行产业结构转型的目标应该定位于尽可能地优化本国的要素禀赋结构（林毅夫等，1999）。林毅夫和孙希芳（2003）进一步指出，当一国的经济发展战略遵循这种比较优势的发展规律时，资本积累的速度会高于劳动力和自然资源要素的增速，要素禀赋结构会提升，经济发展的速度会加快，并且在这个变化过程中，资本要素不断丰富会导致资本的价格不断下降，在市场经济的调节机制下，企业会根据要素价格信息自发地调整生产的要素结构，产业结构和技术结构也自然而然能够实现转型升级。有的学者拓展了林毅夫和李永军（2003）对于要素禀赋结构的概念内涵，代谦和别朝霞（2006）认为，在产业和技术结构的升级中，人力资本的积累才是发展中国家培育动态比较优势的核心关键，人力资本不仅可以作为要素投入经济生产之中，而且还具有外部性的特点，能够提高研发部门的研发效率，降低产品的生产成本。

（二）本地市场效应理论

20 世纪下半叶，发达国家的工业化进程加速，以克鲁格曼（Krugman）为代表的诸多经济学家认为，国际贸易的基础发生了变化，各国间的要素禀赋差异并不能较好地解释当时国际贸易发生的主要动因，传统的贸易理论中对"完全竞争"和"规模报酬不变"的严格假设并不符合现实，忽视了生产中技术变化的作用（Balassa，1967；Grubel，1970；Krugman，1979）。在这一思想的影响下，由于一国产业出口技术含量是对该国出口产品技术含量的综合评价，因而导致的结果是：对于一国出口技术含量的形成动因，需要提出一种新的解释。

克鲁格曼（Krugman，1980）最早提出了"本地市场效应"（home market effect）理论，该理论证明了即使两国之间的偏好、要素禀赋结构完全相同，但也可能发生贸易，其原因是本地市场规模较大的国家拥有较大的国内市场需求，那么在垄断市场竞争的条件之下，对规模收益递增产品具有较大需求的本地市场就会产生对这些产品进行生产的激励，进而成为国际贸易的驱动力。随后，贝伦斯等（Behrens et al.，2004）还将克鲁格曼（Krugman，1980）的两国模型拓展到了多国，发现本地市场的吸引力还与外部市场的相对接近程度相关。总之，本地市场效应理论表明，"一国出口的产品经常是那些已经在本地获得一定竞争优势的产品"。在这一理论之下可以得到的一个推论是：因为企业是同质的，所以同一产业中企业要么同时出口，要么同时不出口，这一结论显然不符合现实世界（裴长洪和刘斌，2020）。因此，梅利茨（Melitz，2003）基于异质性企业的假设，将克鲁格曼的思想进一步延伸到了企业层面，只有生产率较高的企业才能跨过出口门槛（cut-off）进入国际市场，而生产率较低的企业只能生存在本国市场。这一理论对克鲁格曼的拓展在于："一国出口的企业经常是已经在本地获得一定竞争优势的企业。"（张杰等，2008）

由于本地市场效应理论从本国市场的竞争优势以及企业的生产技术水平出发，进一步分析一国出口的模式，因而对于一国产业出口技术含量的形成提供了新的解释视角。正如诸多学者研究结果所表明的，发达国家的跨国公司进入中国，将中国作为出口平台（export platform），实际上起到了改善中国产业出口技术含量的效果，然而这些外资企业出口的很多产品却并非中国的比较优势所在，但这些外资企业却在中国的本地市场中取得了竞争优势（Branstetter & Lardy，2006；Blonigen & Ma，2007）。

（三）内生技术进步理论

本书研究的另一个理论基础是建立在内生技术进步理论上的，出口技术含量升级和技术进步存在密切联系，技术进步必然能够带动出口技术含量的升级。新古典主义的增长理论较早将技术进步引入经济增长模型中，认为技术进步是稳态下经济能够实现长期持续增长的关键因素（Solow，1956，1957）。但是 Solow 模型的缺陷是将技术进步作为外生处理，不符合经济发展的实际状况，因此学术界开始探索技术进步的内生化处理方式，目前学术界形成了以知识溢出模型和人力资本模型为代表的两大内生技术进步学派。

从知识溢出模型来看，阿罗（Arrow，1962）首先提出了一个基于资本积累的"干中学"技术进步理论，认为人的知识可以在不断从事生产实践中得到积累并不断提高，进而促进技术进步。罗默（Romer，1986）在"干中学"的思想基础上，提出了一个知识溢出的内生技术进步模型，他认为知识具有一种"正向外部性"的公共产品性质，因此知识具有边际报酬递增的效应，在知识的外溢之下，技术进步对厂商的产量也会产生规模报酬递增的影响，厂商因而会追加投资，引入新技术，形成经济增长中的技术进步。随后，罗默（Romer，1990）继续提出了一个著名的基于研发（R&D）的内生技术进步模型，该模型在一般均衡框架下引入了一个研发部门，该部门专门利用"知识"从事中间品的生产，技术进步被定义为中间产品数量的增加，最终产品生产部门将各类中间产品进行组合后进行最终产品的生产，此时知识成为经济增长的内生动力。

从人力资本模型来看，乌兹瓦（Uzawa，1965）提出了一个基于人力资本投资的内生经济增长模型，该模型将技术进步视为人力资本的不断积累，而人力资本则通过教育实现增长，因而技术进步可以实现内生化，并且由于人力资本的生产函数是要素边际报酬递增的形式，因而经济可以实现长期增长。卢卡斯（Lucas，1988）则在此基础上提出了一个新的人力资本模型，他认为人力资本的形成可以有教育和干中学两个来源，中级的人力资本倾向于生产过程中的"干中学"式创新，高级的人力资本倾向于技术的自主研发创新，并且高级的人力资本具有外部溢出效应，能够带动周边人群的进步，进而提高劳动力要素的质量，推动经济增长。

二、产业出口技术含量的测算思路与不足

目前学术界对出口技术含量的测算主要有以下两条思路。

第一条思路是基于双边贸易核算框架的出口技术含量分析。罗德里克（Rodrik，2006）和豪斯曼等（Hausmann et al.，2007）最早提出了一个基于加权平均显性比较优势的测算方法，权重为人均 GDP，该方法认为在某产品的国际贸易中，若发达国家在该产品出口上具有显性比较优势，那么该产品应当具有更高的出口技术含量。罗德里克（Rodrik，2006）和肖特（Schott，2008）使用该方法测算了中国制造业出口技术含量后发现，中国出口产品的技术含量要高于同时期与中国经济发展水平较为接近的国家，尤其是在向美国出口的产品种类中，中国反而与 OECD 国家之间的重叠度较高，侧面反映了中国出口产品的结构和竞争力要高于人们预期。此后，学术界对该方法主要从两个方向进行改进：其一，基于出口产品视角，考虑各国之间在同产品的出口上存在产品质量的差异，高质量产品应当具有更高的出口技术含量，因此，徐（Xu，2007）和王永进等（2010）通过产品的单位价格构造了产品质量指数，对产品出口技术含量进行了修正。该方法也被国内学术界广泛接受，盛斌和毛其淋（2017）、戴魁早和方杰炜（2019）使用该方法测算后发现，中国制造业出口技术含量在 2000 年后保持了稳定的上升趋势，并且在剔除进口中间品的技术含量后结果依然稳健。但是这一改进思路也存在一定缺陷，主要是因为对产品质量进行测算本身会遇到诸如"产品价格和需求之间较为严重的内生性"等问题，导致测算出的产品质量指数是否足够可信还未可知（Feenstra & Romalis，2014；余淼杰和张睿，2017）。其二，基于出口国视角，考虑各国内部存在经济复杂度的差异，若一国能够在更多的出口产品种类上具有显性比较优势，那么该国应当具备更强劲的生产能力（Hidalgo & Hausmann，2009；Hausmann & Hidalgo，2010）。塔克切拉等（Tacchella et al.，2013）对此方法进行了改进，他们认为若多样性小的国家能够生产某一种产品，那么该产品应当被赋予相对较小的权重。沈国兵和黄铄珺（2020）使用该方法

测算后发现，中国企业出口产品的平均技术含量也呈现出逐年上升的趋势。

第二条思路是基于增加值贸易核算框架的出口技术含量分析。王等（Wang et al.，2013）、库普曼等（Koopman et al.，2014）和王直等（2015）认为，在全球价值链的国际分工之下，一国出口的总额中会包含进口的其他国家的部分增加值，因而使用增加值框架能够较好地分析一国产业的真实国际竞争力水平。在这一思路之下，诸多学者对出口技术含量的测算进行了改进，如宋之杰等（2018）构建了一个剔除进口中间品影响后的中国制造业国内技术含量指数，对该指数进行测算后发现中国出口产品的技术含量中通过进口中间品进入的国外成分较多，导致了制造业整体的国内出口技术含量较低。杜传忠和张丽（2013）认为，在加工贸易和一般贸易中进口中间品的数量是不同的，若要得到更加准确的国内出口技术含量，应当考虑贸易类型的差异。倪红福（2017）考虑了某产品的生产过程会被分割成不同生产工序，因而某产品的技术含量就是中间投入阶段的技术含量以及最终生产工序阶段的技术含量之和，利用该方法进行测算后发现，1995年后中国整体的出口技术含量存在向发达国家均值弱收敛的现象。王振国等（2020）将全球生产网络中一国产业层面的活动划分为制造、研发、管理和市场四种，并利用增加值的前向分解法构建了产业层面的出口功能专业化指数，进行测算后发现中国的功能专业化水平在制造层面处于世界前列。

就第一条思路而言，该思路的测算方法均建立在巴拉萨（Balassa，1965）提出的显性比较优势（reveal comparative advantage，RCA）基础上，强调了中国制造业出口技术含量在产品层面是如何分布的，所得结论可以体现出中国出口产品技术含量的动态变化情况，并且易于将出口产品的技术含量加权平均到产业或者微观企业层面进行研究（高翔和袁凯华，2020）。但是也存在一定的不足：一是这些方法都潜在假设了在全球贸易框架中，各出口国在所有目标市场都受到"平等"对待，因而某出口国在某个产品上的显性比较优势不会因为出口目标市场而改变。这就忽略了双边贸易政策、目标市场特性等扭曲因素，导致无法测算同国同产品在不同目标市场上的比较优势差异（French，2017），进一步导致的结果就是测算出的同产品出口技术含量在不同目标市场上完全相同，无法观察到不同目标市场上的差异。二是本书研究的主要问题是贸易政策不确定性对中国制造业出口技术含量的影响，中国制造业出口面临的贸易政策不确定性不仅体现在出口产品的差异性上，更重要的是还体现在不同目标市场的差异上，如果构造出的出口技术含量没有市场异质性就无法捕捉在不同目标市场贸易政策变化的冲击下，中国制造业出口对不同目标市场进行策略性选择行为产生的技术冲击。

就第二条思路而言，该思路强调的是在全球价值链分工模式下，产品的生产过程日益碎片化和分散化，出口技术含量测算应当剔除从其他国家进口的部分，进而获得该产业的"真实"出口技术含量。但是由于该思路采用的方法主要是投入产出分析，因而较难观测到产品层面的出口技术含量变化。而本书构造的理论机制表明，在贸易政策不确定性的影响下，企业在对不同目标市场出口产品时，对产品的选择遵循优胜劣汰的原则，进而会通过产品层面的变化传导到企业和产业层面的加权平均出口技术含量。为了考察这一机制，本书需要构造出产品层面的出口技术含量，因而本书后文主要是基于第一条思路进行出口技术含量的测算，并考虑到研究的实际需要，本书创新性地提出了具有"产品—市场"两维的出口技术含量测算方法。

三、对中国产业出口技术含量演进的解释

目前国内外学术界普遍认为，中国出口在 2000 年以后确实出现了一定的技术水平升级和优化，表现出产业整体、产业中各行业以及国内的出口技术含量水平在总体上都表现出增长态势，并且在逐步向发达国家的平均水平靠近（Xu，2010；Jarreau & Poncet，2012；沈国兵和黄铄珺，2019；盛斌和毛其淋，2017）。既有文献主要从以下几个视角对这一现象产生的动因作出了解释。

一是制度质量方面的影响。一国的制度质量能够在很大程度上影响跨国公司是否将产品生产进行外包，进而对该国的贸易模式和贸易量都有重要作用，导致产业出口技术含量发生变化（Zhu et al.，2010；戴翔和金碚，2014）。其主要原因在于不同产业或产品的生产投资具有明显的"专用性"特征，当外部制度质量不佳时，合约的不完全性会使企业承受较大的"敲竹杠"风险，导致跨国公司会更加倾向于在企业内部进行交易

（Antras & Helpman，2004；Grossman & Helpman，2005）。因此，制度质量的不断完善能够成为中国产业出口技术含量提升的动因（王永和崔春华，2019）。在此基础上，国内较多学者专门从知识产权保护方面的制度质量进行了更深入的讨论。李俊青和苗二森（2018）、魏如青等（2021）的研究结果也进一步佐证了前述结论，李俊青和苗二森（2018）研究发现，在契约密集度较高的企业中，加强知识产权保护对出口技术含量的正向贡献更大，魏如青等（2021）则发现知识产权保护在高技术产品生产中同样具有明显的调节作用。但也有的学者对此质疑，沈国兵和黄铄珺（2019）基于行业生产网络的视角，发现加强省级层面的知识产权保护，在水平和下游渠道中并不必然能够提高企业的出口技术含量。代中强（2014）、赖敏和韩守习（2018）则提出知识产权保护对出口技术含量的影响并非线性的，而是存在非线性的"U"型影响效应。

二是生产要素方面的影响。根据比较优势理论，一国要素禀赋的相对结构能够影响到产业进出口的相对结构，因此要素禀赋是能够影响到出口技术含量的一个重要因素。第一，从影响资本要素的各类行为来看，较多学者的实证研究结果表现一致，发现无论是 FDI、OFDI 还是金融市场的发展，都能够对中国制造业的出口技术含量升级进行较好的解释，但是影响渠道并不一致，FDI 的影响渠道主要是技术示范、人员流动、生产成本降低等（Xu & Lu，2009；丁一兵和宋畅，2019；罗军，2020），OFDI 的影响效应则主要包括逆向技术溢出的技术效应、价值链转移的结构效应和出口的规模效应三种（Rehman & Ding，2020；毛海欧和刘海云，2018；陈波和杨庆，2020），金融发展的影响渠道则是融资约束、研发效率等（齐俊妍等，2011；王胜斌和杜江，2019）。也有的学者对此质疑，王和魏（Wang & Wei，2008）、郑展鹏和王洋东（2017）的研究结果表明，FDI 没有在中国和高收入国家出口结构的重叠方面发挥积极作用，中国长期推动的"市场换技术"战略未能达成既定目标，反而人力资本才是中国改善出口结构的关键因素。第二，从劳动力要素方面的影响来看，诸多学者的观点不一。赵富森（2020）认为，劳动力成本的上升能够通过激励企业进行研发投入、提升消费者需求层次以及出口学习效应，对制造业的出口技术含量起到积极作用。而张先锋等（2018）则认为，劳动力成本的下降能够增加企业利润，使企业在研发创新上能够投入更多资金，进而提高出口技

术含量，造成两者之间存在差异的原因可能是研究对象的不同。张先锋等
（2018）考察的对象主要是2000~2010年47个国家的宏观经济现象，而赵
富森（2020）考察的对象则是2002~2016年发生在中国省级地区的现象。
第三，从要素市场扭曲的影响来看，国内学者普遍认同要素市场扭曲不利
于出口技术含量提升这一结论，为我国要素市场化改革提供了理论和实证
依据（杨俊和李平，2017；戴魁早，2019）。

三是对外开放方面的影响。关于对外开放在中国制造业出口技术含量
升级中的作用，既有文献着重讨论了全球价值链的嵌入以及中国的贸易自
由化政策两个方面。从全球价值链嵌入的影响来看，全球垂直专业化生产
推动了以美欧等发达国家为主导的全球价值链分工体系的发展，中国则在
改革开放以后利用自身在土地、劳动力以及能源等要素方面的低成本优
势，以"两头在外"的国际经济循环模式，积极融入了全球价值链的国际
分工之中（黄群慧，2021）。格雷芬和李（Gereffi & Lee，2012）、黄繁华
和洪银兴（2020）等学者指出，这也是中国制造业能够快速发展的重要原
因。但是中国在全球价值链上嵌入模式的不同会带来差异化的影响，于津
平和邓娟（2014）指出，只有以一般贸易的形式参与全球垂直专业化分
工，才有助于出口的国内技术含量升级，以加工贸易的形式参与反而有负
向作用。郑丹青（2021）则发现，中国企业在全球价值链上存在上游嵌入
度低、下游嵌入度高的特点，无论是上游嵌入还是下游嵌入都有助于出口
技术含量增长，但是下游嵌入度的促进效应更加显著。从中国进口贸易自
由化的影响来看，现有文献较多对此持"肯定"评价，但是在不同层面会
表现出较大程度的异质性。盛斌和毛其淋（2017）从企业和行业两个层面
论证了贸易的自由化对出口技术含量的积极作用，但是在贸易自由化过程
中，中间品进口关税减让带来的影响要显著高于最终品。陈维涛等
（2017）的研究结果表明，贸易自由化虽然能够促进高技术行业的技术含
量，但对中低技术行业而言存在不利影响。巴斯和贝尔图（Bas & Berthou，
2017）、刘杨（2009）则建立了一个内生技术进步的贸易模型，认为贸易
自由化对产业内不同厂商的技术升级的差异化影响取决于厂商的生产效
率、相对出口成本、本国市场规模以及贸易自由化程度等各类因素。陈雯
和苗双有（2016）则发现了中间品贸易自由化的积极影响还与企业初始生
产率有关，其仅在中等生产率的企业中具有显著性作用。

四是公共和私人服务方面的影响。从公共服务视角出发，学术界讨论较多的是基础设施建设对出口技术含量的影响。王永进等（2010）从二元边际角度解释了其中原理，基础设施建设的完善一方面有助于提高企业向国际市场出口的参与度（扩展边际），另一方面则有助于提高已经参与出口的企业的出口规模（集约边际），进而对出口技术含量产生影响。卓乘风和邓峰（2018）则认为，基础设施建设能够促进区域间创新要素的流动、降低企业的运输成本，引发企业研发创新能力的提升，进而通过制造业出口规模扩张引致出口技术含量提升。雷赫曼等（Rehman et al.，2021）则利用稳健的动态模拟自回归分布滞后（DYS-ARDL）模型，分别检验了基础设施建设对中国出口技术含量的短期和长期影响，进一步佐证了国内学者的研究。从私人服务视角出发，学术界则较多讨论了生产性服务业和制造业的融合发展。国内学者李江帆和毕斗斗（2004）将生产性服务业界定为"那些主要为满足中间需求、向外部企业和其他组织的生产活动提供中间投入服务，用于进行商业运作和更进一步生产而非主要用于满足最终直接消费和个人需要的行业"。既有文献一致认同生产性服务业发展对中国制造业出口技术含量升级有积极作用（赵靓和吴梅，2016；姚星等，2017）。但部分学者指出，离岸和国内的生产性服务中间投入有所区别，前者的质量更高、价格更低，因而对国内企业生产率的积极作用更加明显（Markusen，1989；李惠娟和蔡伟宏，2016）。刘慧等（2020）则细分了生产性服务嵌入产业链的不同环节，发现生产性服务嵌入中游环节对中间品投入出口技术含量的促进效果最大，而嵌入上游和下游环节则可能产生不利影响。

第三节　贸易政策对一国产业技术升级的影响研究

一、关税与非关税壁垒对产业技术升级的影响

在经济全球化的过程中，一国通过逐步削减自身的关税水平，取消各类非关税壁垒，以实现商品、服务以及生产要素在国家间自由配置的过程，可以理解为贸易自由化的进程。迄今为止，有关贸易自由化的文献已

趋于成熟，但就贸易自由化对一国产业技术升级的影响研究，目前学术界仍在讨论中，并认为主要存在以下三条机制。

一是进口竞争效应。周茂等（2016）认为，贸易自由化会进一步削弱国内对进口的限制，能够吸引大量的国外同类产品进入国内市场，对国内经济冲击的最直接表现就是导致本土企业会受到更大程度的进口竞争的冲击。一方面，进口竞争的压力会导致本土市场上的资源再配置，低生产效率企业的生产规模和市场份额会自发下降，甚至是淘汰，而高效率企业则可能产生生产率增长的激励，进而整个产业的生产率水平会得到改善（Boone，2000；Bernard et al.，2003）；另一方面，在进口竞争之下，国内企业为了能够在市场中存活，甚至获取更大的市场竞争地位，就不得不采取增加研发投入、更新机械设备以及改进生产组织方式等各种措施，提高自身的劳动生产率水平（Holmes & Schmitz Jr，2010；田巍和余淼杰，2014；何欢浪等，2021）。

二是中间产品的成本降低以及知识溢出效应。进口关税和非关税壁垒的降低，能够使本土企业在生产中进口更加低价的中间产品，降低企业的生产成本，保证了企业能够将资本投入机器设备的更替、人力资本的培养以及研发等其他方面，从而促进生产率的提升（Amiti & Konings，2007；汪建新和黄鹏，2011）。同时，在进口中间产品的过程中，本国产业不仅间接地分享了国际上先进的 R&D 资本，并且本土企业也能够从先进的中间产品中学习和模仿先进的技术，在这种"学习效应"的加持下，进口的中间产品能够对国内的中间产品创新形成"知识溢出"影响，进而正向影响企业的技术升级（Seker et al.，2011；喻美辞，2012）。

三是更加多样化且高质量的中间产品嵌入效应。除了中间产品能够带来的成本降低以及知识溢出影响之外，由于中间产品最终被用于国内企业的产品生产过程中，而中间产品本身就内嵌一定的技术含量，因而能够直接影响本土的产业技术升级。国内不少学者针对中国贸易自由化的研究发现，中间产品贸易自由化不仅能够提升中间产品的质量，而且能够增加产品种类，使工业制成品价格下降（施炳展和张雅睿，2016；钱学锋等，2021）。谢谦等（2021）指出，在中间产品种类以及质量的影响下，进口中间产品的内嵌技术能够提高企业的盈利水平，直接增加企业的创新投入，提高企业生产率，在这一机制发生过程中，企业对技术的吸收能力是影响中间产品内嵌技术向企业生产率转化的重要因素。

二、自由贸易协定对产业技术升级的影响

上节文献梳理表明，一国进口关税和非关税壁垒的下降对其产业技术升级很可能具有积极作用，这为我们对自由贸易协定影响效应的认识带来一定启示。但 FTA 相比 WTO 框架下的关税和非关税措施有了更多的延伸和拓展，总体而言可以划分为 "WTO +" 和 "WTO-X" 两类，前者是进一步拓展 WTO 框架下的条款、义务和承诺，而后者则是超越 WTO 框架之外的新的条款约束（Horn et al.，2010）。这意味着不仅本国进口的关税和非关税壁垒会大幅下降，而且本国出口面临的市场限制也大幅削弱，这可能将产生 "贸易创造效应" 和 "贸易转移效应"（Viner，2014）。因此，学术界就世界各国签订的 FTA 进行了诸多准自然实验的研究，对其与产业技术升级的因果关系进行了检验。

从中国参与的 FTA 来看，李仁宇（2020）以中国在 2000～2013 年参与的 FTA 作为准自然实验，发现 FTA 一方面能够使中国本土较低生产率的企业进入市场，不利于产品质量提升，另一方面则可能加剧出口市场的竞争，倒逼企业提高出口产品质量，总体而言后者的正向效应高于前者的负向效应。余淼杰和王霄彤（2021）则提出了相反的观点，他们以中国加入中国—东盟自由贸易协定作为准自然实验，发现中国—东盟自贸区的关税削减政策不仅没有提高低生产率企业进入市场的数量，反而是导致低生产率企业更容易退出且高生产率企业更容易进入市场，产业的资源再配置机制发挥了作用，产业整体生产率水平也因此得到提高。此外，从产业链升级的角度来看，陈凤兰和陈爱贞（2021）认为中国参与的 RCEP 并不是简单的贸易联盟，而是在内部已形成了较为紧密的产业链关联，并且中国的高技术制造业促进了区域内的产业链主导角色从日本转向中国，但是 RCEP 在全球产业链中还处在相对下游位置，中国和 RCEP 应当加强与欧美主导的全球价值链竞合，驱动区域的产业链进行升级。

从国外的 FTA 来看，利利耶娃（Lileeva，2008）在对加拿大—美国自由贸易协定（CUSFTA）的研究中发现，加拿大的关税削减增加了中等生产率水平的非出口企业的退出率，其结果是市场份额在那些高生产率的企

业之间进行了再配置，产业总体生产率水平得到提高。高斯（Kose，2004）的研究也支持这一结论，但是他们发现了加拿大和美国之间存在的结构性差距，对两国总的劳动生产率的趋同起到了阻碍作用。然而，对生产率趋同的影响似乎并没有体现在墨西哥的样本中。一些学者认为，北美自由贸易协定（NAFTA）的签订会通过进口竞争和中间产品投入两个渠道，刺激墨西哥企业的生产率水平，但是在墨西哥与 OECD 国家的贸易中没有发现这一影响，并且 NAFTA 使墨西哥制造业的生产率水平与加拿大和美国在一定程度上趋同（Schiff & Wang，2003；De Hoyos & Iacovone，2013）。此外，布斯托斯（Bustos，2011）在对南方共同市场（MERCO-SUR）的研究中也发现了其对参与国（阿根廷）的企业技术升级具有正向影响的证据，研究表明，巴西关税削减幅度越大的行业中，阿根廷企业会更快地增加对技术的投资。

第四节　文献评述

以上文献表明，目前学术界对贸易政策和产业技术升级关系的研究已形成了一定的理论体系，但就本书探讨的问题而言，还存在一定不足之处。

第一，对一国产业技术升级进行解释的视角可以进一步拓展。以关税和非关税壁垒削减的视角来解释产业技术升级的机制，学术界已取得一定进展。然而，一方面，在贸易自由化影响技术升级的文献中，多数文献关注本国贸易政策的变化对本国产业技术升级的影响，较少关注到出口市场贸易政策变化的冲击效应；另一方面，汉德利和利蒙（Handley & Limão，2015）的分析表明，相比确定性的关税削减，关税的不确定性变化对一国进出口贸易的影响更大。学术界从目标市场贸易政策不确定性的视角来解释中国出口技术含量升级的研究还处在探索阶段，本书则对此展开研究，能够拓展我们对中国产业技术升级的认识。

第二，对于贸易政策不确定性影响企业出口行为的理论机制的认识还不够全面。既有文献在研究贸易政策不确定性对企业贸易行为的影响时，仍然是基于梅利茨（Melitz，2003）等经典文献指出的以出口市场上的企业进入和退出为主要理论机制，忽略了企业内部不同技术含量产品的进入和退出以及企业对不同出口市场进行选择的重要性。然而从中国的实践来看，中国的产业技术升级主要表现为企业"由加工贸易转向一般贸易、由只能生产低技术产品逐步向生产更高技术含量产品、由获取单个市场的局部竞争力提升到获取全局的整体竞争力"的转型过程，企业的进入和退出在转型升级中的作用较小。本书则提出了一个拓展的动态 OP 分解方法，能够分离出产品配置、新旧产品更替以及市场选择等因素对产业技术升级的贡献。

第三，出口技术含量的测算方法可以进一步改进。无论是基于贸易总值核算框架还是基于增加值核算框架，学术界对出口技术含量测算的理解主要还是建立在产品或产业层面，较少关注到同产品或同产业相比不同出口市场具有不同的技术水平优势，因而存在市场差异化的出口技术含量，本书则通过提出一个包含市场维度的双边显性比较优势指标，构造了能够测算异质性市场出口技术含量的测算指标。

第四，针对中国的经验研究背景较为单一。目前国内外学术界对于中国贸易政策不确定性的研究，多是建立在中国加入 WTO 的背景之下，然而在加入 WTO 后，中国通过推行 FTA 战略，签订了多个双边或者多边的自由贸易协定，这些都为准自然实验方法的设计提供了应用场景，值得深入挖掘。本书则针对中国参与的 CAFTA，设计了双重差分的因果识别策略，能够为分析贸易政策不确定性的破局对策提供经验借鉴。

第三章

理论框架

前文文献梳理表明，一国产业升级的动因虽然一直是国内外学术界研究的重点领域，但不同学者采用的分析框架不尽相同。就贸易政策不确定性角度来说，还鲜有文献探讨其如何影响中国制造业出口技术含量升级，本章的任务则是建立起两者之间逻辑关系的理论分析框架。本章首先基于比较优势理论，建立了一个能够分析中国制造业出口技术含量结构变化的统一分析框架，研究中国制造业在不同技术含量产品生产上的比较优势变化主要取决于哪些关键性的驱动因素，进而可以分析比较优势演化之下中国制造业出口技术含量升级的动力机制。在此基础上，引入贸易政策不确定性，探究目标市场贸易政策不确定性产生的原因，以及贸易政策不确定性对中国制造业出口技术含量升级过程中关键性驱动因素会产生何种影响，进而引致产业出口技术含量的何种变化。

第一节　中国制造业出口技术含量升级的动力机制

一、"产品—市场"视角下中国制造业出口技术含量的结构解析

（一）基于产品层面的出口技术含量结构

基于豪斯曼等（Hausmann et al.，2007）的研究，某种产品的出口技术含量可以被定义为全球范围内所有出口该产品的国家（或地区）人均收入水平的加权平均。在这一定义形式中，对于产品出口技术含量的构成具

有三个重要的内涵：（1）人均收入水平表示的是该国的平均技术水平，并且由于知识产权保护、人力资本流动等诸多方面的限制，技术无法在全球范围内完全自由流动，因而即使一国以资本为载体的生产要素能够进行全球化配置，但是不同国家的技术水平仍具有差异性；（2）由于各国的人均收入水平不同，因而在生产过程中采用某国的劳动力要素进行生产的机会成本亦不同，在发达国家生产相对附加值较低的产品将不具备全球竞争力，因而发达国家出口的产品技术含量应当相对较高；（3）产品是一国知识和生产能力的载体，产品出口技术含量的本质是综合反映一国在研发设计、生产工艺、营销管理、金融资本运作、人力资本配置等诸多生产性知识方面的竞争力。所以，在豪斯曼等（Hausmann et al.，2007）的定义中，越发达国家的权重比例越高，以此可以得到全球范围内所有产品出口技术含量水平的序列，在序列中排名越靠前则代表生产该产品所需要的生产性知识就越多，并且产品内部所凝结的附加值也越高。

值得注意的是，在全球价值链分工的时代，某国出口的最终产品内部投入了从其他国家进口的中间产品，但是在上述定义之下并不意味着最终产品的技术含量必然高于中间产品。例如，发展中国家出口的手机制成品大量进口了芯片等高技术含量的中间产品，但其生产主要处在技术含量和附加值较低的组装环节，因而发展中国家出口该手机应当只能获得较低的出口技术含量。将这一情形放入上述定义框架中考察可知，如果发展中国家存在劳动力要素等比较优势，发达国家拥有知识、技术、人力资本等比较优势，那么发达国家会保留芯片等高技术含量产品的生产，而将手机组装环节转移到发展中国家，造成的结果是发展中国家存在出口制成品手机的显性比较优势，发达国家存在出口芯片产品的显性比较优势，而由于发达国家的人均收入水平相比发展中国家更高（即技术水平较高），因此在对产品出口技术含量的定义中，中间产品芯片会相比手机制成品拥有更大的权重，其结果是芯片的出口技术含量要比手机制成品更高。

由于产品的出口技术含量序列已经被出口该产品的世界各国相对人均收入水平所定义，因此产品本身所蕴含的技术含量已经外生给定了。但是，出口国制造业"出口何种产品"和"针对某种产品出口多少"却不是外生的，出口国产业的总出口额可以表示为不同产品相对出口额的加总，主要由两方面构成：一是出口产品种类之间的相对变化，二是产品种类内部出口额的相对变化。那么，在面对外生既定的产品出口技术含量序列时，出口国产业层面总的出口技术含量也可以看成由两个方面构成：一是不同技术含量产品种类之间的出口变化，二是针对某个技术含量产品的出口额的相对变化。前者对产业出口技术含量的影响表现为：通过研发创新以及引进国外先进生产设备等手段，使出口国制造业能够生产并且出口具有更高技术含量的产品种类，同时放弃那些出口技术含量较低的产品种类，出口产品的种类不断迈入"产品技术含量序列"中更高层次的产品空间（product space）范围内。此时，产业出口技术含量的升级主要是由出口更高附加值、更高质量的产品种类所引发的。而后者对产业出口技术含量的影响表现为：在现有的出口产品种类中，增加那些拥有较高技术含量产品的出口份额，并减少较低技术含量产品的出口份额，出口国制造业在高技术含量产品的国际竞争中获取了更加明显的优势地位。此时，产业出口技术含量的升级主要是由产业中对高技术含量产品的"平均生产成本不断下降"以及"生产率水平逐渐提高"所引致的。

（二）引入市场异质性的出口技术含量结构

总的来说，豪斯曼等（Hausmann et al.，2007）的理论框架是以出口国出口的产品结构演变为中心的，可以部分地解释中国制造业出口的技术含量升级问题，却不能解释中国制造业相对某个出口市场而言的相对技术水平变化问题；而且由于不能识别不同市场的关键性约束条件，导致难以解释出口市场的贸易政策变化、市场供给和需求的冲击对中国产业技术升级的影响效应，所以对于经验现实的解释力还不够。

为此，我们首先需要问，从理论意义上来说，同一个产品出口到不同市场是否存在差异化的技术含量？如果有的话，这种市场异质性又对中国制造业出口技术含量的结构产生何种影响？对于前一个问题，我们的回答是肯定的。其原因在于：（1）从出口国层面来说，出口国企业（尤其是新兴企业）在进行出口扩张过程中，很少能够在同一时间内将同一个产品出口到所有市场中，其中不仅有地理距离等客观因素的限制，还因为出口国企业相比不同市场难以在同一个产品上体现出足够的比较优势，例如，中国海尔和 TCL 企业的家电产品在进行国际化扩张的初期，曾重点主攻的市场分别是欧美和东南亚市场，首先通过获取市场的局部竞争力，再向其他市场扩张。（2）从产品层面来说，由于不同市场拥有的生产技术、研发设计能力、人力资本水平等生产性知识不完全相同，因此不同出口市场针对同一产品的生产能力也不完全相同，包括是否拥有生产该产品的足够知识，以及对于该产品的规模化生产效率等，这将导致同一产品放在不同市场上就存在差异化的生产机会成本。那么，拓展前述对产品出口技术含量的定义，在不同的市场上考察，对于出口该产品的所有国家的人均收入水平加权平均，也必然产生具有市场异质性的产品出口技术含量序列。

基于"产品—市场"两维的出口技术含量，则可以将中国制造业出口技术含量的结构进一步拓展出"市场"层面的影响，即在不同市场上"出口产品种类的相对变化"和"产品种类间出口份额的相对变化"。由于中国制造业的整体技术水平相比不同市场存在不同的技术差距，那么出口到整体技术水平较高的市场中，技术差距也相对较大，如果这些市场针对高技术产品还具有较高的关税或限制性贸易政策，那么在该市场上拓展高技术含量产品的难度将更大。因此在这样的市场中，中国制造业同产业内部能够扩张技术含量较高的产品种类，或者在现有的产品种类中针对较高技术含量的产品出口更多的份额，说明中国在相对较高技术含量的产品上已经形成了一定的竞争优势，从而能够促进产业层面的出口技术含量升级。

二、中国制造业出口技术含量结构变迁的驱动因素分析

由上述分析可知，可以从"产品"和"市场"两个维度考察中国制造业出口技术含量，就其结构变迁的动因，从前一个维度来说，是中国出口产品结构的总体性变化导致的，背后的本质是中国在不同产品生产上比较优势的相对变化；从后一个维度来说，是中国在不同市场上出口产品结构的相对变化导致的，背后的本质是出口市场的各类客观或主观因素，能够扭曲中国在不同产品上的相对比较优势。因此，本节以比较优势演化视角下的出口技术含量升级为立足点，考察影响中国产品相对不同市场比较优势变化的因素。

（一）要素禀赋结构变化的驱动

要素禀赋结构指的是一国所拥有的各种生产要素之间的相对丰富程

度，从实物形态上，生产要素可以表现为资本、劳动力和土地资源等，从无形形态上，生产要素则可能表现为人力资本、数据信息等。要素禀赋结构反映了一国内部资源的相对稀缺程度，如果劳动力要素相比资本要素更加丰富时，则劳动力要素相比资本要素的相对价格会更低，进而影响到企业在生产中对各种要素投入的相对不同比率。因此，中国要素禀赋的结构决定了企业出口何种产品具有相对的比较优势，进而要素禀赋结构的改变会同时作用到出口产品结构的改变，引致产业出口技术含量的结构变迁。

而在涉及中国要素禀赋结构的提升问题时，林毅夫（2018）则认为，在中国产业经济发展过程中若严格按照本国比较优势进行发展，则能够充分利用丰裕要素的优势，最大化降低生产成本，增强本国产业在国际上的竞争力，为下一轮生产提供最大的资本剩余和积累，进而可以不断提升要素禀赋结构，引导产业结构升级。的确，在一个封闭经济中，这一机制是符合逻辑的，但是如果考虑到生产要素的国际流动，理论的政策含义将随之改变。

随着生产要素以国际投资的形式在国际流动，中国的要素禀赋结构和比较优势结构可能会发生变化，进而导致产品的出口结构发生变化。如果资本要素进入劳动力要素丰富的国家，该国就有可能出口大量的资本和技术密集型产品，这一产品结构并不是本国原本的要素禀赋结构和比较优势的反映，此时，在完全依赖于本国要素和比较优势的产业出口虽然能够继续发展，但是由于要素流入的同时也改变了整体的要素结构，导致完全依赖于本国要素进行发展的要素市场条件随之改变（张幼文，2020）。例如，中国在改革开放以来大力引进外资，而外资则利用了中国劳动力，带动了中国劳动力收入水平的上升，其结果是劳动力要素禀赋在原本产业出口中的成本上升，使依赖于劳动力要素发展的产业比较优势减弱。又如，外资的进入可能使产业出口中新增高质量的、高技术含量的产品种类，而原本产业中比较优势较弱的产品种类将被挤出。

（二）内生技术水平变化的驱动

要素禀赋结构的提升能够改善产业中出口产品的技术结构，然而，相同的要素禀赋结构是否能够产生更多的要素收益和产出，则取决于产业中的技术水平变化。按照比较优势理论，不同国家在不同产品生产技术水平上的差异会造成生产成本的差异，中国提高在较高技术含量产品上的生产技术水平无疑能够降低生产该产品的单位成本，提高每单位要素投入创造的价值总量。克鲁格曼（Krugman，1985）指出，如果发展中国家（即技术落后的国家）和发达国家（即技术领先的国家）的技术差距缩小，尤其是在技术密集度较高的产品上技术差距缩小，则会导致发展中国家和发达国家之间的工资差距缩小，原本发达国家在一些产品生产上的比较优势会转移到发展中国家，发展中国家生产的产品种类会进一步扩张。可见，国家间在不同产品技术水平上的差距也是导致比较优势差异的关键性因素。

尽管技术进步如此重要，但是如果技术进步是建立在外生变化基础上的，如中国产业发展中通过国际贸易以及外国直接投资等渠道进行的技术引进和技术转移，虽然能够在外生意义上提高中国技术的存量水平，但是如果不在动态意义上形成技术进步的内生性机制，将无法成为中国在高技术产品上比较优势演进的持续推动力。

格罗斯曼和霍夫曼（Grossman & Helpman，1991a，1991b）指出，技术创新包括生产工艺创新和产品创新两方面，前者指的是生产技术的改进以及生产率水平的提高，而后者则可以分为产品种类的扩张（水平创新）和产品质量的提升（垂直创新）两种。发展中国家无论采取何种技术创新模式，技术创新的速度都取决于研发（R&D）的投资水平、R&D 部门的研发效率、知识和人力资本的积累等因素，并且内生化技术进步的实现方式依赖于企业为了追求市场垄断地位以及利润而存在的研发和技术创新激励。显然，这一内生化的技术进步在完全竞争的市场中是无法实现的，这说明即使在初始条件下，发展中国家只能够在低技术含量的产品中产生一定的垄断地位，也能够通过垄断利润的获取，并将其不断投入研发的过程中，增强其在更高技术含量产品上的比较优势，以此为循环可以持续改善自身的技术水平，形成内生的比较优势升级，改变出口的技术结构。

（三）市场需求的引导驱动

市场需求不仅能够对中国出口"何种产品"产生影响，而且在出口市场政策干预的条件下，对中国产品"向何处出口"同样具有重要影响，因而市场需求能够同时从"产品"和"市场"两个渠道影响中国制造业出口技术含量的结构变迁。从大的方面来看，市场需求可以从"市场的规模化需求"和"市场的结构性需求"两个层次进行考察。

第一，从市场的规模化需求来看，制造业企业出口面临的规模化市场需求有两个来源：一是国内市场，二是国外市场。在新经济地理的框架中，如果存在规模报酬和贸易成本，那么中国本土市场的需求规模越大越能够强化制造业部门规模化生产的比较优势，促进国内市场产品种类的扩张，成为制造业部门持续出口增长的动力，也称为"本地市场效应"（home market effects）（Krugman，1980）；而从国外市场需求来看，如果国外市场的需求规模越大，市场对本国企业出口的吸引力也越大，进而本国市场的企业之间就会产生"向该国出口"的竞争，此时，市场竞争的加剧造成进入该市场的难度增加，将使多产品出口企业内部那些不具备足够市场竞争力的产品退出该市场，而仅保留具有竞争优势的产品种类，也称为"市场竞争效应"（pro-competitive effect）（Mayer et al.，2014）。可见，无论是本国市场还是国外市场的规模化需求，都能够对出口产品的结构产生影响，进而影响到出口技术含量的结构变迁，只不过前者是通过产品种类数量的相对变化，而后者则是通过产品种类间出口的优化配置来实现的。

值得注意的是，如果只是考察两国间相对的规模化市场需求，当一国本土的市场需求份额扩张或收缩时，意味着另一国的相对市场需求份额正在发生收缩或扩张的反向变化。然而，从多国的视角来看，一方面，本地的规模化市场需求受到外部冲击而发生下降时，本国出口面临的其他国家市场需求却并不一定发生反向变化，反之亦然；另一方面，本国的规模化市场需求相对不同国家的市场而言，存在不同的规模化程度，例如，中国的市场相比非洲国家而言具有足够的市场规模优势，然而在面对美国市场时，这一优势可能将不再明显。这两点意味着，不同的市场对中国出口产品结构的影响可能将不同。例如，即使在两个同等规模的国外市场中，不同市场采取的关税壁垒不同，会导致进入该市场的难度（即贸易成本）不同，进而对中国制造业出口产品的相对比较优势的扭曲程度就会不同，使中国在两个同等规模的外部市场上出口着不同结构的产品种类，影响着中国的出口技术含量结构。

第二，从市场的结构性需求来看，中国制造业产业的出口技术含量结构变迁同样面临着本国市场以及国外市场需求结构的影响。此时，本地市场效应和市场竞争效应的原理依然会发挥作用，但是产业中基于不同产品种类的国内外市场需求规模会发生变化，由此决定的本国在不同的产品种类上相对于不同出口市场的双边比较优势也在发生变化，进而在不同市场上出口的产品技术结构不再仅仅取决于整体市场规模的影响了。例如，当本国市场的需求结构提升时，即对于更高技术含量产品种类的需求规模相对提升，在企业具备生产能力的前提下，规模化效应会引导企业的生产结构转向更高技术含量的产品，或者暂时不具备该产品的生产能力，规模化市场也会激励企业加快对更高技术含量产品的研发投入，强化了企业对于高技术含量产品的预期收益。又如，在国外市场政府对于高技术含量产品限制进口政策的影响下，导致本国高技术含量产品进入该市场的难度加大，进而会扭曲本国在高技术含量产品上的相对比较优势，削弱出口的产品技术结构。

并且注意到，对于市场需求结构的这一分析逻辑绝不是仅限于市场上对于最终产品消费的需求结构，而且包含了对不同技术含量中间产品种类的需求结构，这意味着市场需求结构对中国制造业出口技术含量结构变迁的影响可能还会通过"投入—产出"的上下游关联渠道产生链式反应。例如，中国的本土市场对电子信息产业中手机制成品的需求上升，将同时引发本国手机生产厂商对各类元器件中间产品投入的需求上升，而后者的技术含量更高，市场规模优势就能够带动本国对高技术含量中间产品研发的激励，改善产业出口的技术含量。

三、比较优势演化视角下中国制造业出口技术含量的升级动力

本小节将利用上文对中国制造业出口技术含量结构及其驱动因素的分析，结合新时代中国经济高质量发展的背景，探析当下中国制造业出口技术含量升级的动力机制。需要指出的是，为了简化分析，本小节将假定中国出口面对的不同市场政策不会发生变化，因而不会对中国在不同产品上的比较优势产生扭曲作用，后文将专门讨论"市场"层面的贸易政策变化对升级动力机制的影响。

（一）静态比较优势与出口技术含量的升级陷阱

如果中国以当下的静态比较优势为基础参与国际分工，中国制造业可能将陷入"比较优势陷阱"，被锁定在低技术含量产品生产的均衡之中，继续在世界分工体系中处在"低端化""边缘化"的位置，对发达国家的市场具有较强依赖性，难以实现产业出口技术含量的升级。

第一，从要素禀赋结构方面来看，经过改革开放40多年来的要素驱动式经济增长，中国在制度禀赋、资源禀赋、人口禀赋等各方面都发生了深刻变化，导致过去依赖于传统要素禀赋结构支持中国产业发展的转轨红利、自然资源红利以及劳动力红利都在逐渐衰退，但新的要素禀赋结构又难以支持中国在产业链分工中占据主导地位。例如，虽然当下中国的劳动力素质以及工资水平相比过去已经取得了长足发展，但是专业化的高素质人才占比依然较低，加上还有一部分人力资本在政府部门上的错配，参与生产的劳动力要素整体质量仍然有待提高。在当前的世界分工格局中，仍然是发达国家占据了丰裕的高质量要素，因而形成了在高技术含量产品（包括中间产品）生产上的比较优势，而中国在高质量要素方面的不足，使在全球产业链中那些关键位置的核心产品上仍不具备生产的比较优势，甚至不具备生产的条件，因而将导致中国在国际分工和贸易链条中仍然处在较低层次。

第二，从国内外的市场条件来看，一方面，虽然中国国内统一的大市场能够为制造业产生规模经济的优势，为企业带来规模效益和比较优势，但是市场规模的优势相比发达国家而言并不明显。并且考虑到市场需求结构的因素，一般而言，高技术含量产品要比低技术含量产品在生产上的规模经济更加显著，这也进一步增强了发达国家在规模经济更加显著的高技术含量产品上的比较优势。另一方面，中国与发展中国家相比，虽然存在相对的市场规模经济优势，但是发展中国家本身的市场需求结构并不高级，这也导致同样的产品出口到发展中国家只能获取相对较低的技术含量升级。例如，同样是手机产品，在市场需求的引导下，出口到发达国家市场上的会是相对较高价格的手机产品，因而获取相对较多的附加值，而出口到发展中国家的情况则会相反。

此外，在技术进步方面，由于分析前提是建立在静态比较优势上参与国际分工，技术水平不会进步，因此也不会引致产业出口技术含量升级。

总之，在静态比较优势之下，发达国家出口附加值较高的高技术含量产品、中国出口附加值较低的低技术含量产品的垂直化分工格局不会发生太大变化，在这种情形下，中国出口的产品技术结构难以改善，产业出口技术含量升级困难，处于对发达国家的依附地位。

（二）动态比较优势与出口技术含量的有限升级

以动态比较优势和以静态比较优势参与国际分工的区别在于：后者探讨的是以当下时点不变的要素禀赋结构、技术水平和国内市场条件参与国际分工中，而前者在生产要素的流动、发达国家的技术转移以及产业政策等外生因素的冲击之下，在下一个时点可能会改变自身的比较优势，进而改变出口产品的贸易结构。在动态比较优势之下，中国制造业的出口技术含量是有可能产生升级的，但是，出口技术含量水平依然不会超越发达国家，即"出口技术含量的有限升级"，这不会从根本上改变中国在国际贸易格局中的地位。

我们分两个层次进行分析，首先分析为什么在动态比较优势情形下，中国制造业出口技术含量升级是有可能发生的。（1）从技术方面来说，发达国家对中国仍然存在技术转移的可能性，进而促进中国技术进步。中国国内统一的大市场提升了中国在全产业链上的配套能力，外资企业能够在中国通过更加低价且有效率的方式获取配套的零部件以及合作企业，加上中国营商环境和基础设施建设的完善，这无疑提升了中国对外资的吸引力，而以外资为载体，跨国公司的品牌、技术、设计能力、管理水平以及全球网络营销都会向中国转移，而且部分跨国投资协议还是以"技术转让"形式发生的，中国很可能能够进一步吸收国外的先进技术，使中国制造业出口技术含量升级。（2）从要素方面来说，中国经过长时间的资本积累过程，也积累了一定的资金和外汇，可以在国际市场上购买更高级的生产要素。例如，如果没有国际政治干预，通过国际并购的方式，中国可以获得发达国家的一些成熟企业，也等价于获得了这些企业的技术、品牌等要素，无疑能够促进本国的要素升级，增强本国出口产品的竞争力。

其次再分析，为何在此情形下，中国制造业出口技术含量的升级是一种"有限升级"。（1）从技术水平来说，发达国家总是处在世界技术可能性边界的最前沿，如果中国只是通过生产要素的流动或者对发达国家高级要素的收购等手段，取得外生性的技术进步，中国的技术水平只能是模仿或者跟随发达国家的先进技术，而永远不可能超越发达国家，这决定了制造业出口技术含量升级的上界。（2）生产要素的流动也并非完全无摩擦。例如，劳动力和人力资本要素在跨国间，甚至是跨部门间都呈现出较难流动的特征，这导致了某些与这些人力资本匹配的专用性资本要素投入也难以进行流动。在这一条件下，发达国家的技术不会无摩擦地转移到本国市场上，加上发达国家在一些敏感性核心技术转让上的政策限制，中国很难获得发达国家最前沿的技术转移，导致了技术含量的升级会受到一部分限制。（3）在要素积累方面，虽然中国当前已基本形成了全产业链的生产结构，然而发达国家仍在产业链中占据了附加值较大的环节，中国只承担了产业链中技术含量较低的片段，在这一结构之下，中国通过资本积累虽然能够改善要素禀赋的结构，但是中国在资本积累速度上仍赶不上发达国家，进而决定了动态比较优势之下中国仍会在低技术含量产品的生产上具有相对比较优势，使制造业出口技术含量升级受阻。

（三）内生比较优势与出口技术含量的赶超升级

在前述对出口技术含量升级的驱动因素分析中，无论是要素禀赋结构、技术变迁还是市场需求的变化，都能对中国比较优势产生作用，因此从这些意义上出发，比较优势都是内生的。并且注意到内生比较优势的变化必须予以动态的说明，所以，内生比较优势变化同时也是动态比较优势的变化。

但是，为了与前述概念表达有所区别，我们这里指的内生比较优势强调的是建立在本国企业内生技术创新之上的内生比较优势。现代经济增长理论表明，只有技术进步才是决定一国经济持续增长的最主要因素，并且建立在技术创新之上的内生比较优势也才可能使中国在新的尖端技术产品领域取得竞争优势，占据产业链分工中的关键环节，不仅形成出口技术含量的升级，更为重要的是对发达国家在世界前沿技术上的"赶超"。也是在这个意义上，阿西莫格鲁（Acemoglu，2006）将后发国家追赶发达国家技术水平的增长阶段称之为"基于投资的增长"（investment-based growth），而要达到世界前沿技术的可能性边界只能"基于创新的增长"（innovationbased growth）。

为了加强这种内生的比较优势，中国目前也在一些领域形成了一定的经济基础。一是劳动力要素价格上升的比较劣势可能将转化为新时代国家人口规模红利的新优势，产生企业研发新产品和技术的内生激励。当下中国劳动力工资水平不断上升，但是这一变化对内生比较优势来说并非完全是不利的，中国整体收入水平上升能够带来购买力的上升，加上中国人口规模的优势，使中国国内市场的规模化经济进一步增强，即使是小众产品在中国也能够产生较大的市场规模需求，这为新产品的研发、技术研发以及品牌开发都提供了"土壤"，有助于国内新产品种类的扩张，进而改善出口的产品结构。二是劳动力工资水平的上升还会带来更多的对教育和人才培养方面的投入，使中国劳动力要素更加高级化，而高级的劳动力要素是研究开发等技术创新活动的核心，能够提高研发效率，成为内生技术进步的源泉。三是在中国人口市场规模和互联网快速发展的背景下，也积累了一种全新的要素，即数据要素，数据要素的丰富也改善了我国的要素禀赋结构，数据要素能够提供生产过程中产品设计以及研发的异质性信息，在与传统生产要素进行深度融合之下，能够改变生产的过程，提高各要素的边际收益率，无疑能够引致内生技术的进步，提高出口产品中的技术含量。此外，随着国内知识产权制度的不断完善，能够有效遏制技术盗用、成果剽窃等侵犯知识产权的利益活动，也从侧面保障了创新激励体系的有效运转，使内生技术创新的机制更加顺畅。

第二节　贸易政策不确定性产生的原因与影响

本书在前文将目标市场的贸易政策不确定性界定为：中国制造业出口面对目标市场的关税政策向不利方向转向的可能性大小，若目标市场增加产品关税的概率越高、幅度越大，可以认为贸易政策的不确定性越大。从这一定义可以看出，当针对某一种产品的贸易政策不确定性无限提高时，其效果等价于针对该种产品的贸易限制政策，换言之，贸易政策不确定性在某种意义上也体现了目标市场针对中国的贸易保护主义倾向。本节将延续上一节的分析逻辑，基于比较优势理论分析目标市场贸易政策不确定性

产生的原因及影响。①

一、贸易政策不确定性产生的原因分析

从亚当·斯密开始，主流经济学界对于贸易保护的经济效率问题一直持否定观点，但在国际产业竞争的背景中，贸易保护主义并不完全是一种"非理性"的政府决策。李斯特在《政治经济学的国民体系》中指出，"一国贸易政策在自由贸易和保护贸易之间的切换，取决于对国家富强的作用，自由贸易有时有利，有时有害，采用何种政策是随时期的不同而变化的"。② 这说明，当中国与目标市场之间的贸易关系对目标市场本身有利时，中国面对目标市场贸易政策的不确定性相对较小，反之，目标市场将提高贸易政策的不确定性。因此，我们要问的是，中国和目标市场之间的"利益结构"产生何种变化，会导致目标市场向贸易保护政策的转向，使中国面临的贸易政策不确定性上升？

基于利益角度，能够影响目标市场政府对贸易政策决策的因素，可以从该国内部的个人利益、企业利益和国家利益三个层面进行考虑。③ 个人利益的表现形式是该国社会福利的变化情况，取决于本国居民对于商品的消费量，政府部门的目标函数之一就是最大化社会福利，若贸易政策变化能够进一步改进社会福利，政府就产生了贸易政策转向的动机；企业利益的表现形式是该国企业（包括跨国公司）能够从全球范围内配置的生产要素中获得的价值增值量，当企业的垄断利润普遍受到中国"威胁"时，企业会形成利益团体，产生对该国政府部门政策决策的游说，进而可能会影响针对中国的贸易政策走向，产生贸易政策不确定性；国家利益考虑的是该国在国际范围内主导经贸规则制定以及提供公共品的能力，其背后的本质问题是发达国家在全球产业链中的主导地位是否会受到中国的威胁，若

---

① 事实上，贸易政策不确定性产生的原因和影响可以从经济、政治、历史和文化等多方面进行讨论，但是为了保证理论框架的前后一致性，我们进行分析的立足点依然是比较优势理论。

② 李斯特. 政治经济学的国民体系 ［M］. 北京：商务印书馆，1961.

③ 注意到，这里分析的是目标市场政府在进行贸易政策决策时可能会受到哪些因素的影响，而并非贸易政策变化一定会影响到后者的变化，换言之，前者可以视为是后者的必要条件（未必一定是充分条件）。

是，则发达国家可能产生对其在国际经贸格局中地位和竞争力下降的担忧和焦虑，进而产生贸易政策干预的动机。[①] 进一步，我们再分别从以下三种不同情形考察目标市场"利益"的变化，以及由此可能产生的贸易政策不确定性。

第一，考虑中国以静态比较优势参与国际分工的情形。根据前文分析，在静态比较优势情形下，中国制造业出口技术含量难以升级，中国在低技术含量产品的生产上具有比较优势。（1）从发达国家市场的角度考虑，发达国家仍具有高技术含量产品生产以及出口的比较优势，在这种比较优势之下，发达国家依然占据着全球供应链中的关键环节，与中国之间保持着较大的技术差距，因而无法威胁到发达国家的国家利益。并且，由于高技术含量的产品本身会带来高附加值和高利润，中国无疑也不会影响发达国家的企业利益，此时如果中国在低技术含量产品生产上提高单位产品生产率，反而还会降低产品的出口价格，在国际贸易之下，进一步提高发达国家居民的效用水平，进而提高社会福利水平。因此，在这种情形下，发达国家倾向于保持自由贸易，中国面临的发达国家市场的静态贸易政策不确定性会相对较低。（2）从其他发展中国家市场的角度考虑，由于中国和发展中国家都是在低技术含量产品生产上具有比较优势，此时中国与其他发展中国家都没有主导国际经贸规则的话语权，在国家利益上与发展中国家冲突较小，但是这一情形会产生中国与发展中国家在低技术含量产品生产上的国际竞争，若中国出口的低技术含量产品竞争力越强，则会在全球供应链中挤出其他发展中国家的企业，导致发展中国家企业在国际市场中的份额缩小，进而进一步影响发展中国家的居民收入水平，使其个人和企业利益受损。因此，出于保护个人和企业利益的动机，其他发展中国家倾向于进行贸易保护，中国面临的静态贸易政策不确定性会相对较高。这也解释了为什么在后文中，我们可以观察到中国在加入 WTO 后，面临的主要贸易政策不确定性是来自发展中国家，而不是发达国家。

第二，考虑中国以动态比较优势参与国际分工的情形。动态比较优势之下，生产要素以及技术可以在国际流动，进而外生性地改变各国的相对

[①] 也有学者认为，国家利益不仅包括政治利益和经济利益，还包括安全利益和文化利益等各方面（熊光清，2020），而我们这里考虑的国家利益是建立在国际经贸框架之下的国家利益。

比较优势，前文指出，中国利用这种动态比较优势只能够实现制造业出口技术含量的"有限升级"。（1）从发达国家市场角度考虑，由于发达国家依然处在世界技术边界的最前沿，可以依赖技术边界的突破催生出新的技术和产品，掌握着世界上最核心的自主知识产权，正因为这种稀缺性导致其产品始终处在全球供应链的核心位置，国际贸易的地位不会改变。但是，与此并存的一个现象是，在中国劳动力要素禀赋的吸引下，发达国家市场上的资本要素以及相对较为容易流动的技术会转移到中国。此时，从企业利益来看，中国能够在一定程度上提高出口产品的技术含量，但是由于在这种合作生产过程中，中国贡献的是低级要素，而发达国家的跨国企业贡献的是高级要素，高级要素具有高价格，在收益分配中获取更大份额，而低级要素具有低价格，只能获取相对较小的收益份额，因而从生产要素属权视角下的国际收益分配格局来看，发达国家的企业不仅没有受损，反而受益；从个人利益来看，中国提高了产品技术含量，也使国际贸易中相对更高技术含量产品的价格下降，① 发达国家居民在同等收入条件下能够消费更多低价的高技术含量产品，因而居民的社会福利也会提高。因此，这一阶段中国面临发达国家市场的贸易政策不确定性不会太大。（2）从其他发展中国家市场角度考虑则需要分两种情况：一种情况是发展中国家制造业发展与中国同步，也出现了产品技术含量升级，此时中国与发展中国家之间依然在同产品市场上竞争，这一情况与静态情形下分析一致；另一种情况则是发展中国家没有发生出口产品技术含量升级，此时由于中国在相对更高技术含量的产品上积累了一定比较优势，因而与发展中国家之间没有构成同产品市场上的竞争关系，相反，中国市场上那些较低技术含量的生产环节反而可能还会转移到这些发展中国家市场上，对该市场的企业和个人都具有有利影响，因而贸易政策不确定性还可能下降。

第三，考虑中国以内生比较优势参与国际分工的情形。在这一情形之下，中国企业具有自发技术创新的激励和条件，能够不断创新生产具有独立自主知识产权的高技术含量产品，在高技术含量产品生产上逐步积累比较优势，因而会在全球产业链上逐步向高端延伸，甚至可能成为某些产业

---

① 注意到，这里中国只是在相对较高技术含量产品上实现了升级，而对于世界最前沿技术的产品，中国依然没有获得生产能力。

链的价值主导者，此时中国在全球经贸体系治理上也具备了一定话语权，也能够提供一定的国际公共品。但是在这种情形下，也形成了两股分化的力量：与动态比较优势情形下类似，中国提高产品出口技术含量有助于降低高技术含量产品的价格，对发达国家居民社会福利具有正向作用；但是，中国在国际分工中形成了与发达国家在高技术含量产品生产上的国际竞争，尤其是当世界经济处于长期低增长的情形下，世界市场对高技术含量产品的需求存在增长上限，中国制造业出口技术含量升级挤压了发达国家的市场份额，在一定程度上削弱了发达国家的企业收益。而在面对发展中国家时，由于此时中国与其他发展中国家已形成了在不同技术含量产品生产上的差异化比较优势，此时发展中国家倾向于自由贸易更符合其利益。因此，在这一情形下，来自发达国家的贸易政策不确定性可能将提高，而发展中国家则可能相反。

二、贸易政策不确定性影响中国制造业出口技术含量升级的机制分析

上文我们从比较优势演化角度分别讨论了目标市场针对中国贸易政策不确定性变化的原因，但是贸易政策不确定性在中国制造业产业出口技术含量升级的过程中扮演何种角色还未可知，接下来我们进一步从理论上讨论其影响机制。在此之前，我们有必要先就贸易政策不确定性影响下的微观出口企业行为进行分析，以此作为后续分析的起点。

汉德利（Handley, 2014）、汉德利和利蒙（Handley & Limão, 2015）认为，与目标市场关税等确定性贸易政策影响下的企业决策机制不同的是，在贸易政策不确定性的影响下，企业是基于出口收益的期望进行决策的。企业在面对某个目标市场贸易政策不确定性的情况下，企业出口面临着是否立即进入该市场的决策，如果立即进入，其代价是假如该市场的贸易政策环境恶化（如关税上升），出口的收益将低于企业的投资成本，而如果不立即进入，其代价是如果贸易政策没有恶化，企业将丧失出口的收益。企业进行决策的依据是，如果其预期到未来收益高于进入该市场的成本，企业将选择进入。而贸易政策不确定性的作用就是对企业未来收益预期的影响，如果贸易政策不确定性上升，将提高企业在"事先"决策情形

下进入该市场后未来损失的概率,在企业进入成本不变的条件下,可能导致市场中更多的企业对未来收益的预期低于进入成本。反之,如果贸易政策不确定性下降则会得到相反的结果。

本书在前文已将贸易政策不确定性界定到产品层面关税政策的不确定性,因而将这一机制推广到多产品企业内部的决策之中,很容易得到贸易政策不确定性对多产品企业出口的结构性影响。如果某个企业同时出口多个产品种类,该企业对某个目标市场进行产品出口的决策依据是:如果出口某种产品的预期收益高于该产品的进入成本,那么企业将选择出口该产品,否则将放弃出口该产品,最终形成该企业在该市场上出口的多产品种类集合。此时,如果该目标市场针对不同产品存在不同的贸易政策不确定性,那么产生的结构性影响是:不同产品出口到该市场的预期收益会发生结构性变化,进而影响到企业在市场上进行产品出口的种类选择。

理解以上企业的出口决策行为对于我们理解贸易政策不确定性对中国产业出口技术含量升级的影响机制是不可或缺的。结合上一节在比较优势理论框架下讨论的中国制造业出口技术含量升级的动力机制,出口技术含量难以升级可能会有几个必要条件(注意并非一定是充分条件,并且条件之间也可能是独立的):(1)要素禀赋结构的提升受阻;(2)内生技术进步的机制受阻;(3)市场条件对中国在高技术含量产品上比较优势的扭曲。贸易政策不确定性对微观企业出口决策行为的改变,都能够对以上三个条件产生直接的或间接的影响效应,进而传导到产业层面的出口技术含量变化(见图3-1)。

从第一个条件来看,中国制造业出口面临的贸易政策不确定性上升,会通过限制要素禀赋结构的提升,进而抑制产业出口技术含量升级。第一节的理论分析指出,要素禀赋结构提升要么来自经济发展过程中的要素积累,要么来自生产要素的流动。当出口市场贸易政策不确定性上升时,更多的本国企业基于预期收益变化的影响,会产生倾向于"退出出口市场"的行为决策,对产业总体能够获取的生产剩余和利润具有不利影响,其结果是产业中资本积累的速度会放缓,进而负面影响要素禀赋结构升级。并且注意到,如果该市场在中国制造业出口中具有重要地位,例如,多数企业的出口份额都集中在该市场上,企业为了降低出口到该市场面临的贸易政策不确定性,还可能产生将生产要素(如资本)转移到其他国家的可能

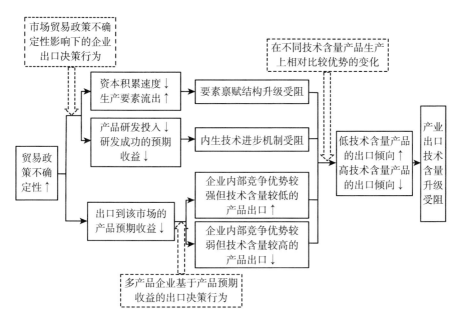

图 3 - 1　贸易政策不确定性影响产业出口技术含量升级的理论机制

性动机，而流出本国的这些生产要素既有可能是其他发达国家流入本国的，也有可能是本国既有的生产要素，当然，无论是何种情况都不利于中国要素禀赋结构的提升，因而可能导致中国将持续在相对低技术含量产品上具有生产比较优势。

　　从第二个条件来看，贸易政策不确定性上升将抑制出口企业进行技术创新的研发激励，导致中国制造业出口技术含量升级的动力不足。从研发的投入来看，上文分析指出，贸易政策不确定性提高将负面影响企业生产剩余和利润的积累，在不考虑金融风险投资的情况下，企业进行研发的投资水平必然下降，即使能够引入风险资本，生产利润的下滑也使风险资本进入的可能性下降，因此贸易政策不确定性的上升已经在一定程度上限制了企业能够在研发上投入的资金。从研发的预期收益来看，企业进行研发投入的目的是在更高技术含量产品上积累技术优势，进而使其自身能够在未来的全球高技术含量产品市场中获取更大的垄断利润，此时如果目标市场专门针对高技术含量的产品提高贸易政策的不确定性，将削弱企业在 1 单位高技术含量产品上获取垄断利润的期望，抑制企业进行研发创新的动机，这也解释了为何当前发达国家在高技术产业领域针对中国不断提高贸易政策不确定性的动因，其理性决策的动机就是保护自身在高技术产业领域的战略性贸易利益。因此，研发投入能力以及研发预期收益的双重下降，将同时阻碍企业进行研发的激励，使内生技术进步的机制受阻，最终抑制产业的出口技术含量升级动力。

从第三个条件来看，某个目标市场贸易政策不确定性上升，还能扭曲多产品企业在该市场上不同产品生产上的双边比较优势，引致产业出口技术含量难以升级。其原因在于，在多产品企业内部，出口不同产品具有不同的预期收益，企业内部那些"相对更具有比较优势的产品种类"往往是"出口能够获得更高预期收益的产品种类"，当某个市场贸易政策不确定性出现整体上升时，即使市场规模化需求不变，但是市场贸易政策不确定性上升也负向扭曲了中国企业进入该市场能够获取的产品预期收益，这也会导致企业更倾向于放弃那些不具有比较优势的产品种类（也就是出口预期收益较低的产品种类）。然而，在中国制造业转型升级的过程中，一个突出的特点就是，"具有出口比较优势的产品种类"往往也是那些"相对技术含量较低的产品种类"，也因此抑制了企业在那些"虽然暂时只具有较低预期收益、但是1单位产品本身具有较高技术含量的产品种类"① 生产上的比较优势积累，其结果是企业的出口技术含量升级受阻，并最终传导至产业层面。以此可以进一步得到两个推论：其一，当出口市场专门针对高技术含量产品施加更高的贸易政策不确定性时，等价于影响了制造业企业内部产品之间的结构性预期收益，企业在相对更高技术含量的产品种类上获得的预期收益将更低，更加负向扭曲了企业在高技术含量产品上的比较优势；其二，当出口市场本身的市场规模越大时，1单位贸易政策不确定性上升将变相削弱越大的规模化市场需求，对企业出口产品预期收益的负向影响也越大，也因此导致企业可能将放弃更多的预期收益较低的产品种类。

综上所述，当某个市场贸易政策不确定性提高时，企业对于出口到该

---

① 需要说明的是，第三个条件中分析的"企业内部那些高技术含量但出口预期收益较低的产品种类"，指的是企业将所有高技术含量产品出口数量的预期收益进行加总，由于中国转型升级过程中高技术含量产品在企业内部出口份额相对较小（也就是不具备竞争优势），导致加总的预期收益较低。但是同等1单位的高技术含量和低技术含量产品相比，前者显然具有更高的预期收益，企业出口技术含量的升级过程就是不断培养自身在更高技术含量产品生产上的比较优势。

市场的预期收益会下降，在出口成本不变的条件下，企业不进入该市场的可能性增加，因而对企业生产剩余和利润具有负面影响，企业资本的积累以及研发的投入也因此被迫下降。如果该市场对企业出口具有足够的重要性，企业还可能产生将生产要素转移出本国市场的动机，加上如果目标市场专门针对高技术含量产品施加更高的贸易政策不确定性，企业还会降低对高技术含量产品研发的预期收益，技术创新的激励减弱，因此要素禀赋结构升级和内生技术进步机制会同时受阻，制造业无法在更高技术含量产品上不断积累比较优势，产业出口技术含量会陷入升级陷阱。与此同时，从多产品企业内部考虑，企业在不同产品上会具有不同的比较优势以及不同的出口预期收益，贸易政策不确定性上升会导致企业放弃不具备比较优势的产品出口，然而在中国的产业转型升级过程中，具备比较优势的往往是低技术含量产品，这也将导致产业中高技术含量产品出口的相对倾向性不断降低，引致产业出口技术含量难以升级（见图 3-1）。

第三节　一个简化的理论模型

一、基础设定

考虑两国 S 和 N（发展中国家和发达国家），且仅考虑单个产品的国际市场，且国际市场允许产品存在技术差异。记 H 为高技术产品，而 L 为低技术产品。发达国家 N 已有较高的技术沉淀，而发展中国家 S 的工业化则刚刚起步，因此在技术要素不流动的条件下，发达国家 N 既可以生产高技术产品 H，也可以生产低技术产品 L，而发展中国家 S 只能生产低技术产品 L。

假设低技术产品和高技术产品之间存在完美替代性，即使用 $h > 1$ 个低技术产品 L 就能替代 1 个高技术产品 H。基于完美替代，令 $X_i = hX_i^H + X_i^L$ 为 $i(i \in \{S, N\})$ 国消费 X_i^H 个高技术产品 H 与 X_i^L 个低技术产品 L 后等价于消费多少个低技术产品 L 的量。对消费者的设定进行简化，假设各国的消费者剩余函数为：

$$U_i = V_i(X) - \frac{\gamma}{2}[(X_i^H)^2 + (X_i^L)^2] - p_i^H X_i^H - p_i^L X_i^L \qquad (3-1)$$

其中，直接效用函数 $V_i(X)$ 满足 $V_i'(X) > 0$，$V_i''(X) \leqslant 0$，p_i^H 和 p_i^L 分别表示两种产品（H 和 L）在 i 国的市场价格，而 $\gamma > 0$ 是产品的处置成本（deposit cost）参数。值得说明的是，式（3-1）的设定形式与诸多经典文献的设定类似，如奥塔维亚诺等（Ottaviano et al.，2002）、梅利茨和奥塔维亚诺（Melitz & Ottaviano，2008）、梅耶等（Mayer et al.，2014）。该消费者剩余函数没有区分出不同企业对同一种产品生产技术含量的差异，换言之，对行业内部某一种高技术产品种类（或者低技术产品种类）的生产技术，企业之间不存在差异。当然，在经验中，某些企业确实在进行着跨行业生产经营的例子，因而在不同行业上企业生产的高技术产品（或者低技术产品）之间存在着技术含量的差异，但是在我们后续的实证工作中，我们的经验数据主要限定在同 4 位数行业中生产 HS6 位码产品所对应的企业上，因而能够较好地消除企业生产跨行业产品带来的异质性影响。

不考虑产品需求为零的情况，可以得到 i 国市场上对两种产品的逆需求函数分别为：

$$p_i^H = hV_i'(X) - \gamma X_i^H; p_i^L = V_i'(X) - \gamma X_i^L \qquad (3-2)$$

由式（3-2），我们可以进一步推出：

$$p_i^H = hp_i^L + \gamma(hX_i^L - X_i^H) \qquad (3-3)$$

进一步，假设企业生产低技术产品的单位成本是 0，而如果能生产高技术产品的话，单位成本为 $c > 0$。令（τ_i^H，τ_i^L）为 i 国从另一国进口产品 H 或 L 的 1 单位关税（非税率），[1] 并且假设其非负。那么，j 国出口到 i 国的高技术或者低技术产品，[2] 其在 i 市场上的价格分别不会低于 $p_j^H + \tau_i^H$ 和 $p_j^L + \tau_i^L$；换言之，若出口有利可图，当且仅当 $p_j^H + \tau_i^H \leqslant p_i^H$ 或者 $p_j^L + \tau_i^L \leqslant p_i^L$。

考虑两国国内市场是完全竞争的。此情况下企业无法获得利润，在发达国家的企业将无所谓是提供高技术产品还是提供低技术产品，因此有：

---

① 例如，τ_S^H 表示发展中国家 S 从发达国家进口 1 单位高技术产品 H 收取的关税。

② j 和 i 分别指的是发达国家或者发展中国家。当 i 指代的是发达国家 N 时，则 j 指代的是发展中国家 S；或者，当 i 指代的是发展中国家 S 时，则 j 指代的是发达国家 N。

$$p_N^H = c, p_S^H = c + \tau_S^H, p_S^L = p_N^L = 0 \qquad (3-4)$$

结合式（3-3），我们可以得到：

$$\gamma(hX_N^L - X_N^H) = c, \gamma(hX_S^L - X_S^H) = c + \tau_S^H \qquad (3-5)$$

此时发达国家也将无法获得关税收入：任何非零的低技术产品关税下，都会促成发达国家企业更多地生产低技术产品。在完全竞争市场上，发达国家的社会福利（马歇尔剩余）为：

$$SW_N = V_N(hX_N^H + X_N^L) - \frac{\gamma}{2}[(X_N^H)^2 + (X_N^L)^2] - cX_N^H, 且 \gamma(hX_N^L - X_N^H) = c$$

$$(3-6)$$

其中，SW_i 表示 i 国的社会福利水平。在这里，国内消费者买入成本将和企业收益相抵消，而出口收益也将和企业生产成本相抵消。

发展中国家政府需要调整 τ_S^H，以达到最大化社会福利，则有：

$$\max SW_S = V_S(hX_S^H + X_S^L) - \frac{\gamma}{2}[(X_S^H)^2 + (X_S^L)^2] - cX_S^H$$

$$s.t. \ \gamma(hX_S^L - X_S^H) = c + \tau_S^H \qquad (3-7)$$

式（3-7）中，cX_S^H 是进口高技术产品的总花费，分别对产品消费量进行求导，并用 ξ 作为拉格朗日乘子，发展中国家政府问题的一阶条件为：

$$hV_S'(hX_S^H + X_S^L) - \gamma X_S^H - c - \xi\gamma = 0$$

$$V_S'(hX_S^H + X_S^L) - \gamma X_S^L + h\gamma\xi = 0 \qquad (3-8)$$

$\xi > 0$ 意味着 $h\gamma X_S^L > hV_S'(hX_S^H + X_S^L) > \gamma X_S^L + c$。基于约束条件，得到 $\xi > 0$ 时，有 $\tau_S^H > 0$。但这是不可能的，因为 $\xi = 0$ 时，恰好有 $\gamma(hX_S^L - X_S^H) = c$，且恰好消费的边际福利收益等于边际福利损失，因此，在此基础上，发展中国家政府通过关税 $\tau_S^H > 0$ 的方式，增加低技术产品的消费并减少高技术产品的消费不能带来福利的增加。基于以上分析可以得到引理1。

引理1：如果发达国家和发展中国家保障国内市场的完全竞争结构，则从社会福利最大化的角度出发，两国政府部门都不会设计进口关税。

二、非完全竞争市场、专业化和比较优势

本部分将尝试回答一个问题，为什么发达国家出口产品代表的技术

含量较高？为什么能形成李嘉图的比较优势？本部分认为这是产业专业化规制政策造成的，即发达国家将鼓励企业将高技术生产留在国内，而将低技术产品的生产转包到国外去，这对技术水平较高的发达国家是有利的。而李嘉图的比较优势理论则是建立在"机会成本"上：一国可以生产某种（技术）产品，剩余可以更加便宜地生产该产品，但生产别的产品且进口该产品是更加有利可图的，此时生产该产品的其他国家便有了比较优势。

假设发达国家企业是非完全竞争，且假设发达国家企业对高技术产品的定价为 $p_N^H = (1+\mu_N)c$，这里的 $\mu_N > 0$ 是企业的利润率。为简化分析，直接假设发达国家只进口低技术产品，不允许本国企业生产该产品。则有：

$$p_N^H = hp_N^L + \gamma(hX_N^L - X_N^H) = h\tau_N^L + \gamma(hX_N^L - X_N^H) = c(1+\mu_N) \quad (3-9)$$

因此，我们可以通过式（3-9），进一步得到如下等式：

$$\gamma(hX_N^L - X_N^H) = c(1+\mu_N) - h\tau_N^L \quad (3-10)$$

因为从发展中国家进口低技术产品时，发展中国家企业面对的仍然是完全竞争的市场结构，所以 $p_N^L = \tau_N^L$。在不能干预他国需求的情况下，发达国家政府的社会福利最大化问题为：

$$\max SW_N = V_N(hX_N^H + X_N^L) - \frac{\gamma}{2}[(X_N^H)^2 + (X_N^L)^2] - cX_N^H + \mu_N X_S^H$$

$$\text{s. t. } \gamma(hX_N^L - X_N^H) = c(1+\mu_N) - h\tau_N^L$$

$$\tau_N^L = V_N'(hX_N^H + X_N^L) - \gamma X_N^L \quad (3-11)$$

在前文假设中，发展中国家由于技术水平限制，无法生产出高技术产品 H，因此在发达国家政府的社会福利优化决策中 $X_S^H = 0$。式（3-11）等价于：

$$\max SW_N = V_N(hX_N^H + X_N^L) - \frac{\gamma}{2}[(X_N^H)^2 + (X_N^L)^2] - cX_N^H$$

$$\text{s. t. } \gamma(hX_N^L - X_N^H) = c(1+\mu_N) - h\tau_N^L$$

$$\tau_N^L = V_N'(hX_N^H + X_N^L) - \gamma X_N^L \quad (3-12)$$

由于发达国家的社会最优消费满足：

$$hV_N'(X_N) - \gamma X_N^H - c = 0 \text{ 且 } V_N'(X_N) - \gamma X_N^L = 0 \quad (3-13)$$

但市场的消费需求为：

$$hV_N'(X_N) - \gamma X_N^H = c(1 + \mu_N) \text{ 且 } V_N'(X_N) - \gamma X_N^L = \tau_N^L \quad (3-14)$$

此时，$\tau_N^L = 0$，等价于发达国家允许在国内生产低技术产品，而恒定的毛利率不会改变价格（等于成本）等于 0。此时，X_N^H 将低于社会最优的消费量，而 X_N^L 则等于社会最优水平。提高社会福利除了提高出口以外，还需要提高 X_N^H 的消费。

接下来，将证明发达国家采取征收关税（$\tau_N^L > 0$）可提高社会福利。令市场决定量满足：

$$hV_N'[X_N + (h\Delta_N^H - \Delta_N^L)] = \gamma(X_N^H + \Delta_N^H) + c(1 + \mu_N)$$
$$V_N'[X_N + (h\Delta_N^H - \Delta_N^L)] = \gamma(X_N^L - \Delta_N^L) + \tau_N^L \quad (3-15)$$

其中，Δ_N^H 和 Δ_N^L 分别代表非零关税诱发的高技术需求增多和低技术需求减少。由于 $V_N'' \leq 0$，$h\Delta_N^H - \Delta_N^L \leq 0$。当 Δ_N^H 和 Δ_N^L 充分小时，发达国家社会福利的变化可以写为：

$$[hV_N'(X_N) - \gamma X_N^H - c]\Delta_N^H - [V_N'(X_N) - \gamma X_N^L]\Delta_N^L$$
$$= \mu_N c\Delta_N^H - \tau_N^H \Delta_N^L = \mu_N c\Delta_N^H - \frac{\gamma}{h}(\Delta_N^L h + \Delta_N^H)\Delta_N^L \quad (3-16)$$
$$\geq \mu_N c\Delta_N^H - \frac{\gamma(h^2 + 1)}{h^2}(\Delta_N^L)^2$$

显然，Δ_N^H 和 Δ_N^L 是同阶无穷小，所以当 Δ_N^H 和 τ_N^L 充分小的时候，$\tau_N^L > 0$ 可以改善发达国家的福利。$\tau_N^L > 0$ 也表明此时发达国家需要禁止本国企业生产低技术产品。

基于上述分析，我们可以得到如下命题：

命题 1：当发达国家企业不是完全竞争的，发达国家为了提高自身福利将禁止本国企业生产低技术产品，只从发展中国家进口低技术产品，并收取关税，因此形成了两国之间的比较优势：当发达国家生产低技术产品时其国内市场价格为 0，但发达国家却放弃了生产转而从发展中国家进口，且因为关税，低技术产品的市场价格大于 0，形成了发展中国家在低技术产品上的比较优势。

三、技术进步和贸易政策不确定性

仅从静态角度出发，比较优势稳固，发达国家和发展中国家之间的分工格局是相对稳定的，贸易政策也是确定的：发达国家采用使社会福利最优的关税。但如果发展中国家可以进行研发来推动技术沉淀，并最终达到高技术产品的生产能力，则会出现什么样的变化呢？

假设时期 $t = 0,1,2\cdots, \delta \in (0,1)$ 是发展中国家政府的耐心程度。假设在 T 期发展中国家将拥有生产高技术产品的能力，而在此之前发展中国家一直处于研发状态，且每期付出研发成本 $K > 0$（研发补贴）。在 T 期到来前（$t < T$），发展中国家的社会福利为：[①]

$$SW_S(t) = V_S\big[hX_S^H(t) + X_S^L(t)\big] - \frac{\gamma}{2}\big[(X_S^H(t))^2 + (X_S^L(t))^2\big]$$
$$- c(1 + \mu_N)X_S^H(t) - K \qquad (3-17)$$

而当 T 期后（$t \geq T$），发展中国家的社会福利则变为：

$$SW_S(t) = V_S\big[hX_S^H(t) + X_S^L(t)\big] - \frac{\gamma}{2}\big[(X_S^H(t))^2 + (X_S^L(t))^2\big] - cX_S^H(t)$$
$$(3-18)$$

在实现技术突破前，市场结构不变，因此 $SW_S(t) \equiv SW_S^{ex} - K$，其中除了付出研发成本外，进口价格也因为发达国家的非完全竞争市场结构，而付出较高的进口价格。在技术突破后，发展中国家的国内企业在完全竞争下实现较低的市场价格，并将打击发达国家的非完全竞争的市场结构。令此时的 $SW_S(t) \equiv SW_S^{post}$，并且令 $SW_S^{post} - SW_S^{ex} = \Delta SW_S > 0$。

给定 T，在此后发展中国家政府的连续福利收入为：

$$\tilde{U}_S = \sum_{t \geq T} \delta^{t-T} SW_S^{post} = \frac{SW_S^{post}}{1 - \delta} \qquad (3-19)$$

---

① 值得注意的是，本书设定的理论模型是仅有两种技术含量不同的产品，而在实际经验中，不同技术含量的产品种类数量远超过两种，假如产品种类数量有 n 个，且等于最低技术产品种类和最高技术产品种类之间的技术差距。按照产品技术含量高低的排序，产品技术每升级 1 次，代表企业的技术含量进步 1 单位，此时发展中国家在技术升级的不断迭代过程中，可以看作为技术含量阶梯攀升，这一机制类似于梅耶等（Mayer et al., 2014）发现的产品技术水平的阶梯效应。

假设在 t 期时，发展中国家政府知道下一期就可能是 T 期；如果在当期研发，下期具有高技术生产能力的概率为 λ。此时如果发展中国家政府下定决心投入研发，并且在获得高技术能力前绝不停止研发，则发展中国家政府预期的连续福利为：

$$U_S = SW_S^{ex} - K + \delta \left[\lambda \tilde{U}_S + (1 - \lambda) U_S \right]$$

$$\Leftrightarrow U_S = \frac{1}{1 - \delta(1 - \lambda)} \left(SW_S^{ex} - K + \frac{\delta\lambda}{1 - \delta} SW_S^{post} \right) \qquad (3-20)$$

反之，发展中国家政府决定不研发，则连续福利为 $U_S^L = SW_S^{ex} / (1 - \delta)$。仅当 $U_S \geq U_S^L$ 时，发展中国家才会坚定的研发。将两者相减可以得到：

$$U_S - U_S^L = -K + \frac{\delta\lambda}{1 - \delta} (SW_S^{post} - SW_S^{ex}) + \delta(1 - \lambda)(U_S - U_S^L)$$

$$\Leftrightarrow U_S - U_S^L = \frac{1}{1 - \delta(1 - \lambda)} \left(\frac{\delta\lambda}{1 - \delta} \Delta SW_S - K \right) \qquad (3-21)$$

因此，当且仅当 $[\delta\lambda / (1 - \delta)] \Delta SW_S \geq K$ 时，发展中国家政府将持续补贴研发。

在发展中国家研发出成果后，发达国家基于消费的社会福利将增加（高技术产品的价格下降诱发消费上升），但将损失不完全竞争环境下获得的出口收益 $\mu_N X_S^H$。当出口收益很大时，发达国家将不会允许发展中国家补贴研发。

假设技术进步服从"干中学"，即研发成功率 $\lambda = \lambda(X_S^L + X_N^L)$，是关于发展中国家低技术产品总产量的严格增函数。发达国家可以通过增加进口关税，减少低技术产品进口来阻止发展中国家补贴研发。因此，我们可以得到以下命题：

命题 2：假设技术进步服从"干中学"。发达国家为避免失去高技术产品的出口收益，贸易政策不确定性框架可以写为：

（1）如果发展中国家承诺不补贴研发，则有：

$$\tau_N^L = \operatorname*{argmax}_\tau \left\{ V_N(hX_N^H + X_N^L) - \frac{\gamma}{2} [(X_N^H)^2 + (X_N^L)^2] - cX_N^H + \mu_N X_S^H \right\}$$

$$\text{s. t. } (1)\gamma(hX_N^L - X_N^H) = c(1 + \mu_N) - h\tau$$

$$(2)\tau = V_N'(hX_N^H + X_N^L) - \gamma X_N^L \qquad (3-22)$$

（2）如果发展中国家不承诺是否补贴研发，则有：

$$\bar{\tau}_N^L = \mathrm{argmax}_\tau \left\{ V_N(hX_N^H + X_N^L) - \frac{\gamma}{2}[(X_N^H)^2 + (X_N^L)^2] - cX_N^H + \mu_N X_S^H \right\}$$

$$\mathrm{s.\,t.}\ (1)\,\gamma(hX_N^L - X_N^H) = c(1 + \mu_N) - h\tau$$

$$(2)\,\tau = V_N'(hX_N^H + X_N^L) - \gamma X_N^L$$

$$(3)\,\frac{\delta\lambda(X_S^L + X_N^L)}{1 - \delta}\Delta SW_S < K \qquad\qquad (3-23)$$

其中，X_S^H 和 X_S^L 满足 $V_S'(hX_S^H + X_S^L) - \gamma X_S^L = 0$ 且 $\gamma(hX_S^L - X_S^H) = c(1 + \mu_N)$。当发达国家低技术产品需求 X_N^L 使 $[\delta\lambda(X_S^L + X_N^L)/(1 - \delta)]\Delta SW_S \geqslant K$ 时，必然有 $\bar{\tau}_N^L > \tau_N^L$。

命题 2 表明：贸易政策不确定性的本质是生产技术较高国家保障自身出口收益的或然政策。结合命题 1 可以看出，发达国家因为国内的市场竞争程度不够，所以采用专业化生产的政策，并对进口低技术产品进行征税，以提高社会福利。与此同时，发达国家也因为国内市场竞争程度不够（企业可以获得较高盈利），可以获得较高的出口收益（企业可以通过出口获得较高的盈利），因此发达国家不愿意失去出口收益。如果能够和发展中国家达成协议，让发展中国家不进行研发补贴（例如，将行业补贴定义为不公平竞争行为），则可以采用较低的关税水平进口低技术产品，实现本国社会福利的最大。反之，如果发展中国家要通过研发来实现高技术产品的生产，减少因为发达国家企业高盈利为自身带来的福利损失（发展中国家的福利损失等于发达国家的出口收益），则发达国家可以基于技术进步的干中学原理，对低技术产品的进口进行惩罚性征税，减少发展中国家对研发的补贴。

我们借用干中学原理，也能推出：发展中国家会对高技术产品采用较高的进口关税。通过降低进口，增加国内市场对低技术产品的需求，提高干中学的效率。

值得注意的是，命题 1 和命题 2 的市场结构是建立在垄断竞争市场框架之上，这一点与梅利茨（Melitz，2003）、梅利茨和奥塔维亚诺（Melitz & Ottaviano，2008）、梅耶等（Mayer et al.，2014）经典文献的设定一致。然而与这些文献讨论的机制不同的是，这些文献均假定了市场竞争中存在一个技术门槛的阈值（即 cut-off），企业的技术水平与该门槛进行比较时会产生自动进入或退出市场的"自选择效应"机制，因而导致产业层面的技术水平发生变化。而本书发展中国家的技术进步是建立在产品层面研发的选择之上，这证明了同产业中没有企业的进入或退出的"自选择"，发展中国家对更高技术含量产品进行研发的选择动机，同样可能实现技术水平提升的效果。

四、模型的基本结论

本节构建国际市场微观的半均衡框架，将关税和比较优势的根源内嵌到了发达国家企业间的不完全竞争结构。这使发达国家政府会为了提高本国高技术产品消费，进而提高本国社会福利，采取专业化生产规制，并对进口的低技术产品征收关税。在动态模型中，发展中国家为了避免持续的福利损失（以高于生产成本的价格进口高技术产品），会采用补贴研发的政策，促进技术进步，如果不受干预，发展中国家最终会变成发达国家（至少某一个产业能够和发达国家同产业在技术水平上齐平）。然而，如果发展中国家最终成为发达国家，那么发达国家将无法获得高技术产品的进口收益，这对于发达国家而言是一种福利损失。所以发达国家必然会采取行动限制发展中国家的研发。如果技术进步需要从生产中总结经验，即"干中学"，那么发达国家降低发展中国家研发成功率的方式就是增加进口低技术产品的关税，即通过削弱发展中国家的生产，减少发展中国家的技术沉淀。显然，确定性地对低技术产品征收高关税是不利于发达国家社会福利的，因此，发达国家会采用贸易政策的不确定性框架：如果发展中国家承诺不研发，保持自身的发展中地位，则关税较低，发达国家福利最高；如果发展中国家不做如此的承诺，则加征关税，此时发达国家福利略低（但如果发达国家不采用贸易政策不确定性并保持较低关税，最终其福利水平可能是最低的）。当然，当发达国家提高关税的可能性不断上升时（即贸易政策不确定性上升），发展中国家内生技术进步机制受阻的概率会不断上升，最终会难以跨越高技术含量产品生产的门槛。

第四章

贸易政策不确定性与中国制造业出口技术含量：核心指标构建、特征性事实与初步回归

前文的理论分析指出，来自出口市场国家的贸易政策不确定性上升会减弱中国制造业企业的研发激励，导致中国制造业企业的比较优势被锁定在低端产品市场上，而无法对更高技术含量的产品进行升级，进而引致产业出口技术含量的平均水平下降。本章尝试回答的问题是：这一理论预测是否能够得到中国制造业出口的现实经验数据支持？

由于理论中不同目标市场存在不同的技术性比较优势，且同产业出口到不同目标市场也可能面临着不同的贸易政策不确定性，因此在对两者的回归关系进行实证分析之前，我们首先需要构造出包含"产业—目标市场"二维的测度指标。本书认为，在各国比较优势异质性的条件下，各国对同产品生产存在不同的技术条件，因而造成了某国将同产品出口到不同目标市场上存在相对差异的产品技术含量，进而引发产业层面出口技术含量在各目标市场上也存在差异，本章对此创新性地提出了一个包含目标市场维度的出口技术含量指标。基于测算出的核心指标，本章再继续考察两者是否在数据上具有显著的负相关关系。

第一节 核心指标构建与特征性事实

一、"产品—市场"二维出口技术含量的指标构建

（一）对产品出口技术含量测算方法的改进

豪斯曼等（Hausmann et al.，2007）提出了经典的产品层面出口技术含量测算方法，本节将基于豪斯曼等（Hausmann et al.，2007）的贡献进行改进，其构造的测度公式为：

$$\varphi_p^{hausmann} = \sum_c \left(\frac{X_c^p / X_c}{\sum_c X_c^p / X_c} \right) \times pcgdp_c = \sum_c \left(RCA_c^p \times pcgdp_c \right) \quad (4-1)$$

其中，$\varphi_p^{hausmann}$ 表示出口技术含量，p 表示一种 HS6 位码产品，c 表示某出口国或地区，[①] X_c^p 表示 c 国出口 p 产品的总额，X_c 表示 c 国的出口总额，$pcgdp_c$ 表示 c 国的人均 GDP，是平均劳动生产率的替代变量，也是指代产出国富裕（贫穷）程度的常用变量。

值得说明的是，式（4-1）中 $(X_c^p/X_c)/(\sum_c X_c^p/X_c)$ 表示的是 c 国在生产产品 p 上的"显性比较优势"（RCA）（Balassa，1965）。RCA 为"c国出口 p 产品占国际市场上 p 产品总出口的比重"除以"该国出口量占全球总出口量的比重"，前者度量了该国在全球 p 产品出口领域的重要性，后者度量了该国在全球出口市场上的重要性，如果前者超出了后者，则RCA 大于 1，该国在 p 产品的出口上具有显示性的比较优势，反之则不具有。但是，沿用该传统做法会出现两个问题：第一，作为出口大国，中国出口量占全球总出口的比重较大，所有出口产品的 RCA 都会因此被拉低，此传统度量方法会导致本章较难发现中国在新兴出口产品上的潜在比较优势。第二，从微观层面来看，企业出口的扩展边际不仅指出口产品创新，还包括进入新的市场，新兴出口企业的产品不可能会迅速地遍布世界各

---

① 下文中 "c" 均表示某一国或地区，为表述方便，下文中均用 "c 国" 作为替代表述。

地，而往往是首先重点关注几个目标市场，获得局部竞争力。找准目标市场并在该市场上建立显性比较优势是出口企业发展的重要战略选择，因此，在对出口技术含量进行度量时也应当考虑特定目标市场的作用。

为了研究目标市场差异和产业市场选择对出口的影响，本章在式（4-1）的基础上重新构建了一个包含特定目标市场的出口技术含量测算指标：

$$\varphi_{pi} = \sum_c \left(TMRCA_{ci}^p \times pcgdp_c \right) \qquad (4-2)$$

其中，$TMRCA_{ci}^p$ 表示出口国 c 相对于目标市场 i 在产品 p 上的显性比较优势，φ_{pi} 表示对目标市场 i 出口 p 产品的总体技术含量。

式（4-2）的关键在于 $TMRCA_{ci}^p$ 的度量上，然而目前较少有研究就目标市场上的显性比较优势构建度量指标，本章对此作出初步尝试。考虑出口国在目标市场上会形成比较优势的三个原因：（1）出口国视角下出口总量在目标市场上的整体集约优势；（2）产品视角下出口国在目标市场上的显性市场份额优势；（3）目标市场视角下的特定市场效应。将三者交乘构造出 TMRCA[①]：

$$TMRCA_{ci}^p = \underbrace{(X_{ci}/X_i)}_{\text{整体集约优势}} \times \underbrace{(X_{ci}^p/X_i^p)}_{\text{显性市场份额}}$$

$$\times \underbrace{\left[\sum_c (X_{ci}X_i)(X_{ci}^p / \min\{X_{ci}^p \mid X_{ci}^p > 0\})^{-N_i^p} \right]^{1/N_i^p}}_{\text{特定市场效应}} \qquad (4-3)$$

第一，整体集约优势。令 X_{ci} 为 c 国出口到目标市场 i 的总出口额，X_i 是市场 i 的总进口额（满足 $X_i = \sum_c X_{ci}$），本章用 X_{ci}/X_i 表示出口国在目标市场上出口总量的整体集约优势。已有研究表明，贸易成本与出口集约边际间存在负相关关系（Lawless，2010；陈勇兵等，2012）。由于影响两国间贸易的物流、交通、契约翻译、法律保障等存在规模效益，使 c 国在市场 i 上出口的集约水平越高，其产品到达市场 i 的相关平均成本越低，进而产生整体集约优势。同时，整体的集约优势还会带来政策偏好：目标

---

① 将三者进行交乘而不进行相加的原因在于，交乘可以缓解三个变量数量级的差异对结果造成的非对称性影响。假设只考虑两个因素，整体集约优势为 10%，显性市场份额为 0.1%，如果采用相加方式，得到产品在该市场上的显性比较优势约为 10.1%。这样做等于忽略了显性市场份额的作用，而采用交乘处理可以较好地避免这一情形。

市场 i 的管理者应当深化和集约水平最高国家的贸易伙伴关系，寻求更多的互惠共赢；出口国 c 也会根据对目标市场 i 的产品出口情况，强化与目标市场间的双边关系，保证本国在目标市场上出口的长期集约优势。

第二，显性市场份额。令 X_{ci}^p 为 c 国对目标市场 i 出口产品 p 的总额，X_i^p 为市场 i 对产品 p 的总进口额，因此 c 国的产品 p 在市场 i 上的总体销售份额为 X_{ci}^p/X_i^p。显然，该份额越高，代表了 c 国的产品 p 在市场 i 上的局部竞争力越强，进而表示其在 i 市场上的显性比较优势越明显。

第三，特定市场效应。根据巴拉萨（Balassa，1965）的 RCA 构造逻辑，c 国在全球出口市场中的总供给水平（c 国出口占世界总出口的份额）会负向影响其出口产品的显性比较优势。基于这一逻辑，从目标市场 i 的角度来看，目标市场通过进口能够获得的收益越大，将反作用其供给激励，进而负向影响 TMRCA。令 N_i^p 为目标市场 i 中产品 p 的出口国总数，根据比较优势理论，如果在目标市场 i 上 c 国的产品 p 存在优势（如价格最低），则 $N_i^p = 1$。但数据显示了相反的结果：较多市场上的 N_i^p 很大，且没有显著的减小趋势，即在市场 i 上针对同一个产品 p 会存在多个供应国。这主要是由于在 HS6 的产品编码下，差异化的产品被归为到一类，因而来自不同国家的产品间存在较高的互补性，而不是替代性。假设产品间完全互补，且如果在市场 i 上进口的产品 p 只要生产于同一个国家就完全同质，则应当有 $X_{ci}^p = \min_c \{X_{ci}^p \mid X_{ci}^p > 0\}$。所以，本书将 c 国的产品 p 在目标市场 i 上的标准化需求定义为 $D_{ci}^p = X_{ci}^p / \min_c \{X_{ci}^p \mid X_{ci}^p > 0\} \geq 1$，其含义是若标准化需求越大，则 c 国的产品 p 在目标市场 i 上的差异化程度越高。借鉴索德贝里（Soderbery，2018）的研究，目标市场上代表性消费者对不同种类进口产品的消费效用可以通过 CES 形式进行加总，并且不同目标市场上的固定替代弹性存在市场差异性，因此本书用 $U_i^p = [\sum_c (X_{ci}/X_i)(D_{ci}^p)^{-N_i^p}]^{-1/N_i^p}$ 作为目标市场 i 通过进口产品 p 获取的 CES 效用形式，各国的产品 p 在市场 i 上的常值替代弹性为 $1/(1 + N_i^p)$，若 N_i^p 越大，则产品间存在的互补性越强。此外，注意到整体集约优势 X_{ci}/X_i 是上述 CES 间接效用加总中的权重，保证了 $\partial(\partial U_i^p/\partial D_{ci}^p)/\partial(X_{ci}/X_i) > 0$，即市场 i 从 c 国进口 p 产品的边际效用会因为出口国的整体集约水平提高而提高，或者说市场 i 倾向于从整体集约水平较高国家进口所需的任意商品（如前所述，整体集约水平上升可以提高 c 国产品在 i 市场上的竞争优势)。

进一步,式(4-2)的 φ_{pi} 表达了在全球双边贸易框架下产品 p 出口到 i 市场所代表的技术含量。那么,进一步将 φ_{pi} 加权平均到一国的产业层面可得:

$$\Phi_{ci}^{b} = \sum_{p \in b}\left(\frac{X_{ci}^{p}}{\sum_{p \in b} X_{ci}^{p}} \times \varphi_{pi} \right) \qquad (4-4)$$

其中,b 表示某出口国的某产业分类,Φ_{ci}^{b} 表示出口国 c 的 b 产业在目标市场 i 上的出口技术含量,权重 $X_{ci}^{p} \big/ \sum_{p \in b} X_{ci}^{p}$ 表示产业 b 内 c 国向目标市场 i 出口 p 产品的相对份额。式(4-4)表达的基本内涵是 c 国产业的出口技术含量会随着不同目标市场 i 的改变而改变,并且在 c 国某产业出口的所有产品中,若出口高水平 φ_{pi} 的占比越高,则应当表示该产业的国际竞争力越强,出口技术含量越高。

综上,基于 $TMRCA_{ci}^{p}$,并借鉴豪斯曼等(Hausmann et al., 2007)用出口国的人均 GDP 代表该国的平均生产率,式(4-2)得到一个包含产品—市场两个维度的出口技术含量指标,式(4-4)进一步将其加权平均到了一国产业层面,这是本书作出的创新之一。

(二)指标测算的稳健性

本节主要是用了两组在产品—市场维度上高度细化的微观贸易数据对制造业出口技术含量进行测算。一组是包含全球 175 个国家 HS6 位码产品的双边贸易数据,来源于 CEPII-BACI 数据库,使用该数据库对产品—市场两维度下的出口技术含量进行测算 [式(4-2)],其中使用到的国家或地区人均实际 GDP 数据来自世界银行的 WDI 数据库,采用的是以 2010 年美元为基期计算的真实值。另一组是中国在不同企业—产品—市场维度上出口的微观贸易数据,来源于中国海关贸易数据库,使用该数据库主要是计算中国在各产业上的相对出口技术含量 [式(4-4)],按照已有文献的标准做法,对中国海关贸易数据库中的微观贸易数据按照时间、产品编码和出口目的地市场加总到年度、HS6 位码产品和市场组合数据。此外,在测算过程中为了将不同年份的 HS6 位产品编码调整一致,使用了联合国贸易统计司提供的各版本 HS6 分位编码转变表，将样本期间内的 HS 编码统一调整为 HS2002 版，同时为了剔除非制造业产品，还使用了布兰特等（Brandt et al.，2017）提供的海关 HS6 位编码与 2002 年中国《国民经济行业分类标准》（GB/T4754 – 2002）的 4 位行业编码之间的转换表。

测算完成后，为了验证指标测算的合理性，本节进一步从以下三个方面进行考察。

第一，从式（4 – 3）中针对目标市场的显性比较优势（TMRCA）来看，我们首先考察 TMRCA 的分布特征。我们先使用巴拉萨（Balassa，1965）的方法计算出 2015 年中国各出口产品的 RCA，按照前 5%、50% 以及 95% 分位点的顺序挑选出三个制造业出口产品，HS6 产品编码分别为 200990（混合水果汁）、843139（机械零件）、283110（钠的次硫酸盐），它们代表在巴拉萨（Balassa，1965）测算逻辑下中国最不具有、具有中等水平以及最具有显性比较优势的三个产品，图 4 – 1 给出此三个出口产品在 2015 年的 TMRCA 统计分布。① 根据图 4 – 1 中 A – C 图的纵轴区间变化可以看出，RCA 越大，TMRCA 的区间范围也呈现扩大趋势，说明 RCA 测度和 TMRCA 测度在数量级上不矛盾。但是按照 RCA 的逻辑，同一产品在不同市场上的显性比较优势相同，而在 TMRCA 逻辑下，图 4 – 1 中 A-C 图显示出共同的趋势是：随着目标市场人均收入水平的提升，TMRCA 下降。显然，目标市场国家越发达，其进口市场的竞争就会越激烈，出口国在目标市场上想要获得整体集约优势和显示市场份额优势的难度也随之增强，同时，目标市场的人均收入水平越高，意味着该市场上消费者能够消费更多数量的产品，激励本地市场的产品供给能力，进而反作用于出口国在该市场上获取的显性比较优势水平，因而造成了 TMRCA 与目标市场人均 GDP 的负相关关系。综上，TMRCA 保留了 RCA 在产品上的分布，且兼具考察市场维度的功能。

第二，在考察式（4 – 2）中的产品—市场维度下出口技术含量的测算结果是否符合预期。图 4 – 2A 根据测算出的 2000 ~ 2015 年的全部数据，将豪斯曼等（Hausmann et al.，2007）和本书方法计算的出口技术含量进

---

① 对其他年份采用同样的方法进行观察，也能够得到类似的结果。

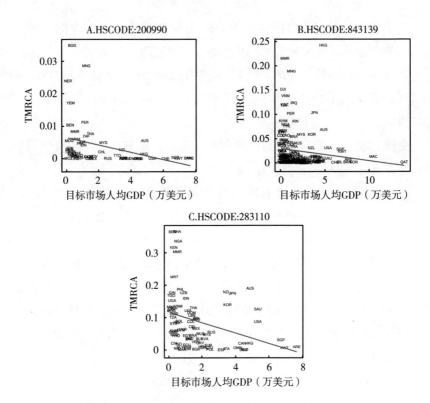

图 4 – 1 2015 年中国在不同产品上 TMRCA 的分布特征

行了标准化处理（将数值标准化到 0～1 区间内），对比了两种方法下的出口技术含量核密度分布。可以看出：豪斯曼等（Hausmann et al.，2007）和本书方法计算的出口技术含量核密度函数均呈现明显的右偏，但相对于豪斯曼等（Hausmann et al.，2007）的方法，本书的测算结果显示出在中国出口的产品中，技术含量较高的产品种类更为稀有。造成这一结果的原因在于，如果仅从产品层面去考虑中国出口技术含量的分布，将会普遍高估中国在欧美等发达国家市场上的"真实"出口技术含量，而将市场因素引入到出口技术含量测算中，将剔除"虚高"的产品出口技术含量部分，进而使其分布曲线呈现出更加明显的右偏。

图 4 – 2B 报告了 2000 年、2008 年和 2015 年出口技术含量的核密度函数图，结果显示不同年份的核密度曲线分布也呈现右偏态，且技术含量的分布中位数 2015 年略大于 2008 年，略大于 2000 年，分布函数逐年右移，说明中国制造业出口技术含量可能在逐年上升。图 4 – 2C 报告了不同制造

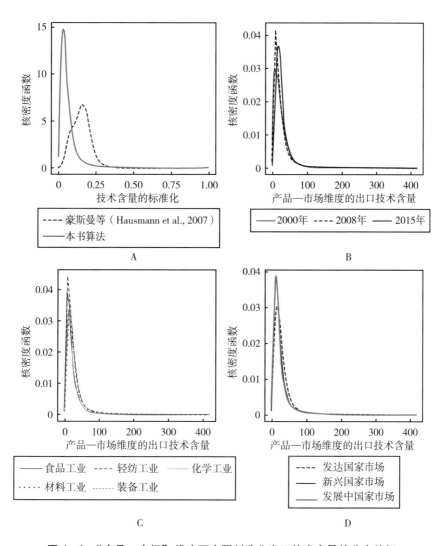

图4－2　"产品—市场"维度下中国制造业出口技术含量的分布特征

业部门①出口技术含量分布情况（2000～2015年），可以看出食品工业和轻纺工业在尖峰位置的密度相比其他工业部门更高，表明在食品工业和轻纺工业的产品集中在低出口技术含量位置上的概率更高。这也与预期结果较为符合，一般来说，食品工业和轻纺工业都属于低技术密集型的产业，因而其出口的产品更有可能集中在低出口技术含量的区间上。图4－2D则

---

①　对不同制造业部门进行分类的标准见附录。

根据出口市场的国家分类①描述了制造业产品的技术含量分布情况，可以看出在发达国家市场上低技术含量产品所处的尖峰位置，其密度比其他市场更低，且分布中位数略高于其他市场。显然，在 TMRCA 的作用下，中国制造业产品在发达国家市场上获取显性比较优势的难度相对更高，进而造成不同出口市场上技术含量分布的差异。

第三，考察式（4-4）计算出的中国产业层面的出口技术含量是否违背已知公认的其他方法测度结果。一方面，将豪斯曼等（Hausmann et al.，2007）的方法加权到中国的 4 位码产业层面，② 如果本书构造的 Φ_{ci}^{b} 具有合理性的话，应当与豪斯曼等（Hausmann et al.，2007）构造的产业层面的出口技术含量指标呈现显著正相关关系。另一方面，由于产业层面的出口技术含量指标本身就代表了该产业的技术水平，那么 Φ_{ci}^{b} 也应当与该产业的 TFP（全要素生产率）显著正相关。由于本书考察的产业层面细分到了《国民经济行业分类标准》中的 4 位码产业，限于产业层面数据的可获性，对于产业层面的 TFP，我们借鉴的是布兰特等（Brandt et al.，2012）和杨汝岱（2015）的做法，首先测算出中国工业企业数据库中企业层面的 TFP（采用 OP 方法），③ 然后将企业层面 TFP 加权到企业所属的产业层面 TFP，与这些文献的做法一致，权重选择工业增加值、工业总产值和从业人数三种。表 4-1 给出了这几个指标之间的相关系数矩阵，可以看出，无论是采用皮尔逊相关系数方程还是斯皮尔曼相关系数方程，已知公认的其他几种技术水平测算指标之间均呈现出显著的正相关关系，更为重要的是，本书方法测算的产业层面的出口技术含量与这些指标之间也存在正相关关系，并且在 1% 的置信水平下显著。这说明，本书方法测算出的产业技术水平结果是合理的，但本书方法的进步之处在于，可以考察产业出口在不同目标市场上的相对技术水平。

---

① 对不同市场类型进行划分的标准见附录。

② 具体的加权方式与式（4-4）类似，采用产品的出口份额进行加权，具体公式为 $\Phi_{c}^{b} = \sum_{p \in b} [\,(X_{c}^{p} / \sum_{p \in b} X_{c}^{p}) \times \varphi_{p}^{hausmann}\,]$，其中，$X_{c}^{p} / \sum_{p \in b} X_{c}^{p}$ 表示产业 b 内出口国 c 出口 p 产品占产业总出口的份额，Φ_{c}^{b} 表示采用豪斯曼等（Hausmann et al.，2007）方法计算的出口国 c 的产业层面的出口技术含量。

③ 对于中国工业企业数据库中企业层面的数据处理以及企业 TFP 的测算过程，详见附录。

表 4 - 1　　　　　　　产业层面各类技术水平指标的相关系数矩阵

指标	本书方法测算的出口技术含量	Hausmann 方法测算的出口技术含量	工业增加值加权的 TFP	工业总产值加权的 TFP	从业人数加权的 TFP
本书方法测算的出口技术含量	1.0000	—	—	—	—
Hausmann 方法测算的出口技术含量	0.1167*** (0.2374***)	1.0000	—	—	—
工业增加值加权的 TFP	0.0251*** (0.0692***)	0.0730*** (0.1006***)	1.0000	—	—
工业总产值加权的 TFP	0.0379*** (0.0854***)	0.0541*** (0.0836***)	0.9246*** (0.9061***)	1.0000	—
从业人数加权的 TFP	0.0282*** (0.0727***)	0.0435*** (0.0744***)	0.9033*** (0.8789***)	0.9761*** (0.9647***)	1.0000

注：括号外的数值表示采用皮尔逊相关系数方程计算的结果，括号内的数值表示采用斯皮尔曼相关系数方程计算的结果，*** 表示在 1% 的置信水平下显著。

二、贸易政策不确定性的指标构建

（一）测算方法

基于既有文献的普遍做法，本书采用三种不同方法来构造 TPU。

第一，直接差分法。借鉴奥斯纳戈等（Osnago et al.，2015）、钱学锋和龚联梅（2017）的做法，构造出：

$$\text{TPU1}_{pit} = \begin{cases} \tau_{pit}^{BND} - \tau_{pit}^{MFN} & \text{WTO 成员方} \\ \max\{\tau_{pit}^{MFN} - \tau_{pit}^{PRF}, 0\} & \text{签订了 FTA} \end{cases} \quad (4-5)$$

其中，下标 p、i 和 t 仍表示 HS6 位编码产品、目标市场国家和时期，TPU1_{pit} 表示采用第一种方法测算的 "t 年中国出口的产品 p 在各个目标市场 i 国家上面临的贸易政策不确定性大小"，τ_{pit}^{BND}、τ_{pit}^{MFN} 和 τ_{pit}^{PRF} 分别表示目标市场国家针对中国出口的产品 p 实施的约束性关税税率（BND）、最惠国关税税率（MFN）和优惠关税税率（PRF）。如前所述，在 WTO 框架之下，BND 和 MFN 之间的差距可以用来表示贸易政策不确定性大小，同时如果 WTO 的成员方还与中国签订了 FTA 的话，优先执行的是 PRF，而 PRF 一般都要小于 MFN，因此贸易政策不确定性的大小转变为 MFN 和 PRF 之间的差距。

第二，对数差分法。参考毛其淋（2020）的做法，与直接差分法的思路类似，将两种关税取对数再差分构造出：

$$\text{TPU2}_{\text{pit}} = \begin{cases} \log(\tau_{\text{pit}}^{\text{BND}} / \tau_{\text{pit}}^{\text{MFN}}) & \text{WTO 成员方} \\ \max\{\log(\tau_{\text{pit}}^{\text{MFN}} / \tau_{\text{pit}}^{\text{PRF}}), 0\} & \text{签订了 FTA} \end{cases} \quad (4-6)$$

其中，TPU2_{pit} 表示采用第二种方法测算的产品层面的贸易政策不确定性，在对数差分法中，为了避免出现最惠国关税为 0 导致无法计算的问题，对分子和分母中的关税同时加 1 进行处理。

第三，考虑产品替代弹性的理论推演法。汉德利（Handley，2014）在异质性企业贸易理论的基础上引入了关税的随机过程，通过理论推导构造了一种考虑产品替代弹性的 TPU 测算方法。借鉴汉德利（Handley，2014）的做法，我们进一步构造：

$$\text{TPU3}_{\text{pit}} = \begin{cases} 1 - (\tau_{\text{pit}}^{\text{BND}} / \tau_{\text{pit}}^{\text{MFN}})^{-\sigma} & \text{WTO 成员方} \\ \max\{1 - (\tau_{\text{pit}}^{\text{MFN}} / \tau_{\text{pit}}^{\text{PRF}})^{-\sigma}, 0\} & \text{签订了 FTA} \end{cases} \quad (4-7)$$

其中，σ 表示产品的替代弹性，与汉德利和利蒙（Handley & Limão，2015）的做法一致，我们将其设定为 3，TPU3_{pit} 表示采用第三种方法测算的贸易政策不确定性。为了保证不会出现无法计算的情形，与对数差分法的处理一样，对分子和分母同时加 1。

（二）测算数据

贸易政策不确定性测算使用到的关税数据来自 World Integrated Trade Solution（WITS）的 TRAINS 数据库，该数据库提供了双边维度的约束关税、最惠国关税、优惠关税和实际应用关税四类，但是该数据库缺失欧盟市场国家的约束关税数据，欧盟市场国家的约束关税来自 WTO（Tariff Download Facility）数据库。另外需要指出的是：（1）本书研究选择的样本时期是在 2001 年中国加入 WTO 之后，中国加入 WTO 之前制造业出口面临的贸易政策不确定性不予考虑，而在出口到 WTO 成员方时，产品的 $\tau_{\text{pit}}^{\text{MFN}}$ 应

当小于或等于 $\tau_{\text{pit}}^{\text{BND}}$，但在实际测算过程中出现小部分违反此规则的 6 位码产品，本书予以剔除。（2）截至 2021 年 12 月，中国签署的 FTA 共有 16 个，具体情况如表 4-2 所示。若签订了 FTA，在目标市场上的贸易政策不确定性测算从签署年份的下一年开始。（3）本书使用的关税测算法在理论上来说属于法定测度（de jure），而不是事实测度（de facto），因此该方法应当适用于市场完备性①较高的国家。出于部分中东国家和非洲国家近年来的政治局势以及经济发展水平等方面的考虑，其市场完备性不足，对其出口产品的潜在成本也较高，因此贸易政策不确定性的法定测度（de jure）对其适用性不高，本书予以样本剔除。②

表 4-2　　　　　　　　　　中国签署的 FTA 情况

已签协议的 FTA	目标市场国家	签订时间	生效时间
中国—东盟全面经济合作框架协议	东盟十国	2002 年 11 月 4 日（2015 年 11 月 23 日）	2004 年 1 月 1 日（2019 年 10 月 23 日）
中国—智利自由贸易协定	智利	2005 年 12 月 21 日（2017 年 11 月 11 日）	2006 年 10 月 1 日（2019 年 3 月 1 日）
中国—巴基斯坦自由贸易协定	巴基斯坦	2006 年 11 月 24 日（2019 年 4 月 29 日）	2007 年 7 月 1 日（2019 年 12 月 1 日）
中国—新西兰自由贸易协定	新西兰	2008 年 4 月 7 日（2021 年 1 月 26 日）	2008 年 10 月 1 日
中国—新加坡自由贸易协定	新加坡	2008 年 10 月 23 日（2018 年 11 月 5 日）	2009 年 1 月 1 日（2019 年 10 月 16 日）
中国—秘鲁自由贸易协定	秘鲁	2009 年 4 月 28 日	2010 年 3 月 1 日
中国—哥斯达黎加自由贸易协定	哥斯达黎加	2010 年 4 月 8 日	2011 年 8 月 1 日
中国—冰岛自由贸易协定	冰岛	2013 年 4 月 15 日	2014 年 7 月 1 日
中国—瑞士自由贸易协定	瑞士	2013 年 5 月 24 日	2014 年 7 月 1 日
中国—韩国自由贸易协定	韩国	2015 年 6 月 1 日	2015 年 12 月 20 日
中国—澳大利亚自由贸易协定	澳大利亚	2015 年 6 月 17 日	2015 年 12 月 20 日

①　市场完备性潜在假设了市场中的每种产品都具备公开透明的价格。
②　本书样本最终选择的目标市场国家包括欧盟国家、金砖国家（除中国外）、东盟十国、英国、美国、日本、韩国、加拿大、新西兰、冰岛、澳大利亚、土耳其、以色列、墨西哥、阿根廷、智利、秘鲁，显然这些样本国家已经包含了中国出口的主要目标市场。

续表

已签协议的 FTA	目标市场国家	签订时间	生效时间
中国—格鲁吉亚自由贸易协定	格鲁吉亚	2017 年 5 月 13 日	2018 年 1 月 1 日
中国—马尔代夫自由贸易协定	马尔代夫	2017 年 12 月 7 日	—
中国—毛里求斯自由贸易协定	毛里求斯	2019 年 10 月 17 日	2021 年 1 月 1 日
中国—柬埔寨自由贸易协定	柬埔寨	2020 年 10 月 12 日	—
区域全面经济伙伴关系协定	东盟十国、日本、韩国、澳大利亚、新西兰	2020 年 11 月 15 日	2022 年 1 月 1 日

　　注：没有计入中国内地与香港地区、澳门地区签订的"关于建立更紧密经贸关系的安排"；括号外为该协定的首次签订和生效时间，括号内为该协定升级版的签订和生效时间。

　　资料来源：中国自由贸易区服务网。

　　最后，为了研究需要，借鉴毛其淋（2020）的做法，我们利用简单平均的方式，将上述构造的"HS6 位码产品 p—市场 i"层面的贸易政策不确定性指数加权到 2002 年版本的中国《国民经济行业分类标准》的"4 位码行业层面 b—市场 i"，与前文一致，产品和行业层面两组编码的匹配数据来源于布兰特等（Brandt et al.，2017）。剔除非制造业部门后，得到中国在 4 位码行业层面的$TPU1_{bit}$、$TPU2_{bit}$ 和 $TPU3_{bit}$。

三、"萨缪尔森猜想"下的特征性事实

　　保罗·萨缪尔森于 2004 年在《经济学展望杂志》上发表的《李嘉图和穆勒在哪里反驳和证实了主流经济学家支持全球化的观点》论文中认为，首先，中国和美国在各自优势领域生产并交易，可以推动中美两国的经济增长，提升各自的福利水平，即便美国在交易中获取了较多的商品（形成中美贸易顺差），这仍是一个稳定的全球化分工；其次，如果中国仅在传统的比较优势领域（即在中低端技术产品上）实现技术进步，将更加有利于美国的经济增长；最后，如果中国在自由贸易中通过模仿学习（imitation）或自身独创（home ingenuity），在美国的比较优势领域取得了技术进步，将永久性降低美国在贸易中的收益，也将永久性拉低美国的经济增长（Samuelson，2004）。萨缪尔森的这一观点被引申为"萨缪尔森猜想"。"萨缪尔森猜想"的潜在政策含义是：当中国制造业的技术水平发生

了大幅进步，美国若希望自身利益不受损，则应当针对中国施加贸易政策限制，全球化分工将不再稳定，换言之，美国针对中国操纵的贸易政策不确定性的上升可能达到抑制中国技术进步的目的。

本书的理论模型部分，从企业出口的产品配置视角详细解释了贸易政策不确定性上升能够引发中国产业层面平均的出口技术含量水平下降的微观机制。在对理论预测进行实证检验之前，我们有必要观察萨缪尔森猜想的政策含义是否符合中国制造业出口的特征性事实。如果符合，一方面，说明 2018年美国特朗普政府针对中国发起的贸易冲突并非"非理性决策"，而是存在"理性动机"，贸易政策不确定性的上升确实不利于中国技术进步，这一点与前文的理论预测一致；另一方面，中国制造业出口短期内可能还要面临贸易政策的不确定性上升，如何破局以消除中国技术进步的障碍至关重要，这一内容将在以后章节另行探讨。本节将基于前述构造的两个核心指标，从制造业总体层面考察出口技术含量与贸易政策不确定性的特征性事实。

（一）中国制造业出口技术含量变化的特征性事实

图 4-3 选取了中国和世界其他主要国家制造业总体出口技术含量的时间序列变化进行对比。[①] 可以发现如下两个特征性事实。

（1）1996~2019 年，中国制造业的出口技术含量总体呈逐年上升趋势，且在 2008 年金融危机后，上升速度明显加快，从 2009 年的 1595 美元/人上升到 2019 年的 2166 美元/人，年均增速达 3.10%。中国制造业的出口技术含量虽然在逐年上升，但是还未达到主要发达国家的平均水平，存在着向主要发达国家收敛的趋势。1995 年，中国制造业出口技术含量与俄罗斯和印度的水平较为接近，均处于 1250 百美元/人左右，与德国、日本、英国、法国和韩国的差距分别为 2426 美元/人、2776 美元/人、

---

① 为了得到一国制造业总体层面出口技术含量变化的特征性事实，需要进一步对式（4-4）进行加权平均，采用市场的出口份额进行加权，具体公式为 $\Phi_c^b = \sum_i [(X_{ci}^b / \sum_i X_{ci}^b) \times \Phi_i^b]$，其中，$X_{ci}^b / \sum_i X_{ci}^b$ 表示出口国 c 制造业出口到 i 市场占出口国 c 总出口的份额，Φ_c^b 表示出口国 c 的制造业总体出口技术含量。需要说明的是，第一，式（4-4）中的产业 b 指的是国民经济 4 位码行业，而为了从总体层面进行考察，这里的 b 特指"制造业总体"；第二，指标测算和实证分析中对式（4-4）测算采用的是中国海关数据库，而这里为了获得中国制造业与其他国家制造业出口技术含量的比较，需要单独采用 CEPII-BACI 数据库，样本年限为 1995~2019 年。

1619 美元/人、1673 美元/人和 881 美元/人，而截至 2019 年，与五国的差距分别缩小为 1365 美元/人、776 美元/人、503 美元/人、409 美元/人和 475 美元/人，这一结果与倪红福（2017）的研究结论基本保持一致。这一现象的成因在于：一方面，在资本的全球化运动中，中国通过大力引进外资，学习、吸收和改进国外的先进技术，中国出口的中间产品种类出现了大幅增加，在国内形成了资本的技术外溢效应；另一方面，中国通过深度参与全球价值链分工，人均收入水平快速增长，进而积累了人力资本，使劳动生产率实现大幅提升。

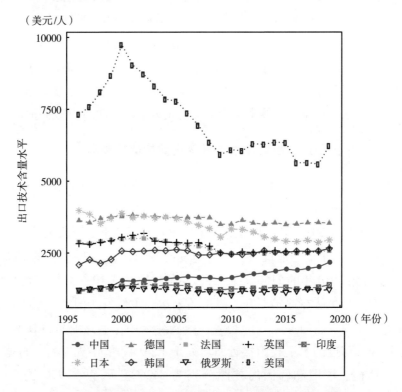

图 4-3　各国制造业总体出口技术含量变化的时间序列趋势

（2）美国制造业的总体出口技术含量仍然居世界第一位，但是从 2000 年开始出现明显的快速下降趋势，其技术含量从 2000 年的 9745 美元/人下降到 2019 年的 6229 美元/人，下降了 3516 个单位。而在发达国家中，德国和韩国的出口技术含量在样本期间内总体保持平稳，日本、法国和英国出现了略微下降的趋势，但相比美国而言，下降幅度仍要小得多。这意味着虽然美国制造业的国际竞争力仍处于世界前沿，但是其绝对"统治力"在逐渐衰退。

以上两个特征性事实在一定程度上已经揭示了中美两国制造业出口技术含量变化的反差：中国在"进步"，而美国在"退步"。一个自然而然的问题就是，在中国制造业出口的结构上又发生了何种变化？

从不同要素密集型产业内部中国向美国出口占美国总进口的份额来看（见图 4 −4A），虽然在绝对量上中国的劳动密集型产业在美国市场上的相对份额要高于技术密集型产业和资本密集型产业，其相对份额在最高时甚至达到40.21%，但在变化趋势上，2011 ～ 2018 年，中国劳动密集型产业的美国市场相对份额总体处于下降趋势，而技术密集型产业和资本密集型产业分别处在较为平稳和缓慢增长的趋势。这一特征性事实意味着，中国在劳动密集型产业上相对美国的比较优势依然明显，但是近年来出现了结构转型的特征，中国在资本和技术密集型产业上的比较优势在稳步提升，而资本和技术密集型产业中出口的多数是技术含量较高的产品，因而形成了中国制造业总体出口技术含量不断上升的趋势。图 4 −4B 进一步对比了中国在不同要素密集型产业上的出口技术含量变化趋势，[①] 可以发现，

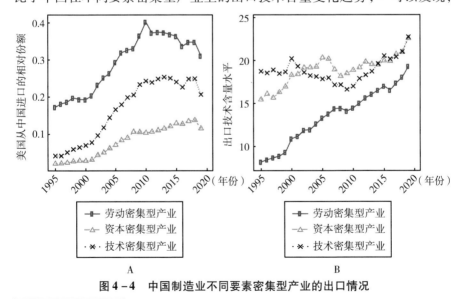

图 4 −4　中国制造业不同要素密集型产业的出口情况

①　三种要素密集型产业的出口技术含量测算是将中国制造业出口的产品划分出了三个样本，再分别对各样本计算制造业总体的出口技术含量。

样本期间内中国在资本密集型和技术密集型产业上的出口技术含量水平均高于劳动密集型产业,更为重要的是,在国际金融危机后,资本和技术密集型产业的出口技术含量总体上都在稳步增长。这一特征性事实再一次说明,中国制造业的技术进步不仅发生在中国具有劳动力要素比较优势的领域,同时也发生在美国具有资本和技术要素比较优势的领域。

(二) 目标市场贸易政策不确定性变化的特征性事实

根据"萨缪尔森猜想",上述中国制造业出口技术含量的变化趋势在一定程度上解释了美国本届拜登政府与上届特朗普政府共同主张制造业回流美国并针对中国出台相关针对性贸易政策的动机,中国在未来几年很可能仍将面临不小的贸易政策不确定性,本节将进一步考察中国制造业出口面临的贸易政策不确定性的特征性事实。

第一,从不同要素密集型产业的对比来看(见图 4 – 5A),中国加入WTO 后所有产业的贸易政策不确定性总体上都处在下降的趋势中,2002 ~ 2019 年,劳动、资本和技术密集型产业面临的贸易政策不确定性指数分别从 7.17% 、7.07% 和 5.54% 下降到了 3.83% 、3.92% 和 3.08% 。对比同时期各产业的出口技术含量变化趋势,可以发现随着贸易政策不确定性的

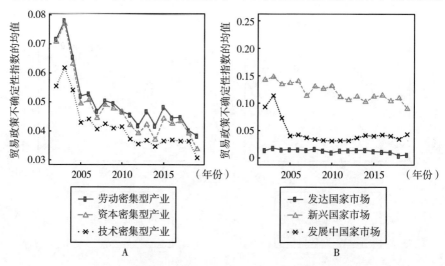

图 4 – 5　中国制造业出口面临的贸易政策不确定性情况

注:A 图的纵坐标是对前文构造的 $TPU1_{bit}$ 指数按照"产业—年份"划分计算简单平均,
B 图的纵坐标是对 $TPU1_{bit}$ 指数按照"目标市场—年份"划分计算简单平均。

下降趋势，产业出口的技术含量存在上升趋势。同时还可以观察到的一个事实是，样本期间内中国的劳动密集型产业面临的贸易政策不确定性均是最高，其次是资本和技术密集型产业，对比各产业的出口技术含量相对值来看，劳动密集型产业的出口技术含量最低。这可能说明了，产业出口面临贸易政策不确定性越低越有助于该产业技术水平提升。

　　第二，从不同目标市场的对比来看（见图4－5B），中国出口面临发达国家市场的贸易政策不确定性相对较低，而新兴国家和发展中国家市场的贸易政策不确定性相对较高，但是在新兴国家和发展中国家市场上，贸易政策不确定性指数总体上呈现出下降趋势。如果前述展现的特征事实具有稳健性的话，即贸易政策不确定性与出口技术含量之间存在负相关关系，那么当发达国家通过贸易政策提升中国制造业出口面临的不确定性时，中国技术进步受阻的风险将急剧上升。因此，我们进一步深入考察在发达国家市场上的特征性事实。图4－6进一步给出了2015年①在发达国家市场上，中国制造业4位码产业出口技术含量与贸易政策不确定性的散点图，通过拟合曲线可以发现，不论在何种要素密集型产业的分类中，两者之间始终保持着显著的负相关特征。此外，还可以发现，在发达国家市场上中国技术密集型产业出口面临着相对较低的贸易政策不确定性，这一事实与前述保持一致，更为重要的是，技术密集型产业中拟合曲线的斜率要显著高于劳动和资本密集型产业。这一事实说明，相比其他产业而言，若发达国家在技术密集型产业领域针对中国提高1单位的贸易政策不确定性，其对出口技术含量水平造成的损失要相对更大，这意味着中国尤其在高技术产业领域的技术进步面临着极大阻碍风险。

　　以上事实初步说明了，产业出口面临的贸易政策不确定性大小与出口技术含量之间存在负相关的关系。由此可以推论出，如果未来美国继续按照"萨缪尔森猜想"的政策含义构建对中国的贸易战略，中国出口面临美国市场的贸易政策不确定性可能还将继续上升。基于这一逻辑推论，我们梳理了美国特朗普政府在2018年3月以后，美国贸易代表办公室（USTR）针对中国出口分别公布的340亿美元（list1）、160亿美元（list2）、2000亿美元（list3）和3000亿美元（list4）的加征关税产品清单。根据美国贸

---

①　其他年份的散点图结果也保持一致。

易代表办公室（USTR）官方网站公布的数据，我们统计了加征关税的 HS6 位码产品中关于制造业产品的分布情况，具体如图 4-7 所示。在第一阶段 500 亿美元（list1 和 list2）征税清单中，有关的制造业产品主要集中在普

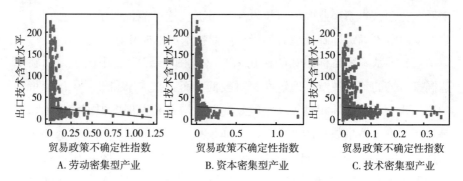

图 4-6 2015 年发达国家市场上中国制造业的出口技术含量与贸易政策不确定性

注：横坐标为制造业 4 位码的贸易政策不确定性指数 $TPU1_{bit}$，纵坐标为中国制造业 4 位码的出口技术含量 Φ_{ei}^{b}。

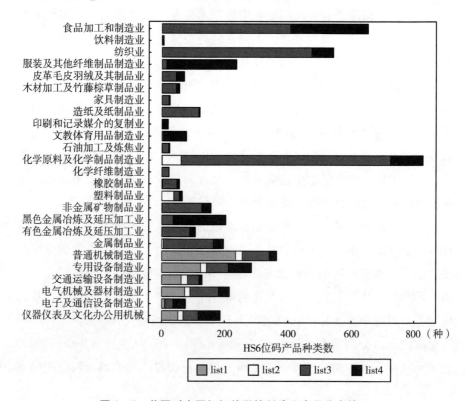

图 4-7 美国对中国加征关税的制造业产品分布情况

通机械制造业、专用设备制造业等资本技术密集型产业中，而在第二阶段2000亿美元和第三阶段3000亿美元的征税清单中，相关的制造业产品开始遍及食品加工和制造业、服装及其他纤维制品制造业等劳动密集型产业。从征税清单中这些制造业产品的行业分布可以看出美国针对中国制造业进行关税打击的"理性"动机：通过对中国出口的高技术含量产业以及技术含量增长较快的产业进行重点打击，进而阻遏中国制造业产业升级的动力。

第二节　计量模型设定与数据说明

一、计量模型设定

本节将进一步利用前文测算出的核心指标，通过计量模型来对"贸易政策不确定性与中国制造业出口技术含量之间的量化关系"进行初步回归。构造"产业—市场—年份"三维下两者关系的高维面板固定效应计量模型：

$$\ln\Phi_{cit}^{b} = \alpha + \beta\, TPU_{bit} + \gamma Control + \delta_b + \delta_i + \delta_t + \varepsilon_{bit} \qquad (4-8)$$

其中，核心被解释变量 $\ln\Phi_{cit}^{b}$ 为中国制造业 4 位码产业 b 出口到 i 市场的技术含量指标［式（4-4）］[1] 的对数；核心解释变量 TPU_{bit} 为产业 b 在目标市场 i 上面临的平均贸易政策不确定性指数，分别利用前面测算出的 $TPU1_{bit}$、$TPU2_{bit}$ 和 $TPU3_{bit}$ 进行衡量；待估参数 β 是我们关心的核心系数，若 β 显著为正，则说明贸易政策不确定性与产业出口技术含量之间高度正相关，反之亦然；Control 表示可能影响产业出口技术含量的控制变量；δ_b、δ_i 和 δ_t 分别表示 4 位数产业层面、目标市场层面和年份的固定效应，在进行初步回归时，我们首先对目标市场层面的固定效应采用虚拟变量的形式进行控制，随后进一步更改为使用中国到目标市场的实际距离来进行

---

① 式（4-4）中下标 c 表示出口国，这里仅利用中国海关数据库的数据计算中国的出口技术含量，因此这里的 c 仅包含中国。同时，式（4-4）为了表达的简洁，没有标注出时间下标 t，这里加入了时间层面。

控制，表示可能存在的"冰山成本"的影响效应；ε_{bit} 为随机误差项。在进行初步回归时，对可能影响产业在不同目标市场上出口技术含量的因素进行以下三个方面的控制。

（1）4位数产业层面的控制变量：①产业规模（$lnScale_{bt}$），采用4位数产业的工业总产值对数来衡量。②产业资本总量（lnK_{bt}），对4位数产业的真实固定资本存量①取对数。③产业的资本密集度（$lnCap_{bt}$），使用4位数产业内部的人均固定资本存量对数，即对"真实固定资本存量总额与产业从业人数之比"取对数。④产业集中度（HHI_Sale_{bt}），使用HHI（赫芬达尔指数）方法来测算，计算公式为 $HHI\_Sale_{bt} = \sum_{f \in b} (S_{bft} / \sum_{f \in b} S_{bft})^2$，其中，$S_{bft}$ 表示属于产业 b 中的工业企业 f 在 t 年的主营业务收入，进而 $\sum_{f \in b} S_{bft}$ 表示的则是产业 b 在 t 年的主营业务收入总额。需要说明的是，由于4位数产业层面的数据无法直接获取，我们的做法是通过将中国工业企业数据库中企业层面的变量加总成企业所属的4位数产业层面的变量。

（2）目标市场层面的控制变量：①目标市场规模（$lnGDP_{it}$），对市场的真实GDP取对数，该变量衡量了目标市场对中国制造业所有产业出口的整体性引力。②进入目标市场的自由化程度（$Free_{bit}$），表示目标市场针对中国产业 b 出口征收的平均关税，将目标市场 i 在 t 年针对中国出口征收的产品层面的关税，简单平均到产品所属的产业层面，数值越小，表示中国产业 b 进入该市场的自由化程度越高。③目标市场贸易集中化指数（HHI_Trade_{bit}），表示目标市场 i 内部对于产业 b 产品进口的差异化程度，同样采用HHI（赫芬达尔指数）的方法进行构造，计算公式为 $HHI\_Trade_{bit} = \sum_c (X_{cit}^b / \sum_c X_{cit}^b)^2$，其中，$X_{ci}^b$ 表示出口国 c 的产业 b 向目标市场 i 的出口总额，$X_{ci}^b / \sum_c X_{ci}^b$ 表示出口国 c 的产业 b 在目标市场 i 上的市场份额，该数值越高表示目标市场 i 的产业 b 进口越集中于某一国家（或地区）。④与目标市场的距离（$lnDistance_i$），采用中国北京到各目标市场首都城市的实际距离的对数来衡量。

（3）国内市场化政策改革的控制变量：①国有企业改革（Ser_{bt}），采

---

① 真实固定资本存量的估算过程见附录。

用 4 位码产业的 t 年非国有资本总和与总资本之间的比重来衡量。②外资管制放松改革（Fir_{bt}），对 4 位码产业的 t 年外资企业数量取对数来衡量。③补贴政策（Sub_{bt}），采用 t 年 4 位码产业中受到政府补贴的工业企业数量占工业企业所有数量的比重来衡量。

二、数据说明

以上控制变量中，4 位数产业层面以及国内市场化政策改革变量的测算数据来源于中国工业企业数据库，目标市场层面的真实 GDP 数据来源于 PWT9.1 数据库，实际应用关税的数据来源于 WITS 数据库中的 AHS 关税，双边进出口额的数据来源于 CEPII-BACI 数据库，两国首都实际距离的数据来源于 CEPII-Gravity 数据库。变量的描述性统计如表 4-3 所示。需要说明的是，产业层面和政策层面的控制变量样本量为 168055 个，其他变量的样本量主要为 204980 个，这是因为 4 位数产业层面的控制变量主要是通过中国工业企业数据库进行微观加总计算而来，而基于该数据库能够获取到的最新年份数据为 2013 年，因此造成样本量相对减少。

表 4-3　　　　　　　　　初步回归中各变量的描述性统计

变量	变量含义	样本数	样本年限	最小值	最大值	均值	标准差
$\ln\Phi_{cit}^{b}$	4 位数行业出口技术含量对数	204980	2002 ~ 2015 年	-13.8018	5.5106	2.9450	0.7902
$TPU1_{bit}$	贸易政策不确定性指数 1	204980	2002 ~ 2015 年	0	2.5059	0.0474	0.0983
$TPU2_{bit}$	贸易政策不确定性指数 2	204980	2002 ~ 2015 年	0	1.1258	0.0398	0.0756
$TPU3_{bit}$	贸易政策不确定性指数 3	204980	2002 ~ 2015 年	0	0.9889	0.1139	0.1913
$\ln Scale_{bt}$	产业规模对数	168055	2002 ~ 2013 年	7.1213	21.8490	16.5499	2.0496
$\ln K_{bt}$	产业资本总量对数	168055	2002 ~ 2013 年	3.4284	20.5768	14.9517	2.0205

续表

变量	变量含义	样本数	样本年限	最小值	最大值	均值	标准差
$lnCap_{bt}$	产业的资本密集度对数	168055	2002 ~ 2013 年	-0.3127	9.2462	4.3487	0.7675
HHI_Sale_{bt}	产业集中度	168055	2002 ~ 2013 年	0.0011	1	0.0861	0.1707
$lnGDP_{it}$	目标市场规模对数	204980	2002 ~ 2015 年	8.9676	16.6562	13.0019	1.5973
$Free_{bit}$	进入目标市场的自由化程度	204979	2002 ~ 2015 年	0	2.8250	0.0392	0.0620
HHI_Trade_{bit}	目标市场贸易集中化指数	204980	2002 ~ 2015 年	0.0373	1	0.2242	0.1401
$lnDistance_i$	两国实际距离对数	204980	2002 ~ 2015 年	6.8624	9.8677	8.9051	0.5445
Ser_{bt}	国有企业改革	168055	2002 ~ 2013 年	0	21.3210	0.6988	0.4333
Fir_{bt}	外资管制放松改革	168055	2002 ~ 2013 年	0	8.4156	2.3937	1.9890
Sub_{bt}	补贴政策	168055	2002 ~ 2013 年	0	1	0.3856	0.3137

第三节　初步回归结果与分析

一、基准回归

在利用高维面板固定效应模型［式（4－8）］考察变量间回归关系过程中，核心参数 β 的显著性以及标准误常会受到不同层级的固定效应和聚类标准误的影响，为了保证回归结果的稳健性，我们首先考察在不加入任何控制变量的情形下进行简约回归，观察不同层级的固定效应和聚类标准误对研究结论是否产生显著影响（见表4－4）。

表 4 - 4　控制不同层级固定效应和聚类标准误的简约回归

变量	(1)	(2)	(3)	(4)	(5)	(6)	(7)	(8)
				出口技术含量水平的对数（$\ln \Phi_{cit}^{b}$）				
	控制不同层级的固定效应				控制不同层级的聚类标准误			
$TPU1_{bit}$	-0.7750 ***	-0.1982 ***	-0.2167 ***	-0.1912 ***	-0.1982 ***	-0.1982 ***	-0.1982 ***	-0.1982 ***
	(0.0161)	(0.0173)	(0.0186)	(0.0173)	(0.0614)	(0.0512)	(0.0562)	(0.0376)
截距项	2.9817 ***	2.9544 ***	2.9553 ***	2.9541 ***	2.9544 ***	2.9544 ***	2.9544 ***	2.9544 ***
	(0.0017)	(0.0014)	(0.0014)	(0.0014)	(0.0029)	(0.0036)	(0.0038)	(0.0031)
4 位数产业的固定效应	YES	YES	YES	YES	YES	YES	YES	YES
年份固定效应	YES	YES	YES	YES	YES	YES	YES	YES
目标市场固定效应	NO	YES	YES	YES	YES	YES	YES	YES
目标市场—年份固定效应	NO	NO	YES	NO	NO	NO	NO	NO
2 位数产业—年份固定效应	NO	NO	NO	YES	YES	NO	NO	NO
聚类到四位数产业	NO	NO	NO	NO	YES	NO	NO	NO
聚类到目标市场—年份	NO	NO	NO	NO	NO	YES	NO	NO
聚类到 2 位数产业—目标市场	NO	NO	NO	NO	NO	NO	YES	NO
聚类到 2 位数产业—年份	NO	NO	NO	NO	NO	NO	NO	YES
观察值	204980	204980	204980	204980	204980	204980	204980	204980
调整 R^2	0.2207	0.5970	0.6061	0.6004	0.5970	0.5970	0.5970	0.5970

注：*** 代表在 1% 的显著性水平下显著，括号内的值代表系数的标准误。

表4-4的第（1）~第（4）列分别在控制4位数产业层面和年份层面固定效应的基础上，有效控制了可能受到不随"目标市场""目标市场—年份"和"2位数行业—年份"而改变的变量的影响，在一定程度上起到了缓解内生性的作用。可以发现，不论控制何种层级的固定效应，TPU1$_{bit}$的参数估计系数均在1%的置信水平下显著为负。进一步，第（5）~第（8）分别将回归的标准误聚类到了4位数产业、"目标市场—年份""2位数产业—目标市场""2位数产业—年份"四个层级，有效控制了观测值在各个层级上可能存在的关联性问题，可以发现，核心解释变量的系数依然在1%的显著性水平下为负。以上估计结果说明了，"中国制造业出口在目标市场上面临的贸易政策不确定性程度对4位数产业出口技术含量水平存在负向影响"这一结论得到了初步验证。

为了有效识别贸易政策不确定性影响效应的量化结果，本书在式（4-8）回归方程中依次控制四类变量，作为后续进一步回归的基准结果，具体回归结果如表4-5所示。

表4-5　贸易政策不确定性对4位数产业出口技术含量的影响（基准回归）

变量	（1）	（2）	（3）	（4）	（5）	（6）
	出口技术含量水平的对数（$\ln\Phi_{cit}^{b}$）					
TPU1$_{bit}$	-0.1982 ***	-0.8710 ***	-0.9406 ***	-0.9707 ***	-1.0043 ***	-1.0043 ***
	(0.0173)	(0.0161)	(0.0177)	(0.0167)	(0.0183)	(0.0183)
以实际距离作为目标市场的固定效应：						
$\ln Distance_i$		0.1209 ***	0.1078 ***	0.1426 ***	0.1214 ***	0.1214 ***
		(0.0029)	(0.0032)	(0.0028)	(0.0031)	(0.0031)
控制4位数产业层面影响效应：						
$\ln K_{bt}$			-0.0405 ***		-0.0506 ***	-0.0558 ***
			(0.0075)		(0.0072)	(0.0075)
$\ln Scale_{bt}$			0.0179 ***		0.0262 ***	0.0282 ***
			(0.0066)		(0.0064)	(0.0065)
$\ln Cap_{bt}$			0.0393 ***		0.0511 ***	0.0531 ***
			(0.0072)		(0.0070)	(0.0073)
HHI_Sale$_{bt}$			-0.0694 ***		-0.0677 ***	-0.0648 ***
			(0.0205)		(0.0198)	(0.0199)

续表

变量	（1）	（2）	（3）	（4）	（5）	（6）
	出口技术含量水平的对数（$\ln\Phi_{cit}^{b}$）					
控制目标市场层面影响效应：						
$\ln GDP_{it}$				0.0440 ***	0.0384 ***	0.0383 ***
				(0.0010)	(0.0011)	(0.0011)
$Free_{bit}$				−1.1522 ***	−1.1477 ***	−1.1462 ***
				(0.0289)	(0.0315)	(0.0315)
HHI_Trade_{bit}				1.1804 ***	1.3135 ***	1.3138 ***
				(0.0118)	(0.0132)	(0.0132)
控制国内市场化政策改革影响效应：						
Ser_{bt}						−0.0039
						(0.0051)
Fir_{bt}						0.0123 ***
						(0.0029)
Sub_{bt}						0.1600 ***
						(0.0227)
截距项	2.9544 ***	1.9096 ***	2.1786 ***	0.9289 ***	1.2780 ***	1.2264 ***
	(0.0014)	(0.0255)	(0.0675)	(0.0286)	(0.0672)	(0.0680)
产业固定效应	YES	YES	YES	YES	YES	YES
年份固定效应	YES	YES	YES	YES	YES	YES
目标市场固定效应	YES					
观察值	204980	204980	168055	204979	168054	168054
调整 R^2	0.5970	0.2274	0.2351	0.2748	0.2867	0.2869

注：*** 表示在1%的显著性水平下显著，括号内的值代表系数的标准误。

第一，作为比较，表4-5的第（1）列没有加入任何控制变量，在控制目标市场固定效应时，使用的是目标市场的虚拟变量，在第（2）列我们将其更改为控制中国到目标市场的实际距离作为固定效应，理论上实际距离可以反映短期内本国出口到目标市场上的一系列不随时间变化那部分的贸易成本。表4-5第（2）列显示，实际距离对产业出口技术含量水平的作用在1%的显著性水平下呈现为0.1209，说明存在显著正向作用，这一结果与预期一致。其原因在于，当出口到目标市场的实际距离越远时，短期内不变的贸易成本越高，则产业中能够进入该市场的只有少数高生产率的企业，进而拉高产业在该市场上的整体出口技术含量。更为重要的是，当我们控制实际距离作为替代的目标市场层面固定效应时，$TPU1_{bit}$ 的参数值由 -0.1982 转变为 -0.8710，说明前者较大低估了贸易政策不确定性对产业出口技术含量水平的不利影响。

第二，表 4-5 第（3）~ 第（5）列又进一步分别控制以及同时控制了 4 位数产业层面和目标市场层面的变量，可以看出 $TPU1_{bit}$ 和实际距离的参数依然表现为一负一正，且 $TPU1_{bit}$ 参数值稳定在 -0.9406 和 -1.0043 之间，这一估计值与第（2）列差距不大，说明将实际距离作为目标市场固定效应较为有效地控制了一系列可能影响被解释变量的不可观测因素，且加入产业和市场层面控制变量后系数趋于稳健，估计结果具有较大可信度。此外，还可以发现在目标市场层面，更大的目标市场规模（$lnGDP_{it}$）对企业出口具有吸引力，而大市场上的竞争往往也更加激烈，因此目标市场的规模有助于企业提升自身的技术水平。这一结果意味着，发达国家的市场（市场规模相对较大）对中国制造业出口技术含量提升具有重要作用，若发达国家对中国出口采取一系列限制性政策，中国参与国际大循环的进程受阻，将严重不利于中国利用发达国家的市场发展自身产业技术水平。

第三，在样本期间内，中国制造业也在进行着三种政策改革和试验，分别是国有企业改革、外资进入管制放松改革以及对制造业的补贴政策试验。表 4-5 第（6）列又进一步加入了三种政策改革的影响变量，可以发现，贸易政策不确定性的参数估计值依然稳定保持在 1% 的置信水平下为 -1.0043。从第（1）~ 第（6）列核心解释变量估计值的变化来看，-1.0043 应当是较为稳健的参数估计值，这意味着当中国出口到目标市场的贸易政策不确定性每提高一个单位，产业的出口技术含量水平平均会下降 1 个百分点。

二、稳健性检验

虽然基准回归已经从多个方面控制了一系列可能影响被解释变量的可观测和不可观测因素，但是为了保证上述回归结果的可靠性，本书继续从三个方面改变某些条件和假设观察上述结论是否稳健。

（一）替换解释变量

上述回归中，解释变量贸易政策不确定性（TPU1$_{bit}$）采用的是直接差分法进行测算的，对此我们替换为TPU2$_{bit}$和TPU3$_{bit}$，分别表示采用对数差分法和考虑产品替代弹性法测算的贸易政策不确定性指数，代入式（4-8）中进行回归（见表4-6）。

表4-6　　更换贸易政策不确定性指标下的稳健性回归 I

变量	（1）	（2）	（3）	（4）
	出口技术含量水平的对数（$\ln\Phi_{cit}^{b}$）			
Panel A：使用对数差分法的贸易政策不确定性指数（TPU2$_{bit}$）				
TPU2$_{bit}$	-1.2596*** (0.0231)	-1.3285*** (0.0216)	-1.3851*** (0.0631)	-1.3850*** (0.0238)
截距项	2.1483*** (0.0675)	0.8895*** (0.0287)	1.2317*** (0.0980)	1.1800*** (0.0679)
观察值	168055	204979	168054	168054
调整 R^2	0.2357	0.2762	0.2883	0.2885
Panel B：使用考虑产品替代弹性的贸易政策不确定性指数（TPU3$_{bit}$）				
TPU3$_{bit}$	-0.5512*** (0.0091)	-0.6082*** (0.0086)	-0.6265*** (0.0096)	-0.6265*** (0.0096)
截距项	2.0993*** (0.0674)	0.8221*** (0.0287)	1.1578*** (0.0670)	1.1061*** (0.0678)
观察值	168055	204979	168054	168054
调整 R^2	0.2387	0.2803	0.2920	0.2922
产业控制变量	YES	NO	YES	YES
目标市场控制变量	NO	YES	YES	YES
国内政策改革控制变量	NO	NO	NO	YES
产业固定效应	YES	YES	YES	YES
年份固定效应	YES	YES	YES	YES
目标市场距离的固定效应	YES	YES	YES	YES

注：***表示在1%的显著性水平下显著，括号内的值代表系数的标准误。

Panel A 和 Panel B 分别汇报了解释变量替换为TPU2$_{bit}$和TPU3$_{bit}$的回归结果，可以发现，在控制产业和年份的固定效应的基础上，无论是否加入产品层面、目标市场层面还是政策层面的控制变量，也无论使用TPU2$_{bit}$还是TPU3$_{bit}$作为核心解释变量的替换变量，表4–6的第（1）~第（4）列都显示出了在1%的显著性水平下，贸易政策不确定性对产业出口技术含量水平具有负向冲击，且对比同一测算指标下的估计参数值还可以发现，系数大小均较为接近，没有发生较大波动，初步验证了上述基准回归具有稳健性。

（二）考虑贸易政策不确定性的滞后效应

由于贸易政策不确定性是从法定角度（de jure）进行的不确定性测度，因此当某一期的政策产生冲击时，企业在不确定性下作出的预期决策行为，会发生资本投入以及技术创新的过程，引致产业层面技术水平调整可能存在滞后，因而产生贸易政策不确定性的滞后效应，本小节进一步对此进行验证（见表4–7）。

表4–7　　　考虑贸易政策不确定性滞后影响的稳健性回归Ⅱ

变量	（1）	（2）	（3）	（4）	（5）	（6）
	出口技术含量水平的对数（$\ln\Phi_{cit}^{b}$）					
L1. TPU1$_{bit}$	−1.0436 *** （0.0199）					
L2. TPU1$_{bit}$		−1.0975 *** （0.0214）				
L1. TPU2$_{bit}$			−1.4286 *** （0.0257）			
L2. TPU2$_{bit}$				−1.5052 *** （0.0278）		
L1. TPU3$_{bit}$					−0.6399 *** （0.0103）	
L2. TPU3$_{bit}$						−0.6663 *** （0.0110）
截距项	1.4761 *** （0.0728）	1.4729 *** （0.0768）	1.4247 *** （0.0728）	1.4084 *** （0.0768）	1.3387 *** （0.0727）	1.3069 *** （0.0767）

续表

变量	(1)	(2)	(3)	(4)	(5)	(6)
	出口技术含量水平的对数（$\ln\Phi_{eit}^b$）					
产业控制变量	YES	YES	YES	YES	YES	YES
目标市场控制变量	YES	YES	YES	YES	YES	YES
国内政策改革控制变量	YES	YES	YES	YES	YES	YES
产业固定效应	YES	YES	YES	YES	YES	YES
年份固定效应	YES	YES	YES	YES	YES	YES
目标市场距离的固定效应	YES	YES	YES	YES	YES	YES
观察值	143607	127337	143607	127337	143607	127337
调整 R^2	0.2957	0.2942	0.2973	0.2959	0.3011	0.2998

注：（1）L1. 和 L2. 分别表示解释变量滞后 1 期和滞后 2 期；（2）*** 表示在 1% 的显著性水平下显著，括号内的值代表系数的标准误。

表 4 - 7 的第（1）~ 第（2）列结果显示，分别对贸易政策不确定性（$TPU1_{bit}$）进行滞后 1 期和滞后 2 期处理后，待估参数 β 分别显著呈现为 - 1.0436 和 - 1.0975，与基准回归的结果保持高度一致，同时，第（3）~ 第（6）列又分别将 $TPU2_{bit}$ 和 $TPU3_{bit}$ 也滞后 1 期和 2 期后，发现估计结果依然稳健。这一结果可能说明了，贸易政策不确定性对产业出口技术含量水平的负面影响效应不仅发生在当期，还可能产生时间上的延迟性，这就要求我们应当对可能来自不同目标市场上的贸易政策不确定性冲击进行尽早预判。

（三）考虑不同时期下的贸易政策不确定性冲击效应

2001 年中国加入 WTO 后，在中国以及世界宏观经济层面出现了几次较大的外生性冲击，也可能对中国制造业出口技术含量水平产生影响，进而使参数 β 估计偏误，因此本书进一步分不同时期来对式（4-8）进行稳健性分析，具体回归结果如表 4-8 所示。第一，2002 年中国出现了"非典"疫情，到 2003 年中期才逐渐消退。表 4-8 的第（1）列显示了在"非典"时期的估计结果，可以发现核心解释变量的系数方向依然保持稳健。这一估计结果在新冠疫情全球大流行的背景下具有重要启示，新冠疫情给跨国产业链和供应链不稳定性带来了巨大冲击，各国尤其是发达国家由此产生的各类贸易限制以及禁航禁运可能会加剧中国出口面临的贸易政策不确定性，更加抑制中国制造业的出口技术含量提升。

表 4 - 8　　　　　不同时期贸易政策不确定性影响效应的稳健性回归 Ⅲ

变量	(1)	(2)	(3)	(4)
	2002 ~ 2003 年 非典时期	2004 ~ 2007 年 CAFTA 生效	2008 ~ 2009 年 金融危机时期	2009 ~ 2013 年 金融危机以后
	出口技术含量水平的对数（$\ln\Phi_{ci}^{b}$）			
$TPU1_{bit}$	- 1. 1628 *** (0. 0473)	- 1. 2787 *** (0. 0355)	- 1. 0095 *** (0. 0434)	- 0. 6392 *** (0. 0312)
$TPU1_{bit} \times cafta_i$		0. 4096 *** (0. 0775)		
截距项	0. 9756 *** (0. 3549)	1. 6960 *** (0. 3438)	1. 1240 (0. 6891)	0. 9528 *** (0. 0979)
产业控制变量	YES	YES	YES	YES
目标市场控制变量	YES	YES	YES	YES
国内政策改革控制变量	YES	YES	YES	YES
产业固定效应	YES	YES	YES	YES
年份固定效应	YES	YES	YES	YES
目标市场距离的固定效应	YES	YES	YES	YES
观察值	23726	58641	29691	55996
调整 R^2	0. 3505	0. 3050	0. 2722	0. 2642

注：*** 表示在 1% 的显著性水平下显著，括号内的值代表系数的标准误。

第二，在中国早期签订的 FTA 中，中国与东盟国家签订的 CAFTA 是最大的 FTA 协议，2004 年该协议开始生效，[①] 表 4 - 8 的第（2）列考察了 CAFTA 的生效是否影响回归结果，可以发现，$TPU1_{bit}$ 为负的显著性依然存在。值得注意的是，将东盟的目标市场国家设定为 1，其余目标市场国家

① 前面在测算贸易政策不确定性时，若签订了 FTA，则以签订年份的下一年作为分界点进行测算。这里以 2004 年为分界，一方面是考虑到这里考察的是不同时期的稳健性，需要剔除"非典"时期的影响效应，另一方面是根据《中国—东盟全面经济合作框架协议》第六条第 3 款（b）（i）规定的时间，"'早期收获'计划应不迟于 2004 年 1 月 1 日实施"，这里利用了正式实施的时间点作为分界。

设定为 0（即变量cafta$_i$），将其与TPU1$_{bit}$进行交乘后，交乘项系数显著为正，说明 CAFTA 的正向调节效应显著，即多边贸易协议能够有效抑制贸易政策不确定性对产业出口技术含量水平的负向作用，这一初步结果为中国出口面临的贸易政策不确定性破局提供了重要思路。

第三，2008 年的国际金融危机给世界经济发展带来了长期的负面冲击，世界经济开始转入低增长时期，表 4 – 8 的第（3）～第（4）列进一步将样本划分为了 2008～2009 年的国际金融危机时期和 2009 年以后的危机后期，可以发现在这两个时期样本中TPU1$_{bit}$的系数还是保持了 1% 置信水平下的负值。以上分时期的检验结果表明，基准回归的结果在不同时期依然保持了较好的稳健性，具有较强可信度。

三、基于巴蒂克工具变量的内生性处理

尽管在基准回归中通过控制各类固定效应以及控制变量，有效缓解了由遗漏变量引致的内生性问题，但是依然无法排除可能存在的反向因果关系：即"萨缪尔森猜想"暗示的，当中国制造业的技术性比较优势在增强时，发达国家可能会出于"零和博弈"的思维，造成中国出口面临的贸易政策不确定性加大。为了进一步处理这一内生性问题，本书借鉴"Bartik IV"（巴蒂克工具变量）的构造思想，构造出贸易政策不确定性的工具变量再进行两阶段最小二乘回归（2SLS）。

Bartik 工具变量的构造思想是，解释变量可以分拆出多个基础单元进行加权，再将加权的基础单元分解为初始状态及其总体增长率的交乘来模拟出初始年份以后的估计值。这一估计值与残差项不相关（即满足工具变量的排他性要求），同时又与解释变量高度相关（即满足工具变量的相关性要求），因而将其作为解释变量的工具变量，能够有效缓解内生性问题（Bartik，1991；Goldsmith-Pinkham et al.，2020）。在本章的研究问题中，4 位数产业层面的贸易政策不确定性由产品层面的均值构成，因而对贸易政策不确定性的工具变量，适合利用 Bartik 工具变量的思想进行构造。TPU1$_{bit}$的构造有如下等式：

$$TPU1_{bit} = \frac{1}{N_{bp}} \sum_{p \in b} TPU1_{pit} \tag{4-9}$$

其中，N_{bp} 表示样本中属于 b 产业的产品 p 的种类数量。用 t_0 来表示样本的初始年份（在本章中表示 2002 年），那么对于任意的产品种类 $p \in b$，初始年份的贸易政策不确定性状态可以表示为 $TPU1_{pit_0}$。令 g_{pt} 表示中国出口的产品 p 在 t 年的贸易政策不确定性指数相比初始年份 t_0 的增长率，那么可以构造出 Bartik 工具变量为：

$$Bartik_{bit} = \frac{1}{N_{bp}} \sum_{p \in b} [\, TPU1_{pit_0} \times (1 + g_{pt}) \,] \qquad (4-10)$$

可以看出，g_{pt} 指的是总体增长率，与单个目标市场 i 不相关，排除了各个目标市场 i 带来的异质性冲击，与残差不相关（工具变量的排他性），因而反映的是该产品本身固有的产品特征（工具变量的相关性）。我们采用两种方法构造 g_{pt}，一种是将中国在各年份面临不同目标市场 i 的 $TPU1_{pit}$ 相比初始年份指数的增长率平均到产品层面，得到整体增长率的均值，进而消除目标市场 i 的影响，另一种是将目标市场 i 分组，划分为发达国家市场、新兴国家市场和发展中国家市场，然后在各分组中再分别计算平均的增长率，再将其与初始年份的 $TPU1_{pit_0}$ 进行配对。用前后两种方法得到增长率 g_{pt} 后，再代入式（4-10）中分别估算巴蒂克工具变量，分别将其命名为 Bartik1_IV 和 Bartik2_IV。接下来再利用得到的巴蒂克工具变量解决内生性问题，表 4-9 报告了两阶段最小二乘法（2SLS）的估计结果。

表 4-9　　　　　　　　　基于 Bartik 工具变量的 IV 估计结果

变量	(1)	(2)	(3)	(4)
	出口技术含量水平的对数（$\ln\Phi_{cit}^{b}$）			
Panel A：基于 Bartik1_IV 的估计结果				
$TPU1_{bit}$	-1.3025 *** (0.0283)	-1.6327 *** (0.0253)	-1.3236 *** (0.0282)	-1.6334 *** (0.0253)
第一阶段回归结果：				
Bartik1_IV	0.8603 *** (0.0015)	0.8542 *** (0.0015)	0.8595 *** (0.0015)	0.8536 *** (0.0015)
观察值	119631	119631	119631	119631
Panel B：基于 Bartik2_IV 的估计结果				
$TPU1_{bit}$	-1.2541 *** (0.0277)	-1.5817 *** (0.0247)	-1.2753 *** (0.0276)	-1.5823 *** (0.0247)

续表

变量	（1）	（2）	（3）	（4）
	出口技术含量水平的对数（$\ln\Phi_{cit}^{b}$）			
第一阶段回归结果：				
Bartik2_IV	0.8759*** （0.0014）	0.8703*** （0.0014）	0.8751*** （0.0014）	0.8698*** （0.0014）
观察值	119631	119631	119631	119631
产业控制变量	YES	YES	YES	YES
目标市场控制变量	YES	YES	YES	YES
国内政策改革控制变量	YES	YES	YES	YES
产业固定效应	NO	YES	NO	YES
年份固定效应	NO	NO	YES	YES
目标市场距离的固定效应	YES	YES	YES	YES

注：***表示在1%的显著性水平下显著，括号内的值代表系数的标准误。

Panel A 展示了基于 Bartik1_IV 的估计结果，从第（1）~第（4）列可以看出，无论是否控制 4 位数产业层面和年份层面固定效应，两阶段回归中第一阶段的回归系数显著为正，且均稳定在 0.86 附近，表明模拟出的巴蒂克工具变量估计值与在不同目标市场上的贸易政策不确定性指数实际值非常接近。同时，第二阶段的回归结果显示，TPU1$_{bit}$再一次表现为 1% 置信水平下的负向影响效应，说明可能存在的由遗漏变量造成的内生性问题不大。但是，与基准回归结果进行比较可以发现，[①] 通过巴蒂克工具变量进行回归后，负向影响的系数绝对值变得更大了，表明可能存在反向因果关系，基准回归反而可能低估了贸易政策不确定性对中国制造业出口技术含量的负面冲击效应。Panel B 进一步使用 Bartik2_IV 进行了 2SLS 回归，其显示的结果与 Panel A 部分总体类似，进一步验证了 Panel A 结果的稳健性。

四、异质性效应

由于本章的初步回归式（4-8）是建立在"产业—目标市场"层面

---

① 需要注意的是，在基准回归中的样本年限是 2002~2013 年，而在进行 2SLS 回归时，由于 2002 年的初始年份被用来构造巴蒂克工具变量，因而样本年限转变为 2003~2013 年，因此造成了回归样本量的缩减。

的，因此我们也从产业和目标市场两个角度去观察异质性效应。

表4-10的第（1）~第（5）列分别展示了在不同目标市场上的回归结果，不同目标市场上的贸易政策不确定性上升均对中国制造业出口技术含量具有显著负向影响，但是存在估计系数大小的差异，当美国市场[1]和欧盟市场[2]针对中国制造业出口的贸易政策不确定性每上升1个单位时，中国制造业的出口技术含量会分别下降5.48%和3.72%，而在日韩市场、新兴国家市场和发展中国家市场上，出口技术含量会分别下降0.80%、0.35%和0.72%。显然，在美国市场上的参数要显著低于欧盟市场，在欧盟市场的参数要显著低于其他目标市场，结合参数估计的置信区间来看，这一差异具有显著性。这一结果说明，美国市场和欧盟市场相比其他市场而言，对中国制造业技术水平的提升至关重要，当这些市场针对中国实行针对性贸易政策时，中国仍需努力推动双方经贸分歧得到管制。

表4-10　　　贸易政策不确定性影响产业出口技术含量的目标市场异质性

变量	(1)	(2)	(3)	(4)	(5)
	美国市场	欧盟市场	日韩市场	新兴国家市场	发展中国家市场
	出口技术含量水平的对数（$\ln\Phi_{cit}^{b}$）				
$TPU1_{bit}$	-5.4826**	-3.7173***	-0.7962***	-0.3524***	-0.7194***
	(2.1854)	(0.2465)	(0.1601)	(0.0310)	(0.0530)
截距项	2.9274***	-5.1194***	11.3832***	1.9595***	1.6515***
	(0.1446)	(0.1727)	(0.4014)	(0.1494)	(0.1622)
产业控制变量	YES	YES	YES	YES	YES
目标市场控制变量	YES	YES	YES	YES	YES
国内政策改革控制变量	YES	YES	YES	YES	YES
产业固定效应	YES	YES	YES	YES	YES
年份固定效应	YES	YES	YES	YES	YES
目标市场距离的固定效应	NO	YES	YES	YES	YES
观察值	4569	95719	9044	46078	25688
调整 R^2	0.7791	0.3259	0.7011	0.3528	0.3289

注：***、**分别表示在1%、5%的显著性水平下显著，括号内的值代表系数的标准误。

---

[1]　在目标市场只有美国时，由于不存在目标市场之间的差异性，因此在进行回归时无须控制目标市场距离的固定效应。

[2]　样本期间内，英国尚未脱欧，因此欧盟市场国家包含英国。

表 4-11 进一步从不同要素密集型产业考察了异质性效应。从第（1）~第（3）列的估计结果来看，在劳动密集型产业的全样本中，$TPU1_{bit}$ 对出口技术含量水平的负向影响效应最高，其次是资本密集型和技术密集型产业，表明贸易政策不确定性上升对劳动密集型产业的技术水平提升最为不利。这一结果较为符合预期，在劳动密集型产业中出口的多是低端制造业产品，而在技术密集型产业中产品的出口技术含量往往较高，技术水平越高的产品在国际市场中越不容易被其他国家所替代，因此贸易政策不确定性在技术密集型产业的样本里表现出了较低的负值边际效应。但是这一估计结果也可能存在"数字陷阱"，即由于不同市场存在的技术性比较优势不同，当中国技术密集型产业出口到发达国家等已经拥有技术密集型比较优势的目标市场时，中国的技术密集型产品在这些市场上不具备充足竞争力，因而这些市场在技术密集型产业上每上升 1 单位贸易政策不确定性对中国制造业出口技术水平的抑制效应可能更强，而当中国劳动密集型产业出口到这些市场时，由于中国具有这方面的比较优势，因而产品在这些市场上的竞争力相对较强，导致贸易政策不确定性上升对劳动密集型产业技术进步的抑制效应，相比技术密集型产业而言反而更弱。为了验证这一思想，表 4-11 的第（4）~第（6）列仅在美国和欧盟市场上分别对三类要素密集型产业进行回归，发现在这些市场上，技术密集型产业上 $TPU1_{bit}$ 的负向作用要显著高于劳动密集型和资本密集型产业。

表 4-11　　　　贸易政策不确定性影响产业出口技术含量的行业异质性

变量	（1）	（2）	（3）	（4）	（5）	（6）
	劳动密集型全样本	资本密集型全样本	技术密集型全样本	劳动密集型美国+欧盟	资本密集型美国+欧盟	技术密集型美国+欧盟
	出口技术含量水平的对数（$\ln\Phi_{cit}^{b}$）					
$TPU1_{bit}$	-1.3163 *** (0.0277)	-0.8156 *** (0.0354)	-0.5456 *** (0.0353)	-4.2809 *** (0.3585)	-4.3119 *** (0.5138)	-7.8325 *** (0.5283)
截距项	1.8568 *** (0.1433)	0.6247 *** (0.1375)	1.1645 *** (0.0940)	1.9903 *** (0.2716)	2.2183 *** (0.3413)	2.9333 *** (0.2359)
产业控制变量	YES	YES	YES	YES	YES	YES
目标市场控制变量	YES	YES	YES	YES	YES	YES

续表

变量	(1) 劳动密集型 全样本	(2) 资本密集型 全样本	(3) 技术密集型 全样本	(4) 劳动密集型 美国＋欧盟	(5) 资本密集型 美国＋欧盟	(6) 技术密集型 美国＋欧盟
	出口技术含量水平的对数（$\ln\Phi_{cit}^{b}$）					
国内政策改革 控制变量	YES	YES	YES	YES	YES	YES
产业固定效应	YES	YES	YES	YES	YES	YES
年份固定效应	YES	YES	YES	YES	YES	YES
目标市场距离 的固定效应	YES	YES	YES	YES	YES	YES
观察值	66874	42403	58777	39900	24763	35625
调整 R^2	0.2559	0.3444	0.2474	0.2534	0.3295	0.2520

注：＊＊＊表示在 1% 的显著性水平下显著，括号内的值代表系数的标准误。

第四节　本章小结

本章在豪斯曼（Hausmann，2007）构造的出口技术含量指标基础上，创新性地提出了一个包含目标市场维度的出口技术含量测算方法，并验证了该方法具有技术上的稳健性。同时，在对贸易政策不确定性指标进行测算的基础上，本章继续从经验数据层面考察了中国出口到不同目标市场面临的贸易政策不确定性以及产业出口技术含量水平变化的特征性事实。研究发现，21 世纪以来中国制造业的平均出口技术含量在不断进步，逐步向制造业发达国家的出口技术含量水平收敛，同期美国制造业的出口技术含量水平虽然依旧处于世界领先地位，却处于不断下降趋势，这可能是诱发美国针对中国发生贸易冲突的"导火索"。与此同时，样本期间内中国出口的贸易政策不确定性总体处于下降趋势，与出口技术含量的变化趋势进行对比，可以看出两者可能存在负相关的关系。

基于特征性事实得到的初步判断，本章继续构造了一个"产业—市场—年份"的高维面板固定效应模型，考察了贸易政策不确定性与出口技术含量水平之间的统计关系。在控制各层级固定效应、聚类标准误以及引入各类控制变量的基础上，同时通过"替换解释变量""对政策冲击效应进行滞后处理""将样本划分为不同期间"等手段的稳健性检验，本书认为"目标市场的贸易政策不确定性上升会抑制中国制造业出口技术含量升级"这一结论具有较强的可信度。同时，考虑到可能存在的反向因果关系，本书进一步提出了两个巴蒂克工具变量对这一可能存在的内生性问题进行处理，发现反向因果关系确实可能存在，剔除反向因果关系后，贸易政策不确定性的负面冲击效应还会更大。最后，基于回归异质性效应的讨论，发现在不同目标市场上以及在不同的要素密集型产业中，贸易政策不确定性对出口技术含量水平的负向影响效应存在着程度不同的差异。

第五章

贸易政策不确定性影响中国制造业出口技术含量升级的微观路径：基于核心技术产品相对出口倾向

由于发达国家在高技术含量的产品上长期占据比较优势，所以其居民收入始终保持较高水平（Samuelson，2004；Hausmann et al.，2007）。发展中国家为了提高居民收入水平，效仿发达国家的生产方式和产出结构，生产出高价值且高技术含量的产品，却因此挤占了发达国家企业在全球的市场份额，影响发达国家的比较优势，所以发达国家有动力去抑制发展中国家提升产品技术含量。[1] 同理，在发展中国家间，关于率先成为下一个发达国家的竞争，也会带来互相抑制的激励。以中国为例，在 2009 ~ 2017 年，对中国使用限制性贸易壁垒最多的前 5 个国家中，有 4 个是发展中国家。[2] 然而，海外市场对中国产品的限制并不是集中在高新技术产品上，例如，近些年来中国遭受反倾销壁垒最多的产品是钢铁、纺织品和轻工产品。而海外市场影响中国生产的主要方式是贸易政策的不确定性（TPU）。首先，海外市场可以通过临时增收惩罚性关税等方式，限制中国某种产品的出口；[3] 其次，由于预期到某些产品的出口可能会受限，企业会在生产中调整产出结构。根据梅耶等（Mayer et al.，2014）的理论，受海外市场

---

[1] 显然有激励去抑制，不代表可以实现抑制。

[2] 中国面对限制性贸易壁垒数量最多的 5 个国家分别为：美国、阿根廷、俄罗斯、印度、巴西。根据 WDI 数据库的划分标准，阿根廷、俄罗斯、印度、巴西是发展中国家。资料来源于全球贸易壁垒数据库。

[3] 贸易限制和壁垒是"不确定的"；反之，自由贸易机制下的"贸易无限制"则是确定的。

影响被动调整产出结构（例如，减少高技术含量产品的产出比重）的企业，其生产技术也必将受到扭曲（由要素雇佣和配置的扭曲造成）。注意到贸易政策的不确定性（TPU）限制的不是企业，而是生产某类产品的产业，所以可能会在产业层面造成生产技术扭曲，诱发产业转型升级的滞后。基于此，本章关心的问题是，从微观产品层面，海外市场贸易政策的不确定性是通过何种路径影响中国产业技术含量提升的？

因为发展中国家产品技术含量提升和削弱发达国家产品比较优势二者间是几乎等价的关系（Samuelson，2004），所以这其实是企业微观层面的产品选择问题：增加较高技术含量产品的生产（和出口）比重，降低较低技术含量产品的生产（和出口）份额。但是国家层面对技术含量的要求，不代表企业层面必然存在提升技术含量的倾向；而如果企业本身没有提升产品技术含量的倾向，则本章的问题将失去意义。梅耶等（Mayer et al.，2014）认为，企业会在巩固自身在海外市场上的地位时，扩大其"核心产品"的出口份额；其中"核心产品"是企业内部出口份额最大的产品种类，它最能代表企业当前的国际竞争力。尽管已有研究认为核心产品就是企业技术含量最高的产品（例如，祝树金等，2018），但本章对中国制造业企业的测算结果并不支持这一说法。此外，对于现实中的企业，忽视技术积累和比较优势形成的渐进性，单纯扩大技术含量最高产品的份额，不是理性的决策。

为了从产品选择角度刻画企业的技术含量提升，本章提出"核心技术产品"这一概念（这是本章的主要创新）。企业关于技术含量提升的决策问题应当是：增加技术含量较高产品的份额，能否提高企业的市场地位？假设企业采用"试验性"决策："因为技术含量较高，所以提高该产品的份额"，并定义"核心技术产品"为试验中对企业市场地位帮助最大的产品种类。① 和扩大核心产品份额一样，企业扩大"核心技术产品"份额，

---

① 核心技术产品和核心产品一样，其构造是基于短期的微观数据。在确定环境下，核心技术产品应是企业遵照事前的长期规划，逐渐扩大内部份额的、高技术含量的产品种类。但在不确定环境下，如果某些高技术含量产品的扩展违背了企业的短期利益，企业很可能会压缩该产品的份额。本书是将"核心技术产品"定义为企业在探索技术含量升级过程中，"短期"内最能够帮助企业提升市场地位的产品种类，因此它也是高技术含量产品中企业最可能持续扩大其份额的产品种类。核心技术产品构造的具体方法见后文。

也是为了更高的市场地位。如果企业的核心技术产品不是其核心产品（显然，核心技术产品的技术含量高于核心产品），则在追求市场地位的过程中，倾向于提高核心技术产品份额的企业就表现出了"技术含量提升倾向"，简称为"技术化倾向"。进一步，如果海外市场贸易政策的不确定性在产业层面抑制了"技术化倾向"，则可以认为贸易政策的不确定性抑制了中国产品技术含量的提升，所以有必要通过贸易协定等政策予以解决。

第一节　倾向于出口什么很重要：核心产品和核心技术产品的概念内涵解析

梅耶等（Mayer et al.，2014）将多产品企业内部出口最大份额产品种类定义为企业的核心产品，并依据产品份额选择和海外市场竞争强度间的关系，论证了核心产品的技术水平是企业的"核心竞争力"（core competency）。但该文以发达国家（法国）的企业作为实证检验对象，其结论对中国问题的借鉴作用不明。进入 21 世纪，中国正迅速成长为制造业大国，2000～2019 年，中国制造业出口占世界制造业出口的比重从 6.73% 增加至 18.02%。但是，制造业出口产品的技术水平仍难以和主要发达国家相当：依据 OECD（2011）的界定方法，2019 年中国高技术产品"人均"出口额为 641.76 美元，是法国的 27.84%，德国的 18.45%，日本的 54.02%。① 因此，为摆脱比较优势陷阱，中国制造业的转型升级仍然相当急迫。

根据萨缪尔森（Samuelson，2004），在发展中国家的产业转型中，企业需要尝试进入发达国家产品占主导的全球市场，即需要后发国家的企业转变出口产品种类，增加国家的出口技术含量，并（循序渐进的）在高技术含量产品上形成比较优势。然而，产业层面的产品技术含量升级和企业层面的产品选择决策不是必然一致的：企业需要从自身利益出发进行产品选择，不会在利益受损时盲目地进行产品技术含量升级。本部分将以"企业提升同产业地位"为角度，定义企业的"核心技术产品"，并基于"核心技术产品"和"核心产品"的出口份额，定义企业的"技术化倾向"。

---

① 资料来源：出口数据来源于 CEPII-BACI 数据库，人口数据来源于世界银行 WDI 数据库。

一、企业在同产业中的市场地位与企业核心产品

为了从微观角度分析企业的出口产品选择，本书首先假设企业扩张某产品的出口额，挤占海外市场，其目标是提高企业自身的同产业地位。一般认为，企业在同产业竞争中获得的市场份额越高，企业的市场力量越大，所以每个企业都会尝试使用领跑者战略（top-dog strategy），以扩张的方式获得更强的定价权（Fudenberg & Tirole，1984）。这和查特吉等（Chatterjee et al.，2013）、梅耶等（Mayer et al.，2014）、马诺瓦和余（Manova & Yu，2017）等考察企业出口产品选择问题的文献，在设定上一致。

考虑出口企业在国内同产业中的"地位"：令 x^f 是企业 f 的出口总额，即该企业所有产品种类出口额的加总，令 X^c 是国家 c 同产业企业的出口总额，则企业在国内同产业中的地位是 x^f/X^c，[1] 这里的"同产业"指的是制造业之下的 4 位码产业 b。[2] 如果使用企业在全球同产业出口总量中的占比作为企业地位，则针对一国产业（产品）的贸易政策不确定性将直接影响企业地位。相对地，使用 x^f/X^c 作为企业的产业地位，受贸易政策不确定性的影响可能较小：理论上如果国内出口企业的生产技术和产品结构相同，则当 X^c 受到贸易政策不确定性压缩时，仍然可以有 x^f/X^c 不变。

基于 x^f/X^c 理论上的稳定性，考察 $x_i^{fp}/X_i^{cp} - x^f/X^c$，其中 X_i^{cp} 是市场 i 从国家 c 进口产品 p 的总额，而 x_i^{fp} 是企业对市场 i 出口产品 p 的数额。如果 $x_i^{fp}/X_i^{cp} - x^f/X^c > 0$，则企业向市场 i 出口产品 p 对提高自身产业地位贡献为正；反之，为负。进一步，定义企业核心产品为：

$$p^*(f) = \text{argmax}_p \sum_i (x_i^{fp}/X_i^{cp} - x^f/X^c) \times \frac{X_i^{cp}}{X^c} \Leftrightarrow p^*(f) = \text{argmax}_p \sum_i x_i^{fp}$$

$$(5-1)$$

---

① 注意到该指标既不是企业某一产品的市场份额，也不是企业决定各产品价格的能力（即市场力量的直接测度），所以本书使用国际市场上的产业"地位"来表达该指标的含义。

② 由于市场竞争往往被认为是同产业内的企业竞争，所以在技术上，跨产业企业可以被视作多个企业。

式（5-1）将"企业核心产品是企业出口量最大的产品"的概念扩展到企业和国内产业的关系层面：在"市场—产品选择对国内产业出口重要性"（X_i^{cp}/X^c）为权重比例下，企业的核心产品是对企业产业地位平均贡献最大的产品。换言之，使用 $x_i^{fp}/X_i^{cp} - x^f/X^c$ 考察市场—产品选择对企业地位的贡献，也是将企业的核心产品选择问题融入国内产业发展问题之中，认为企业基于产业对出口的要求和企业自身对产业地位的要求，选择以 $p^*(f)$ 为产品进行海外市场的扩张。

二、存在市场差异的出口技术含量和企业核心技术产品

需要指出的是：同类产品在不同市场上有不同的技术含量。经典的（出口）产品技术含量是通过对出口国人均 GDP 加权获得的指标，而权重由各出口国在全球市场上的显性比较优势决定（Hausmann et al.，2007）。但受到 HS 产品编码位数的限制，同类产品（同编码产品）中存在技术差异，此差异会随着市场变化体现出来。例如，经济条件可以决定市场上进口产品的技术水平，发展中国家市场因为购买力较弱，不会进口太多高价值且高技术含量的产品，而发达国家市场则不同（例如，南美市场上的进口汽车、家电等和北美市场上的同类产品，在技术含量上应当是不同的）。此外，使用出口国人均 GDP 作为技术含量决定因素，也会造成测算结果的市场化差异。这是因为贸易距离、运输水平和双边贸易关系等条件，能决定不同市场上进口同类产品的国家不同。例如，日本的人均 GDP 低于美国，受距离、运输和贸易协定因素的影响，北美国家会更多的从美国进口某产品，而东亚各国更多的是从日本进口同类产品，所以如果对市场范围作限定，使用豪斯曼等（Hausmann et al.，2007）的技术含量测算方法，东亚市场上的该技术含量会低于北美。

式（4-2）构建了因市场而异的产品技术含量测算方法，由于 φ_{pi} 只是对豪斯曼等（Hausmann et al.，2007）技术含量指标基于市场差异进行的修正，仍然满足：如果 i 市场上 p 产品的出口国人均 GDP 都比较高，或者说市场 i 的产品 p 由收入水平较高国家的企业占据，则 φ_{pi} 会较大。基于此技术含量测度和产品—市场选择对企业地位提升的帮助，本书将核心技

术产品定义为：

$$p^\circ(f) = \operatorname{argmax}_p \sum_i \left(x_i^{fp}/X_i^{cp} - x^f/X^c \right) \times \varphi_{pi} \qquad (5-2)$$

与式（5-1）中企业核心产品 $p^*(f)$ 的定义不同，核心技术产品 $p^\circ(f)$ 是以产品在各市场上的技术含量为权重比例，对企业国内产业地位平均贡献最大的产品。类似于核心产品选择，如果国内产业的发展要求是提高出口产品技术含量（即进入更高收入国家产品占据的市场），且企业也受到提高自身地位的激励，企业会选择加大 $p^\circ(f)$ 出口。

基于核心产品和核心技术产品概念的解析，将企业核心技术产品相比于核心产品出口的相对倾向性定义为企业的"技术化倾向"：

$$s(f) = \begin{cases} x^{f,p^\circ(f)}/x^{f,p^*(f)}, & p^\circ(f) \neq p^*(f) \\ 0, & p^\circ(f) = p^*(f) \end{cases} \qquad (5-3)$$

如前所述，企业不一定能够在扩大最高技术含量产品出口的过程中，获得利润最大化（提升自身的同产业地位），所以基于提高企业地位构建的核心技术产品 $p^\circ(f)$ 的企业内部出口份额，对考察企业通过产品选择提升出口技术含量更有现实意义。当 $p^\circ(f) \neq p^*(f)$ 时，如果企业内部的出口份额显示 $s(f)$ 较大，则说企业更倾向于出口技术含量升级，即会更多地出口核心技术产品，相对地减少核心产品出口，反之，$s(f)$ 较小则称企业技术化倾向较弱；当 $p^\circ(f) = p^*(f)$ 时，则说明此时企业的核心技术产品与核心产品变为同一种产品，企业一轮的产品升级过程成功结束，令此时的技术化倾向为 0，一方面，可以缓解后文对产业层面技术化倾向的过高估计；另一方面，这也等价于企业开启新一轮产品升级迭代过程的起点，在下一期出现新的核心技术产品时，可以进一步观察下一阶段企业的技术化倾向过程。通过核心技术产品的构造，我们就可以通过微观产品层面考察中国制造业出口技术含量升级的微观机制。

第二节　特征性事实

本节在对 2000~2008 年中国工业企业数据和中国海关进出口数据进行

匹配的基础上,[①] 将 HS6 位编码定义为产品,通过考察微观企业层面进行出口产品配置的特征性事实,来展现中国制造业出口技术含量升级的微观机制。

一、多产品出口企业的界定

由于本书讨论多产品出口企业的核心产品与核心技术产品,所以需要先界定"多产品出口企业"。显然,那些无法长期占据海外市场的企业,其产品的技术含量等特征无法满足国际市场需求。梅耶等(Mayer et al., 2014)认为,出口产品种类越多,企业的国际竞争力越高,因此多产品出口企业才是形成一国比较优势的主力军。基于此,本书首先使用 2000 ~ 2008 年中国制造业企业的海关出口数据,考察企业前一年出口产品种类能否影响企业后一年退出海外市场的概率(占比)。表 5 - 1 显示,2000 ~ 2008 年,第二年退出海外市场的制造业企业在前一年出口企业中占比在 16% ~ 30%,说明企业退出海外市场是较为频繁且可持续观测的现象。其中出口单一产品种类并在第二年退出的企业占同年所有退出企业的比例在 30% ~ 43%,而出口两种及以上产品并在第二年退出的企业占同年退出企业的比例在 57% ~ 70%。当企业出口产品种类提高后,企业退出的概率迅速减小,出口 4 种及以上产品的企业退出占比在 28% ~ 42%,而出口 5 种及以上产品的企业退出占比进一步缩小为 22% ~ 34%。因此,本书将多产品出口企业界定为出口 5 种及以上产品的企业,并使用出口 6 种及以上产品的企业作为替代性界定标准。

表 5 - 1   2000 ~ 2008 年退出企业的结构

年份	退出企业	出口 1 种产品的退出企业	出口 2 种产品的退出企业	出口 3 种产品的退出企业	出口 4 种产品的退出企业	出口 5 种产品的退出企业
2000 ~ 2001 年	4021 (100.00%)	1657 (41.21%)	725 (18.03%)	435 (10.82%)	258 (6.42%)	182 (4.53%)

[①] 使用 2000 ~ 2008 年的样本进行特征性事实的考察,是因为在此期间的中国工业企业数据质量较高,超出此期间的中国工业企业数据可靠性大幅下降(聂辉华等,2012;陈林,2018),因此选择 2000 ~ 2008 年的样本进行分析得出的特征性事实可信度应当较高。

续表

年份	退出企业	出口 1 种产品的退出企业	出口 2 种产品的退出企业	出口 3 种产品的退出企业	出口 4 种产品的退出企业	出口 5 种产品的退出企业
2001 ~ 2002 年	3326 (100.00%)	1406 (42.27%)	613 (18.43%)	346 (10.40%)	211 (6.34%)	130 (3.91%)
2002 ~ 2003 年	3894 (100.00%)	1428 (36.67%)	716 (18.39%)	433 (11.12%)	294 (7.55%)	194 (4.98%)
2003 ~ 2004 年	6111 (100.00%)	1968 (32.20%)	1083 (17.72%)	673 (11.01%)	456 (7.46%)	361 (5.91%)
2004 ~ 2005 年	4305 (100.00%)	1658 (38.51%)	763 (17.72%)	437 (10.15%)	294 (6.83%)	208 (4.83%)
2005 ~ 2006 年	7679 (100.00%)	2680 (34.90%)	1340 (17.45%)	866 (11.28%)	628 (8.18%)	419 (5.46%)
2006 ~ 2007 年	13044 (100.00%)	3952 (30.30%)	2253 (17.27%)	1466 (11.24%)	1092 (8.37%)	753 (5.77%)
2007 ~ 2008 年	13955 (100.00%)	4330 (31.03%)	2361 (16.92%)	1548 (11.09%)	1078 (7.72%)	771 (5.52%)

注：括号外的数值为退出企业的数量，括号内的数值为相对应类型的退出企业数量占当年退出企业总数量中的份额。

本章将多产品出口企业界定为"出口 5 种及以上产品种类数的企业"也是为了便于考察企业的技术化倾向。即便一些企业出口 2 ~ 4 种产品（因此也可以被认为是多产品出口企业），但这些企业会非常依赖"核心产品"的出口，或者基于梅耶等（Mayer et al.，2014），它们更可能立足于扩大核心产品的出口份额，稳定自身在海外市场上的地位。以这些企业作为多产品出口企业的样本，考察企业的技术化倾向（即核心技术产品相比于核心产品的出口倾向化程度），容易忽略这些企业的目标，对制造业的平均技术化倾向产生过高的估计。具体来看，将核心产品出口份额超出75%的企业界定为"依赖"核心产品出口的企业。表 5 - 2 给出了 2007 年中国制造业多产品企业依赖核心产品出口的情况：在出口 2 种产品的 8554家企业中，有 77.27% 的企业出口依赖核心产品。随着出口产品种类数量的提升，该占比随之下降，出口 3 种和 4 种的企业中，依赖核心产品出口的企业占比分别下降了 16.22% 和 24.61%，这一统计特征在不同所有制的企业中依然表现明显。此外，即使是在出口5种及以上的企业（即本书界定的多产品企业）中，大约也有50%的企业依赖核心产品的出口，说明中国多产品企业对核心产品出口的依赖度普遍较高。

表5-2　　　　2007年中国制造业多产品企业核心产品出口份额
超过75%的企业分布

样本企业	指标	2种	3种	4种	5种
全样本	总企业数（家）	8554	5946	4423	3438
	满足条件企业数（家）	6610	3630	2329	1605
	占比（%）	77.27	61.05	52.66	46.68
国有企业	总企业数（家）	533	359	240	165
	满足条件企业数（家）	425	211	121	76
	占比（%）	79.74	58.77	50.42	46.06
民营企业	总企业数（家）	3997	2678	1918	1428
	满足条件企业数（家）	3019	1561	984	622
	占比（%）	75.53	58.29	51.30	43.56
外资企业	总企业数（家）	4024	2909	2265	1845
	满足条件企业数（家）	3166	1858	1224	907
	占比（%）	78.68	63.87	54.04	49.16

注："总企业数"指的是出口该产品种类数量的多产品企业总数，"满足条件企业数"指的是出口该产品种类数量且核心产品出口份额超过75%的多产品企业总数，"占比"指的是"满足条件企业数"在"总企业数"中的比重。

二、核心产品、核心技术产品与多产品企业出口技术含量

根据梅耶等（Mayer et al.，2014）的研究，在竞争强度越大的市场中，企业可以通过增强核心产品的出口倾向性来获取市场竞争优势。其理由是，企业核心产品的成本优势决定了其国际竞争力，在比较优势作用下，企业会优先将要素集中到成本优势最大的产品上，但边际成本递增会耗尽成本优势，此时企业也会生产其他产品，形成多产品的生产和出口方式。因此，核心产品的产量（出口量）占比越大，意味着其成本优势被耗尽得越"晚"，或者说其原有的成本优势越大。在这一理论逻辑之下，由于中国多产品企业核心产品出口的倾向性明显，是否可以说明中国制造业企业的核心竞争力较

为稳固呢？然而，中国多产品企业核心产品的出口倾向变化与企业出口技术含量升级之间表现出的特征事实让我们怀疑上述结论。

构造出被解释变量企业层面的出口技术含量指标 Φ_{ft}，[①] 以及两个解释变量核心产品出口倾向性指标 $x^{f,p^*(f)}/x^f$ 和核心技术产品出口倾向性指标 $x^{f,p^o(f)}/x^f$，其中 x^f 指的是企业 f 在某一时期的出口额，$x^{f,p^*(f)}$ 和 $x^{f,p^o(f)}$ 分别指的是企业 f 在同一时期核心产品种类（$p^*(f)$）和核心技术产品种类（$p^o(f)$）的出口额。然后对两者直接进行一阶差分的 OLS 回归，表 5 - 3 给出了出口产品倾向性变化与企业出口技术含量升级之间的回归结果。

表 5 - 3　　　　核心产品和核心技术产品出口份额变化对企业出口
技术含量变化的解释

变量	(1) 2001 年	(2) 2002 年	(3) 2003 年	(4) 2004 年	(5) 2005 年	(6) 2006 年	(7) 2007 年	(8) 2008 年
	被解释变量：$\Delta\Phi_{ft}$（单位：百美元/人）							
Panel A：解释变量为"核心产品出口在企业总出口中份额的变化"								
$\Delta\dfrac{x_{ft}^{p^*(f)}}{x_{ft}}$	- 0.7559 (0.8099)	- 1.3824 ** (0.6727)	- 0.6937 (0.5632)	- 0.9068 (0.5760)	- 1.9556 *** (0.4505)	- 0.8420 ** (0.3967)	- 0.6328 * (0.3790)	- 0.7487 * (0.3924)
截距项	- 0.1447 (0.1338)	- 0.1005 (0.1083)	- 0.3454 *** (0.0877)	0.1058 (0.0894)	- 0.2147 *** (0.0698)	0.3835 *** (0.0624)	- 0.0601 (0.0588)	- 0.1568 *** (0.0593)
观测值	3989	5166	6569	7447	9098	12158	12645	13259
R^2	0.0002	0.0008	0.0002	0.0003	0.0021	0.0004	0.0002	0.0003
Panel B：解释变量为"核心技术产品出口在企业总出口中份额的变化"								
$\Delta\dfrac{x_{ft}^{p^o(f)}}{x_{ft}}$	2.1016 *** (0.4247)	1.4848 *** (0.3461)	2.0608 *** (0.2809)	1.7304 *** (0.2795)	1.6040 *** (0.2241)	1.5080 *** (0.2035)	1.7592 *** (0.1931)	1.6133 *** (0.1871)
截距项	- 0.1483 (0.1333)	- 0.0698 (0.1079)	- 0.3260 *** (0.0873)	0.1267 (0.0892)	- 0.1887 *** (0.0696)	0.3851 *** (0.0623)	- 0.0593 (0.0586)	- 0.1596 *** (0.0592)
观测值	3989	5166	6569	7447	9098	12158	12645	13259
R^2	0.0061	0.0036	0.0081	0.0051	0.0056	0.0045	0.0065	0.0056

注：截面的 OLS 回归仅考虑了本书所定义的"多产品企业"样本，*** 、** 和 * 分别表示在 1%、5% 和 10% 的显著性水平下显著，括号内的值代表估计系数的标准误。

――――――――――

①　企业层面出口技术含量的构造方法借鉴盛斌和毛其淋（2017）的做法，采用产品出口份额进行加权平均，$\Phi_{ft}=\sum_i\{(x_{it}^f/x_t^f)\times[\sum_p(x_{it}^{fp}/x_{it}^f)\times\varphi_{pit}]\}$，权重（$x_{it}^{fp}/x_{it}^f$）表示企业 f 在 i 市场出口的 p 产品总额占企业 f 在 i 市场出口总额的比重，权重（x_{it}^f/x_t^f）表示企业 f 在 i 市场出口总额占企业 f 出口总额的比重。

从表 5 - 3 的 Panel A 可以发现，无论从样本期间的哪一年进行观察，核心产品出口倾向性变化对企业出口技术含量变化的回归系数均为负数，且部分样本年份不显著。这一结果说明，企业内部核心产品出口倾向性变大无法充分解释企业出口技术含量的升级，甚至在部分年份还存在显著的不利影响，这与梅耶等（Mayer et al.，2014）的理论预测不一致。对比观察 Panel B 的回归结果，在样本期间的所有年份里，核心技术产品出口倾向性变化的回归系数均显示了在 1% 显著性水平下为正，核心技术产品出口倾向性相比前一期每增长 1 个单位，企业将增长 148.48 ～ 210.16 美元/人的出口技术含量。Panel A 和 Panel B 回归结果的差异说明了，虽然中国核心产品出口的倾向性行为明显，但对企业出口技术含量升级的作用不明显，而核心技术产品出口的倾向性才是企业出口技术含量升级的关键。

造成这一结果的原因可能在于，梅耶等（Mayer et al.，2014）考察的是发达国家法国制造业企业的产品出口行为，这些企业内部的核心产品已经是世界范围内技术含量较高的产品种类了，因此对高技术含量产品的出口倾向能够提升企业的国际竞争力。然而，中国制造业还处在转型升级中，其突出特点就是企业内部的产品转换行为非常明显（钱学锋和王备，2017），大量企业处在对更高技术含量产品的不断追求以及对低技术产品的淘汰的不断迭代状态中。此时，企业出口的核心产品很有可能不是其最终追求的最高技术含量产品，换言之，中国多产品企业的核心产品和核心技术产品很可能并非同一种产品。

表 5 - 4 给出了核心技术产品等同于核心产品的企业分布。可以看出，2000 ～ 2008 年，在出口不同产品种类数之下，核心技术产品等同于核心产品的企业在总企业数量中的占比较为稳定，但随着出口产品种类数量的提升，企业核心技术产品等同于核心产品的概率在不断下降，在本书界定的多产品企业（即出口至少 5 种产品种类的企业）中，这一概率普遍低于 47%。只有当企业的核心技术产品等同于核心产品时，核心技术产品出口的倾向性也等价于核心产品出口的倾向性，此时，核心技术产品出口倾向增长对出口技术含量升级展现出的正向作用也等价于核心产品倾向变化的作用，因而梅耶等（Mayer et al.，2014）讨论的核心产品出口倾向性等价于企业的出口技术含量升级。

表 5 - 4　　　　　核心产品是否等同于核心技术产品的企业情况

年份	类型	出口 2 种产品的企业	出口 3 种产品的企业	出口 4 种产品的企业	出口 5 种产品的企业	出口 6 种产品的企业
2000	等同企业数量（家）	2002	1088	655	422	297
	总企业数量（家）	3065	2003	1484	1064	755
	相对占比（%）	65.32	54.32	44.14	39.66	39.34
2001	等同企业数量（家）	2304	1230	812	532	351
	总企业数量（家）	3450	2325	1678	1192	974
	相对占比（%）	66.78	52.90	48.39	44.63	36.04
2002	等同企业数量（家）	2529	1434	936	658	440
	总企业数量（家）	3854	2742	1955	1527	1154
	相对占比（%）	65.62	52.30	47.88	43.09	38.13
2003	等同企业数量（家）	2986	1649	1120	811	571
	总企业数量（家）	4516	3124	2336	1778	1413
	相对占比（%）	66.12	52.78	47.95	45.61	40.41
2004	等同企业数量（家）	3078	1798	1181	857	649
	总企业数量（家）	4545	3328	2499	1934	1567
	相对占比（%）	67.72	54.03	47.26	44.31	41.42
2005	等同企业数量（家）	4605	2635	1699	1186	857
	总企业数量（家）	6838	4867	3640	2811	2190
	相对占比（%）	67.34	54.14	46.68	42.19	39.13
2006	等同企业数量（家）	5452	3215	2080	1379	991
	总企业数量（家）	7930	5825	4286	3111	2495
	相对占比（%）	68.75	55.19	48.53	44.33	39.72
2007	等同企业数量（家）	5885	3404	2168	1483	1094
	总企业数量（家）	8554	5946	4423	3438	2587
	相对占比（%）	68.80	57.25	49.02	43.14	42.29
2008	等同企业数量（家）	5295	3073	1961	1424	1043
	总企业数量（家）	7640	5387	3980	3040	2434
	相对占比（%）	69.31	57.04	49.27	46.84	42.85

注："等同企业数量"指的是核心产品等同于核心技术产品的企业数量，"总企业数量"指的是出口相对应产品种类的企业总数量，"相对占比"指的是"等同企业数量"在"总企业数量"中的比重。

　　为了进一步验证这一猜想，图 5 - 1 进一步比对了 2000～2008 年，"核心技术产品不等同于核心产品的多产品企业（Control 组）"与"核心技术产品等同于核心产品的多产品企业（Treatment 组）"之间生产技术水平的差异。可以发现，无论是从企业出口技术含量对数、企业全要素生产率（OP 和 LP 法）对数①还是企业工业增加值对数来衡量，独立样本 t 检验之下，Treatment 组的均值都要显著高于 Control 组。这一结果表明，当核心技术产品成为企业核心产品时，多产品企业的平均生产技术水平显著较高。究其原因，在企业内部的产品配置中，当核心技术产品成为企业核心产品时，等价于技术含量较高的产品在企业内部占据了更多的份额，因而在企业层面才展现出相对更高的技术水平。

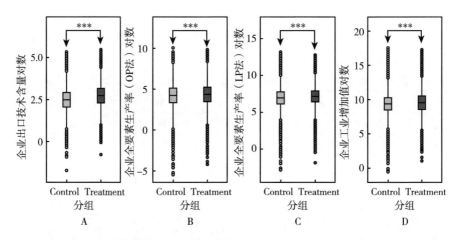

图 5-1　核心技术产品是否等同于核心产品情形下企业生产技术水平差异

注：箱线图中箱的范围给出了样本数据的四分位距以及中位数，圆点表示样本的极端值点；两组对比仅考虑了本书所定义的"多产品企业"样本；" *** "表示两组间的独立样本 t 检验在 1% 的置信水平下显著，拒绝了两组均值不存在差异的原假设。

为了揭示企业层面核心技术产品向核心产品转型升级的过程，我们进一步考察企业"技术化倾向"行为带来的影响。图 5-2A 的结果显示，随着企业技术化倾向度的提高，企业平均出口技术含量出现了阶梯攀升效应，并且在越高的分位点上，企业出口技术含量攀升的阶梯越高。可见，企业的技术化倾向行为不仅能够为企业带来出口技术含量的提升效应，且在企业核心技术产品转型成核心产品的这一过程中，边际效应还处于递增

---

① 全要素生产率的测算（包括 OP 法和 LP 法）主要参考了杨汝岱（2015）的做法，具体过程见附录。

状态。图 5 – 2B 进一步考察了企业技术化倾向度与"企业核心技术产品和核心产品技术含量差距"的关系，图中出现了一个明显的阶梯下降效应，并且在越高的分位点上阶梯越低。这一结果说明，当企业提高技术化倾向时，企业核心产品在逐渐逼近核心技术产品的出口技术含量，[①] 并且企业的这一转型升级过程表现出了显著的"先易后难"特征，即随着核心产品本身技术含量的提升，企业技术化倾向带来的边际效应在不断递减。图 5 – 2A 和图 5 – 2B 的结果共同表明了，上面对于核心技术产品的定位并没有选择企业出口产品中技术含量最高的产品，而是选择了在保持产品技术含量较高的前提下能够为企业带来更高市场地位的产品，具有很强的稳健性。探讨企业的技术化倾向性行为不仅能够获得对企业出口技术含量的直接认识，且能够探讨后者所无法观测到的"企业如何通过改变内部产品结构的相对配置引致出口技术含量提升"的这一转型升级过程。

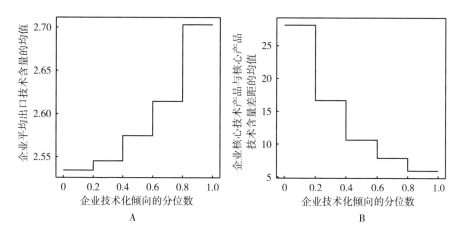

图 5 – 2　2007 年企业技术化倾向行为带来的阶梯效应

注：横坐标是 2007 年企业技术化倾向指标的分位数；按照每隔 20% 分位点为一组，A 图的纵坐标计算了企业出口技术含量的均值，B 图的纵坐标计算了企业核心技术产品与核心产品出口技术含量差值的均值；[②] 样本其他年份也存在类似的阶梯效应。

---

①　根据前文的构造方法，绝大部分企业核心技术产品的技术含量水平要比核心产品更高。

②　企业层面总体出口技术含量计算方法见本章前文脚注。企业层面核心技术产品与核心产品出口技术含量差值的计算公式为：$\left[\sum_i (x_{it}^{f,p^{\circ}(f)} / x_{it}^{f,p^{\circ}(f)}) \times \varphi_{it}^{p^{\circ}(f)}\right] - \left[\sum_i (x_{it}^{f,p^{*}(f)} / x_{it}^{f,p^{*}(f)}) \times \varphi_{it}^{p^{*}(f)}\right]$，

（下方括注）企业核心技术产品出口技术含量　　企业核心技术产品出口技术含量

其中，$\varphi_{it}^{p^{\circ}(f)}$ 和 $\varphi_{it}^{p^{*}(f)}$ 分别代表第四章式（4 – 2）测算得到的核心技术产品（$p^{\circ}(f)$）和核心产品（$p^{*}(f)$）在 i 市场出口的技术含量。

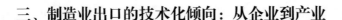

三、制造业出口的技术化倾向：从企业到产业

虽然上述的特征性事实已揭示了企业层面的技术化倾向行为，但我们仍需要进一步扩展到产业层面的技术化倾向去认识中国制造业的转型升级。其原因有以下两个方面：一方面，本章关注的主要问题是海外市场贸易政策不确定性如何影响制造业转型升级，而贸易政策不确定性的直接冲击主要体现在中国某一产业受到何种整体性的影响；另一方面，制造业的转型升级应当是一个时间连续的过程，然而多产品企业在样本期间内持续存活的占比却较低。① 表 5 – 5 显示，2000 ~ 2008 年持续存活 8 期及以上的多产品企业仅有 713 家，在所有多产品企业中占比仅有 1.45%，2000 ~ 2004 年和 2005 ~ 2008 年两个时间段内，持续存活 4 期及以上的多产品企业占比分别也只有 10.71% 和 7.05%。时间上的不连续导致无法从特定样本上观察转型升级的持续过程，但是将企业层面技术化倾向加权平均到产业层面可以较好地克服这一问题。因此，我们进一步在核心技术产品还没有成长为核心产品的那部分多产品企业中，以其在同产业中所占的增加值份额为权重，将企业层面的技术化倾向指数加权平均到产业层面（也可以直接进行算术平均），可以获得简单的产业技术化倾向指数。②

表 5 – 5　　　　　　　　多产品企业的持续存活情况

样本期间	类型	多产品企业	核心产品和核心技术产品不等同的多产品企业	持续存活 2 期及以上的多产品企业	持续存活 4 期及以上的多产品企业	持续存活 8 期及以上的多产品企业
2000 ~ 2008 年	企业数量（家）	49190	38468	22532	8182	713
	相对占比（%）	100.00	78.20	45.81	16.63	1.45

---

① 造成这一结果的原因有两个方面：一方面，随着期数的增加，企业想要持续存活在市场中的难度在变大，当企业无法达到出口的技术门槛时，则退出出口市场；另一方面，通过"序贯匹配法"在对每年度中国工业企业原始数据进行匹配的过程中，由于不同年份企业代码、名称、法人代表姓名、邮政编码等指标可能存在的统计错误，产生样本匹配的系统性偏误，进而影响持续存活企业数量的统计（聂辉华等，2012）。

② 后面会进一步给出产业层面技术化倾向更加科学合理的构造方法。

续表

样本期间	类型	多产品企业	核心产品和核心技术产品不等同的多产品企业	持续存活 2 期及以上的多产品企业	持续存活 4 期及以上的多产品企业	持续存活 8 期及以上的多产品企业
2000 ~ 2004 年	企业数量（家）	22679	17353	9091	2429	—
	相对占比（%）	100.00	76.52	40.09	10.71	—
2005 ~ 2008 年	企业数量（家）	41161	30956	16488	2903	—
	相对占比（%）	100.00	75.21	40.06	7.05	—

注："相对占比"指的是相应条件下的企业数量占多产品企业总数中的比重。

第一，从制造业总体层面的技术化倾向度来看（见表 5 - 6），通过增加值份额加权平均得到的 2000 ~ 2008 年产业技术化倾向度总体维持在 15.61% ~ 23.85%，整个时间段的平均增速为 2.03%。值得关注的是，在 2001 年底中国加入 WTO 和 2008 年国际金融危机的冲击之下，产业的技术化倾向分别在次年和当年表现出了显著的上升和下降状态，两大事件均标志着中国制造业出口面临的贸易政策不确定性（TPU）发生了重大变化，这一现象可能说明了中国制造业的转型升级过程会受到海外市场 TPU 的影响。此外，加权平均得到的制造业技术化倾向相比简单算数平均的结果更高、平均增速更快，也从侧面表明了产业中增加值规模较大的企业出现了更加明显的技术化倾向行为。

表 5 - 6　　　　　　　　　2000 ~ 2008 年中国制造业技术化倾向

年份	增加值份额加权平均		简单算术平均	
	产业的技术化倾向	增速（%）	产业的技术化倾向	增速（%）
2000	0.2067		0.1929	
2001	0.1561	- 24.51	0.1886	- 2.21
2002	0.2386	52.87	0.1951	3.45
2003	0.1974	- 17.26	0.1897	- 2.79
2004	0.1729	- 12.43	0.1944	2.48
2005	0.1894	9.58	0.1911	- 1.67
2006	0.2058	8.65	0.1972	3.18
2007	0.2100	2.06	0.1993	1.05
2008	0.2043	- 2.72	0.1983	- 0.51
平均	—	2.03		0.37

第二，利用增加值份额加权平均方法将每年企业的技术化倾向加总到制造业的 2 位数产业上，表 5 - 7 给出了具体的估算结果。从制造业总体来看，在 28 个 2 位数的行业分类里，2000 年和 2007 年所有行业技术化倾向的平均值分别为 0.1829 和 0.2392，2000 ~ 2007 年行业技术化倾向的年平均增速为正的行业达到 18 个，约占到所有行业数的 2/3，这说明制造业总体的技术化倾向在不断升高，这与表 5 - 6 得到的结果基本保持一致。进一步，从 2000 年 2 位数行业的技术化倾向指数来看，位列前 5 位的行业分别是交通运输设备制造业（0.3597）、印刷业和记录媒介的复制（0.2855）、专用设备制造业（0.2563）、化学原料及化学制品制造业（0.2493）和黑色金属冶炼及压延加工业（0.2300）。可见，在 2000 年，在资本密集型或技术密集型产业中出现了更加明显的技术化倾向性。转到 2007 年，位列前 5 位的行业分别是造纸及纸制品业（0.7461）、有色金属冶炼及压延加工业（0.6541）、食品制造业（0.3724）、黑色金属冶炼及压延加工业（0.3564）和专用设备制造业（0.3274）。对比 2000 年的结果可以发现，2007 年排名前 5 位的产业的技术化倾向绝对值都要比 2000 年更高，但是结构发生了变化，劳动和资本密集型的产业占据了排名较为靠前的位置。这说明，2000 ~ 2007 年，中国在相对中低端的产业中发生了显著的实质性技术进步，而在高技术产业领域的技术升级现象不明显。

表 5 - 7　　　2 位数行业层面中国制造业的技术化倾向

2 位数行业	行业名称	2000 年	2007 年	年平均增速（%）
13	农副食品加工业	0.1282	0.1975	5.55
14	食品制造业	0.1429	0.3724	12.71
15	饮料制造业	0.1160	0.2255	8.66
17	纺织业	0.1898	0.1614	-2.00
18	纺织服装、鞋、帽制造业	0.1867	0.1963	0.63
19	皮革、毛皮、羽毛（绒）及其制品业	0.2291	0.2005	-1.65
20	木材加工及木、竹、藤、棕、草制品业	0.1414	0.1558	1.22
21	家具制造业	0.1773	0.2105	2.17
22	造纸及纸制品业	0.1261	0.7461	24.89
23	印刷业和记录媒介的复制	0.2855	0.2679	-0.79
24	文教体育用品制造业	0.1415	0.1506	0.78

续表

2位数行业	行业名称	2000年	2007年	年平均增速（%）
25	石油加工、炼焦及核燃料加工业	0.0844	0.0170	−18.15
26	化学原料及化学制品制造业	0.2493	0.2955	2.15
27	医药制造业	0.0946	0.1893	9.06
28	化学纤维制造业	0.2189	0.2791	3.08
29	橡胶制品业	0.2200	0.1035	−8.99
30	塑料制品业	0.1684	0.2078	2.66
31	非金属矿物制品业	0.2218	0.1792	−2.63
32	黑色金属冶炼及压延加工业	0.2300	0.3564	5.63
33	有色金属冶炼及压延加工业	0.1025	0.6541	26.07
34	金属制品业	0.2037	0.1970	−0.42
35	通用设备制造业	0.1485	0.1868	2.91
36	专用设备制造业	0.2563	0.3274	3.11
37	交通运输设备制造业	0.3597	0.1726	−8.77
39	电气机械及器材制造业	0.1273	0.1575	2.70
40	通信设备、计算机及其他电子设备制造业	0.2177	0.1624	−3.60
41	仪器仪表及文化、办公用机械制造业	0.2098	0.1578	−3.50
42	工艺品及其他制造业	0.1438	0.1709	2.19
平均	—	0.1829	0.2392	2.35

第三节　计量模型、变量与数据

一、计量模型设定

梅耶等（Mayer et al.，2014）通过对2003年法国制造业企业的截面数据进行 OLS 回归，验证了企业出口核心产品的倾向如何受到海外市场的影响。本章借鉴梅耶等（Mayer et al.，2014）的计量框架，进一步研究贸易政策不确定性如何影响中国制造业4位数产业的技术化倾向（即核心技术产品相比核心产品出口的相对倾向性）。构造计量模型如下：

$$\ln ts_{bit} = \alpha_t + \beta_t\, TPU_{bit} + X'\gamma + \varepsilon_{bit} \qquad\qquad (5-4)$$

与前面一致，下标 b、i 和 t 分别表示 4 位数产业、目标市场和时间，被解释变量 $\ln ts_{bit}$ 表示"产业—市场"的技术化倾向对数,[①] 核心解释变量 TPU_{bit} 表示中国制造业出口在目标市场上受到的贸易政策不确定性，X' 表示一系列行业和市场相关的控制变量的向量，ε_{bit} 表示服从正态性假定的随机误差项。需要说明的是，式（5-4）的回归是建立在"产业—市场"截面数据之上的 OLS 回归，针对不同年份进行回归可以得到当年的贸易政策不确定性冲击效应，即假设了待估参数 α_t、β_t 和 γ 都是时变的，这样做是更严谨地考虑到了样本期间（2002～2008 年）可能存在着变化的经济结构，导致结构参数存在时变性。同时，由于回归式中控制变量中的市场特征变量是产业出口所共同面对的，因而可能会产生一个相关的误差项结构，使 TPU_{bit} 的标准误向下偏移。我们在对式（5-4）进行回归时没有对标准误进行聚类，一方面，因为聚类水平没有嵌套在一个固定效应之中；另一方面，对于每个聚类的规模来说，聚类的数量相对较小。

二、变量与数据说明

（一）变量说明

1. 被解释变量

式（5-3）定义了企业层面的技术化倾向，但是式（5-4）被解释变量关注的是"产业—市场"层面的技术化倾向（ts_{bi}），如何利用微观企业层面的技术化倾向加总到"产业—市场"层面，存在两个难点：一是如何设置加权权重的问题，特征性事实部分已通过增加值份额加权平均和等权重平均两种方法简单加总了企业技术化倾向，可以发现权重选择的不同，对结果存在一定的影响；二是如何解决市场差异化的问题，前文对于技术化倾向主要关注的是企业（或产业）总体层面，即梅耶等（Mayer et al., 2014）指出的"Global Ratio"，然而，当企业的核心产品和核心技术产品

[①] 由于"产业—市场"的技术化倾向 ts_{bit} 有可能为 0，因此被解释变量普遍对 ts_{bit} 加 1 后再取对数。

不等同时，企业核心技术产品和核心产品出口在不同市场上很可能存在不同的份额配置，[①] 即在不同的市场上企业的技术化倾向存在差异，也即存在"Local Ratio"。正因为这种市场差异化的存在，才能够较为清晰地观察到某个海外市场的贸易政策不确定性发生变化时，中国制造业出口的技术化倾向会随之受到何种影响。

本书构造"产业—市场"的技术化倾向（ts_{bi}）[②] 为：

$$ts_{bi} = \sum_{f \in b} \frac{s(f,i)/\hat{\sigma}(b)}{h(b,f,i)/\hat{\sigma}(b,i)} \tag{5-5}$$

其中，分母 $h(b,f,i)/\hat{\sigma}(b,i)$ 表示产业内所有企业在 i 市场上进行核心技术产品相对扩张的标准化难度，分子 $s(f,i)/\hat{\sigma}(b)$ 表示企业 f 在 i 市场上进行核心技术产品相对扩张的标准化倾向。式（5-5）的构造思想类似于巴拉萨（Balassa，1965）提出的显性比较优势（reveal comparative advantage），在产业整体层面核心技术产品扩张存在一定难度的情形下，若某企业的核心技术产品相对扩张更大，则该企业应当给予更高的地位权重。同时注意到，无论是分子还是分母，都经过了样本标准误差 $\hat{\sigma}$ 的处理，形成了标准化值，可以较为有效地在不改变产业间相对排序的前提下，规避可能由产业异质性引发的极端值情形。

具体来说，从式（5-5）的分母来看，$h(b,f,i)$ 和 $\hat{\sigma}(b,i)$ 的构造如下：

$$h(b,f,i) = \frac{x_i^{b,f,p^{\circ}(f)}}{x_i^{b,f,p^{*}(f)}}$$

$$\hat{\sigma}^2(b,i) = \sum_{f \in b} \left[\frac{x_i^{b,f,p^{\circ}(f)}}{x_i^{b,f,p^{*}(f)}} - \frac{1}{\aleph(h(b,f,i))} \sum_{f \in b} \frac{x_i^{b,f,p^{\circ}(f)}}{x_i^{b,f,p^{*}(f)}} \right]^2 / [\aleph(h(b,f,i)) - 1]$$

$$\tag{5-6}$$

其中，$x_i^{b,f,p^{\circ}(f)}$ 和 $x_i^{b,f,p^{*}(f)}$ 分别表示产品种类 $p^{\circ}(f)$ 和 $p^{*}(f)$ 在 i 市场的出口总额。需要说明的是，由于 $x_i^{b,f,p^{\circ}(f)}$ 和 $x_i^{b,f,p^{*}(f)}$ 表示的是产业内企业对于

[①]　造成这一结果的原因，既有可能是市场层面的需求冲击，也有可能是企业对不同出口市场进行策略性选择的结果。

[②]　为了简化说明，没有加入时间 t 的标记，即每一期的测算公式均一致。

$p^{\circ}(f)$ 和 $p^{*}(f)$ 这两个产品种类出口额的加总，因而从企业的视角来说，$x_{i}^{b,f,p^{\circ}(f)}$ 和 $x_{i}^{b,f,p^{*}(f)}$ 都是外生的，当隶属于产业 b 中的某个企业 f 出口的核心产品刚好是 $p^{\circ}(f)$ 和 $p^{*}(f)$ 时，则 $h(b,f,i)$ 衡量了企业在进行技术化倾向行为时面临的客观外生的技术化倾向难度。若产业 b 在 i 市场上产品 $p^{\circ}(f)$ 相比于 $p^{*}(f)$ 的出口总额更高，则说明中国相比于 i 市场本身就具备出口 $p^{\circ}(f)$ 的比较优势，因而若某企业的核心技术产品刚好是 $p^{\circ}(f)$，则该企业进行技术化倾向的难度相对较低。进一步，$\hat{\sigma}^{2}(b,i)$ 构造了产业内样本企业在 i 市场上技术化倾向难度的平方误差，$\aleph(h(b,f,i))$ 表示的是产业出口到 i 市场的样本企业数量。将 $h(b,f,i)$ 与标准误差 $\hat{\sigma}(b,i)$ 相除则得到了标准化后的企业进行技术化倾向的难度。

从式（5-5）的分子来看，$s(f,i)$ 和 $\hat{\sigma}(b)$ 的构造如下：

$$s(f,i) = \begin{cases} x_{i}^{f,p^{\circ}(f)}/x_{i}^{f,p^{*}(f)}, & p^{\circ}(f) \neq p^{*}(f) \\ 0, & p^{\circ}(f) = p^{*}(f) \end{cases} \qquad (5-7)$$

$$\hat{\sigma}^{2}(b) = \sum_{f \in b} \left[s(f) - \overline{s}(f)\right]^{2}/\left[\aleph(s(f)) - 1\right] \qquad (5-8)$$

式（5-7）是将式（5-3）企业 f 在整体层面（global ratio）的技术化倾向拓展到了"企业—市场"层面（local ratio），$x_{i}^{f,p^{\circ}(f)}$ 和 $x_{i}^{f,p^{*}(f)}$ 分别表示企业 f 在 i 市场上核心技术产品 $p^{\circ}(f)$ 和核心产品 $p^{*}(f)$ 的出口额，因而两者相除则得到了企业 f 在 i 市场上核心技术产品的相对出口倾向 $s(f,i)$，亦即企业 f 在 i 市场上出口的技术化倾向；式（5-8）则是对式（5-3）求产业内不同企业技术化倾向的平方误差，$\overline{s}(f)$ 表示的产业内企业技术化倾向（$s(f)$）的均值，$\aleph(s(f))$ 表示的是产业内出口企业的总数。同样，将 $s(f,i)$ 与标准误差 $\hat{\sigma}(b)$ 相除则得到了标准化的"企业—市场"层面技术化倾向。

将式（5-6）至式（5-8）代入式（5-5）中，则得到了加权平均后的"产业—市场"技术化倾向指标 ts_{bi}，对其加 1 处理后取对数即可获得被解释变量的经验数据，表 5-8 给出了 2000~2008 年被解释变量分年份的描述性统计。可见，2000~2008 年，"产业—市场"技术化倾向对数的均值总体上呈现出逐年递增的状态，但均值区间为 0.99~1.87，而所有年份的最大值却在 14.6 之上，这说明绝大部分"产业—市场"技术化倾向对数处在较低的取值区间。

表 5 - 8　　　　　被解释变量"产业—市场"技术化倾向对数的描述性统计

年份	观察值	均值	标准差	最小值	最大值
2000	6228	0.9923	1.9912	0	14.6093
2001	7222	1.0732	2.1419	0	19.4024
2002	8354	1.2479	2.2903	0	19.2302
2003	10262	1.3445	2.3497	0	17.1889
2004	11440	1.4824	2.4620	0	17.2230
2005	12843	1.6939	2.6197	0	17.3455
2006	13894	1.7727	2.6911	0	18.5967
2007	14444	1.8680	2.7367	0	19.1627
2008	14220	1.8558	2.6945	0	16.3215

　　从上述描述性统计的结果来看，可能说明了 i 市场上中国制造业出口的技术化倾向满足帕累托分布，即在 i 市场上较少的 4 位数行业实现了较大程度的技术升级，图 5 - 3 进一步验证了这一猜想。一方面，从 A 图中可以看出，2002 年和 2007 年的技术化倾向对数在 0 ~ 2 的区间内概率密度函数值较高，随着指数的增加，概率密度值呈现出快速下降的趋势，说明

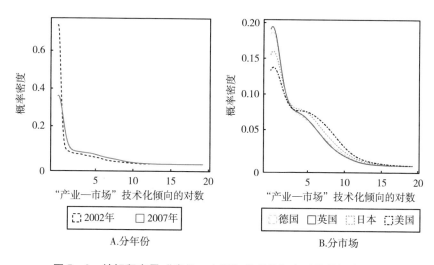

A.分年份　　　　　　　　　　　B.分市场

图 5 - 3　被解释变量"产业—市场"技术化倾向对数的概率密度

在越高的技术化倾向区间上,样本数量越少,满足帕累托分布。同时,比较2002年和2007年的概率密度函数,2007年技术化倾向集中在较低区间的概率密度明显比2002年更低,说明2007年产业的技术化倾向取得了明显进展,这一结果也得到了描述性统计的验证。另一方面,从B图中分市场的结果来看,在不同市场上,随着技术化倾向指数的提升,概率密度函数总体上也呈现出了加速递减的趋势,与分年份考察的分布结果总体一致,满足帕累托分布。

2. 解释变量和控制变量

与第四章的初步回归的变量保持一致,在解释变量方面,仍然选择直接差分法的$TPU1_{bit}$作为贸易政策不确定性测度的基准指标,并同时使用$TPU2_{bit}$和$TPU3_{bit}$作为稳健性检验的替换变量。控制变量方面,也同时选择了4位数产业、目标市场(包括目标市场距离变量)和政策改革三个层面的变量作为控制变量。

(二)数据说明

与第四章不同的是,第四章可以直接从中国海关进出口数据中测算制造业各行业的出口技术含量,然而本章是从企业出口的微观产品层面讨论贸易政策不确定性影响出口技术含量的路径,因此对于被解释变量的构造依赖于中国工业企业数据库和中国海关进出口数据的匹配。考虑到中国工业企业数据库在2008年之后存在一定的数据质量缺陷,[①] 我们将样本限定在2002~2008年。

第四节　传导机制的经验分析

一、基础回归

表5-9汇报了针对式(5-4)的回归结果,Panel A和Panel B分别考虑了是否加入控制变量的情形。从Panel A的结果来看,2000~2008年,

---

① 中国工业企业数据库的原始数据质量情况见附录。

回归系数均在 1% 的置信水平下显著为负，贸易政策不确定性每降低 1 单位，4 位数产业出口的技术化倾向会下降 0.87% ~ 2.86%。但是这一量化结果没有考虑各类控制变量，加入控制变量后 Panel B 的结果显示，在同样的冲击下，4 位数产业出口的技术化倾向会在 1% 的显著性水平下下降 0.81% ~ 1.52%，控制变量的加入使解释变量参数值出现了明显的下降，且区间更加集中。这一结果初步验证了贸易政策不确定性影响中国制造业出口技术含量升级的微观路径：当中国某个 4 位数产业出口面临目标市场贸易政策不确定性上升时，该产业下的企业为了对冲不确定性上升的风险，既有可能增强本身具有比较优势的产品在该目标市场上的出口（即增强核心产品出口的倾向性），也有可能放弃"虽然具有更高技术含量但在企业内部不具有最高竞争力"的产品在该目标市场上的出口（即减弱核心技术产品出口的倾向性），或者两者兼而有之，[①] 其结果是企业的技术化倾向性普遍减弱，最终引致整体产业的转型升级受阻。

表 5 – 9 贸易政策不确定性对产业技术化倾向影响的基础回归

变量	(1) 2002 年	(2) 2003 年	(3) 2004 年	(4) 2005 年	(5) 2006 年	(6) 2007 年	(7) 2008 年
	被解释变量：$lnts_{bit}$						
Panel A：不加入任何协变量							
$TPU1_{bit}$	- 2.8636 *** (0.3422)	- 2.4165 *** (0.2971)	- 1.8721 *** (0.2844)	- 2.0591 *** (0.3270)	- 1.8402 *** (0.3050)	- 1.0405 *** (0.3109)	- 0.8750 *** (0.2935)
截距项	1.5838 *** (0.0366)	1.6956 *** (0.0342)	1.7148 *** (0.0305)	1.9335 *** (0.0316)	2.0167 *** (0.0314)	2.0215 *** (0.0294)	1.9988 *** (0.0298)
目标市场距离	NO	NO	NO	NO	NO	NO	NO
产业控制变量	NO	NO	NO	NO	NO	NO	NO
市场控制变量	NO	NO	NO	NO	NO	NO	NO
政策控制变量	NO	NO	NO	NO	NO	NO	NO
观察值	6157	7567	9460	9278	9858	11337	10741
调整 R^2	0.0111	0.0085	0.0045	0.0041	0.0036	0.0009	0.0007

---

① 注意到在产业转型升级过程中，企业的核心产品很可能和核心技术产品并非同一种产品，因而有两种情况并存的可能性。

续表

变量	(1)	(2)	(3)	(4)	(5)	(6)	(7)
	2002 年	2003 年	2004 年	2005 年	2006 年	2007 年	2008 年
	被解释变量：lnts$_{bit}$						

Panel B：加入协变量

	(1)	(2)	(3)	(4)	(5)	(6)	(7)
TPU1$_{bit}$	− 1.4548 ***	− 0.8077 ***	− 0.9053 ***	− 1.0991 ***	− 1.5178 ***	− 1.4665 ***	− 1.4123 ***
	(0.3392)	(0.2938)	(0.2813)	(0.3483)	(0.3216)	(0.3172)	(0.3178)
截距项	2.4400	− 1.1410	0.0279	− 1.4487	− 4.6303	− 14.2335 ***	− 11.5387 ***
	(3.8944)	(3.1840)	(3.1227)	(3.1982)	(3.2650)	(2.5796)	(3.1141)
目标市场距离	YES	YES	YES	YES	YES	YES	YES
产业控制变量	YES	YES	YES	YES	YES	YES	YES
市场控制变量	YES	YES	YES	YES	YES	YES	YES
政策控制变量	YES	YES	YES	YES	YES	YES	YES
观察值	6157	7567	9460	9278	9858	11337	10741
调整 R^2	0.1662	0.1867	0.1809	0.2388	0.2162	0.2233	0.2029

注：*** 表示在1%的显著性水平下显著，括号内的数值代表系数的标准误。

二、分组回归

(一) 按行业集中度差异分组回归

在表5-9验证了微观路径的基础上，贸易政策不确定性对制造业出口技术含量升级还存在着异质性的影响机制。第一种机制表现为市场势力机制。一个行业中，若存在某几个少数的大企业占据了整个行业的主导地位，则说明该行业的市场集中度高（王永钦和董雯，2020）。这意味着，在市场集中度高度显著的行业中，若主导地位的企业技术化倾向减弱，则会使整个行业的转型升级受阻；而在低市场集中度的行业中，企业之间的竞争激烈，没有个别企业表现出明显的突出竞争优势，因此在该行业中，只有企业技术化倾向出现普遍性的下降，才会影响整个产业的技术化倾向。

根据前面的理论分析，当目标市场贸易政策不确定性上升时，距离技术门槛越接近的企业受到的影响越大，相反，距离技术门槛较远的企业，其成本优势明显，有更多的成本空间可以对冲贸易政策不确定性上升带来的风险，目标市场贸易政策不确定性变化对其影响效应相比前者较低。在低市场集中度的行业中，企业之间的技术水平差距不大，因而更有可能是距离技术门槛更为接近的企业，反之，成本优势明显的企业往往也是行业中的主导企业，该行业会表现出较高的市场集中度。因此，在一个竞争性的行业中（即市场集中度较低的行业），贸易政策的不确定性对产业技术化倾向的影响效应可能更加显著。

为了验证这一分析，在控制了各类协变量的基础上，我们根据当年中国制造业 4 位数行业的市场集中度①中位数，将样本划分为低行业集中度和高行业集中度两组进行回归。表 5 - 10 的结果显示，在低行业集中度组，市场上贸易政策不确定性每提高 1 个单位，产业技术化倾向除 2003 年外会下降 0.84% ~ 2.82%；但是对高行业集中度的样本来说，贸易政策不确定性仅在 2003 年、2004 年和 2008 年对产业技术化倾向的负向影响分别表现出 1%、10% 和 10% 的显著性水平，估计参数的绝对值明显低于低行业集中度分组，且估计的参数在其他年份均不显著。

表 5 - 10　　　　贸易政策不确定性对产业技术化倾向影响：

按行业集中度差异分组回归

变量	(1)	(2)	(3)	(4)	(5)	(6)	(7)
	2002 年	2003 年	2004 年	2005 年	2006 年	2007 年	2008 年
	被解释变量：lnts_{bit}						
Panel A：低行业集中度							
$TPU1_{bit}$	- 2.1246 ***	- 0.3748	- 0.8479 **	- 1.6131 ***	- 2.8179 ***	- 2.3263 ***	- 1.7631 ***
	(0.4855)	(0.4172)	(0.4047)	(0.5155)	(0.5022)	(0.4801)	(0.4646)
截距项	4.7990	- 3.4082	- 2.6422	- 7.1353	- 5.9830	- 19.4657 ***	- 16.0517 ***
	(6.0586)	(4.7783)	(4.5632)	(5.1893)	(5.3034)	(3.9191)	(4.9028)
观察值	3063	3763	4715	4634	4921	5647	5348
调整 R^2	0.2027	0.2414	0.2367	0.2884	0.2663	0.2618	0.2557
Panel B：高行业集中度							
$TPU1_{bit}$	- 0.7240	- 1.0593 ***	- 0.7372 *	0.2579	- 0.1897	- 0.3351	- 0.7197 *
	(0.4660)	(0.4005)	(0.3764)	(0.4535)	(0.4052)	(0.4055)	(0.4213)

---

① 行业集中度的构造采用了 HHI（赫芬达尔指数）方法，具体参考第四章第二节内容。

续表

变量	(1)	(2)	(3)	(4)	(5)	(6)	(7)
	2002 年	2003 年	2004 年	2005 年	2006 年	2007 年	2008 年
	被解释变量：$lnts_{bit}$						
截距项	1.0803 (5.0067)	−3.1276 (4.0996)	−0.6125 (4.1487)	−0.4522 (3.8334)	−3.4728 (3.9753)	−14.3852*** (3.3235)	−7.1563* (3.8755)
观察值	3094	3804	4744	4643	4937	5689	5393
调整 R^2	0.1429	0.1408	0.1428	0.2047	0.1749	0.1808	0.1735
目标市场距离	YES	YES	YES	YES	YES	YES	YES
产业控制变量	YES	YES	YES	YES	YES	YES	YES
市场控制变量	YES	YES	YES	YES	YES	YES	YES
政策控制变量	YES	YES	YES	YES	YES	YES	YES

注：***、**和*分别表示在1%、5%和10%的显著性水平下显著，括号内的数值代表系数的标准误。

（二）按企业所有权性质分组回归

第二种机制表现在企业所有权性质差异的分样本中。本章讨论的核心技术产品相对出口倾向性的机制，实际上是建立在市场机制的框架之下，当市场贸易政策不确定性发生变化时，企业在市场竞争的压力下，会形成对产品出口配置的自动调节，进而改变自身的出口技术含量，最终影响行业的技术水平。然而，目前国内学术界已有不少权威文献的研究结果表明，在市场化机制的作用下，国有企业创新的动力要显著低于非国有企业（肖文和林高榜，2014；余明桂等，2016）。因此，在贸易政策不确定性的冲击下，由国有企业样本构成的产业层面技术化倾向很可能不会表现出明显反应。

为了验证这一分析，我们按照所有权性质将企业样本划分国有企业和非国有企业样本，再对分样本中的产业技术化倾向进行回归。表 5 - 11 显示，在 2002 ~ 2008 年所有年份里，Panel A（非国有企业样本）$TPU1_{bit}$ 的系数均呈现1%显著性水平为负，而在 Panel B（国有企业样本）中，回归系数虽然均为负值，但均不显著。这一发现为国有企业改革提供了一定的经验基础。

表 5 - 11 贸易政策不确定性对产业技术化倾向影响：
按企业所有权性质分组回归

变量	(1)	(2)	(3)	(4)	(5)	(6)	(7)
	2002 年	2003 年	2004 年	2005 年	2006 年	2007 年	2008 年
	被解释变量：$lnts_{bit}$						
Panel A：非国有企业样本							
$TPU1_{bit}$	- 1. 4706 ***	- 0. 9474 ***	- 0. 9507 ***	- 1. 1853 ***	- 1. 6306 ***	- 1. 5948 ***	- 1. 5054 ***
	(0. 3516)	(0. 3015)	(0. 2895)	(0. 3540)	(0. 3299)	(0. 3212)	(0. 3211)
截距项	1. 5629	- 1. 6666	0. 1887	- 1. 7914	- 4. 8291	- 14. 6832 ***	- 11. 1819 ***
	(4. 0731)	(3. 2903)	(3. 2125)	(3. 2682)	(3. 3203)	(2. 6115)	(3. 1510)
观察值	5817	7202	9126	9024	9552	11040	10551
调整 R^2	0. 1662	0. 1822	0. 1767	0. 2400	0. 2112	0. 2209	0. 1967
Panel B：国有企业样本							
$TPU1_{bit}$	- 0. 6365	- 0. 0298	- 0. 3305	- 0. 2987	- 0. 5148	- 0. 6514	- 0. 5943
	(0. 5206)	(0. 4256)	(0. 4013)	(0. 5338)	(0. 4439)	(0. 4342)	(0. 4544)
截距项	5. 1144	1. 3429	6. 0507	2. 9162	2. 0638	- 1. 4958	- 1. 3050
	(5. 2281)	(3. 9470)	(3. 9641)	(4. 0840)	(4. 0948)	(3. 0221)	(3. 6424)
观察值	1593	1923	2103	1827	2571	2833	2189
调整 R^2	0. 0545	0. 0671	0. 0584	0. 0531	0. 0839	0. 0864	0. 0833
目标市场距离	YES	YES	YES	YES	YES	YES	YES
产业控制变量	YES	YES	YES	YES	YES	YES	YES
市场控制变量	YES	YES	YES	YES	YES	YES	YES
政策控制变量	YES	YES	YES	YES	YES	YES	YES

注：(1) *** 表示在1%的显著性水平下显著，括号内的数值代表系数的标准误；(2) 国有企业样本和非国有企业样本指的是在两类分组的企业样本基础上，分别加权到4位数产业层面，再进行贸易政策不确定性和产业技术化倾向的回归。

（三）按企业空间地理位置分组回归

第三种机制主要是通过企业分布的空间地理位置差异表现的。对于不同地区的制造业技术化倾向而言，贸易政策不确定性产生差异性的影响主要有两方面的原因：其一，从东部地区来看，改革开放以来，在"出口导向型"发展战略的影响下，中国制造业参与国际大循环的深度与日俱增，一般东部沿海地区的企业由于距离国际市场更接近，因此国际市场的出口环境变化对东部地区企业的影响最为直接也最为明显。其二，从中西部地区来看，其发展策略往往是在东部沿海地区发展的基础上，逐步承接东部地区转移而来的相对落后的产业，在国内市场形成"雁阵模式"的产业分工，因此，中西部地区的产业化倾向受到的直接影响应当是来自东部地区的产业转移，加之中西部地区处在内陆，距离国际市场较远，因而受到国际市场贸易政策不确定性变化的影响应当较弱。

为了验证这一机制，与表 5－11 的做法类似，表 5－12 按照制造业企业所属的东、中、西部地区分类将样本划分为三类，[①] 加总到产业层面技术化倾向后再进行回归。可以发现，在东部地区的样本中，2002～2008年，贸易政策不确定性提高对东部地区的产业技术化倾向均产生了明显的负面影响；而在中部地区样本中，$TPU1_{bit}$ 仅在 2004 年和 2005 年两年的样本中存在 10% 显著性下的负面影响；在西部地区样本中，$TPU1_{bit}$ 的影响均不显著。这说明在贸易政策不确定性冲击下，东部地区的产业转型相比中西部会出现明显受阻。

表 5－12　　　　贸易政策不确定性对产业技术化倾向影响：
按企业空间地理位置分组回归

变量	(1)	(2)	(3)	(4)	(5)	(6)	(7)
	2002 年	2003 年	2004 年	2005 年	2006 年	2007 年	2008 年
	被解释变量：$lnts_{bit}$						
Panel A：东部地区							
$TPU1_{bit}$	− 1. 3587 ***	− 0. 7840 ***	− 0. 8502 ***	− 1. 0823 ***	− 1. 5243 ***	− 1. 6171 ***	− 1. 4658 ***
	(0. 3494)	(0. 2988)	(0. 2846)	(0. 3540)	(0. 3237)	(0. 3287)	(0. 3301)
截距项	− 0. 1798	− 0. 5766	− 0. 7555	− 0. 1266	− 4. 7582	− 13. 9739 ***	− 11. 8848 ***
	(4. 1683)	(3. 2497)	(3. 1631)	(3. 2473)	(3. 2914)	(2. 6189)	(3. 1399)
观察值	6020	7421	9164	9034	9613	11069	10531
调整 R^2	0. 1673	0. 1821	0. 1819	0. 2422	0. 2180	0. 2214	0. 1988
Panel B：中部地区							
$TPU1_{bit}$	− 0. 2947	− 0. 0558	− 0. 9315 *	− 1. 1082 *	− 0. 9681	0. 0896	− 0. 3887
	(0. 6559)	(0. 6690)	(0. 5177)	(0. 6495)	(0. 6020)	(0. 4489)	(0. 3905)

[①]　本书对东、中、西部地区的定义主要参考的是全国人大六届四次会议中通过的"七五"计划的界定标准。

续表

变量	(1) 2002 年	(2) 2003 年	(3) 2004 年	(4) 2005 年	(5) 2006 年	(6) 2007 年	(7) 2008 年
	被解释变量：$\ln ts_{bit}$						
截距项	1.4314 (6.3495)	-3.9940 (6.8754)	17.0670*** (5.4260)	-3.4857 (5.4475)	4.8966 (4.9518)	-7.4665** (3.5389)	-4.3963 (3.8937)
观察值	630	726	1355	1433	1519	1887	1897
调整 R^2	0.0666	0.0788	0.0837	0.0389	0.0606	0.0585	0.0404
Panel C：西部地区							
$TPU1_{bit}$	0.9052 (0.6062)	0.7710 (0.7987)	-0.4075 (0.7044)	-0.4480 (0.9026)	-0.6153 (0.9125)	-1.3145 (0.9573)	-0.0728 (0.8931)
截距项	8.2735 (6.1837)	-0.5152 (6.7653)	8.8583 (7.5239)	4.2938 (6.4144)	4.6215 (7.1509)	0.2771 (5.9985)	12.2680** (6.0087)
观察值	349	385	585	593	636	706	632
调整 R^2	0.0820	0.0378	0.0251	0.0585	0.0570	0.0136	0.0471
目标市场距离	YES	YES	YES	YES	YES	YES	YES
产业控制变量	YES	YES	YES	YES	YES	YES	YES
市场控制变量	YES	YES	YES	YES	YES	YES	YES
政策控制变量	YES	YES	YES	YES	YES	YES	YES

注：（1）***、**和*分别表示在1%、5%和10%的显著性水平下显著，括号内的数值代表系数的标准误；（2）与表5-11类似，按照企业所属东、中、西部地区进行样本划分，分别在各样本上进行产业层面的分组回归。

三、稳健性检验

本部分主要通过三个策略来对影响机制回归的基础结果进行稳健性检验。

一是进一步约束多产品出口企业的界定。前面将多产品出口企业界定为出口5种及以上产品的企业，考虑到产品种类越少的企业越不利于技术化倾向性的考察，这里进一步将多产品出口企业限定为出口6种及以上产品的企业。在替代多产品出口企业的界定之后，再利用新的企业样本估算出的产业技术化倾向进行回归，表 5-13 汇报了回归结果。可以发现，贸易政策不确定性在不同年份里，系数均负向显著，且参数值与表 5-9 的基础回归结果没有明显差异，说明多产品出口企业的界定的变化没有显著影响最终回归结果。

表 5-13　　　　影响机制的稳健性检验 I：约束多产品出口企业的界定

变量	(1)	(2)	(3)	(4)	(5)	(6)	(7)
	2002 年	2003 年	2004 年	2005 年	2006 年	2007 年	2008 年
	被解释变量：$lnts_{bit}$						
$TPU1_{bit}$	-1.6227 ***	-0.7546 **	-1.0195 ***	-1.1032 ***	-1.6850 ***	-1.3845 ***	-1.3932 ***
	(0.3514)	(0.3126)	(0.2931)	(0.3551)	(0.3511)	(0.3230)	(0.3220)
截距项	2.3243	-0.9756	1.2527	0.0595	-3.3914	-14.2521 ***	-10.3763 ***
	(4.0857)	(3.3632)	(3.2337)	(3.2489)	(3.3728)	(2.6129)	(3.1352)
观察值	5723	7058	8891	8880	9365	10817	10311
调整 R^2	0.1561	0.1744	0.1765	0.2289	0.2075	0.2049	0.1974
目标市场距离	YES	YES	YES	YES	YES	YES	YES
产业控制变量	YES	YES	YES	YES	YES	YES	YES
市场控制变量	YES	YES	YES	YES	YES	YES	YES
政策控制变量	YES	YES	YES	YES	YES	YES	YES

注：*** 和 ** 分别表示在 1% 和 5% 的显著性水平下显著，括号内的数值代表系数的标准误。

二是更改贸易政策不确定性的测算方法。前面回归使用的核心解释变量均是采用直接差分法计算的贸易政策不确定性（$TPU1_{bit}$），这里进一步考虑分别使用对数差分法（$TPU2_{bit}$）和考虑产品替代弹性方法（$TPU3_{bit}$）替换$TPU1_{bit}$，表 5-14 汇报了稳健性检验的结果。在 Panel A 和 Panel B 中，分别使用这两种方法替换了核心解释变量的测算，可以发现没有影响"贸易政策不确定性与产业技术化倾向呈现出显著负相关关系"的结论，影响机制的回归得到了进一步的稳健性验证。

表 5-14　　　　影响机制的稳健性检验Ⅱ：更改贸易政策不确定性的测算方法

变量	(1)	(2)	(3)	(4)	(5)	(6)	(7)
	2002 年	2003 年	2004 年	2005 年	2006 年	2007 年	2008 年
	被解释变量：$lnts_{bit}$						

Panel A：使用对数差分法的贸易政策不确定性

$TPU2_{bit}$	-1.6559***	-0.8970**	-0.9977***	-1.1934***	-1.8667***	-1.6482***	-1.6444***
	(0.4112)	(0.3632)	(0.3419)	(0.4280)	(0.4096)	(0.3954)	(0.3917)
截距项	2.7044	-0.9149	0.1307	-0.9496	-4.4166	-13.6699***	-11.1298***
	(3.8948)	(3.1816)	(3.1253)	(3.1836)	(3.2643)	(2.5694)	(3.1044)
观察值	6157	7567	9459	9277	9858	11336	10741
调整 R^2	0.1659	0.1866	0.1807	0.2386	0.2161	0.2230	0.2028

Panel B：使用考虑产品替代弹性法的贸易政策不确定性

$TPU3_{bit}$	-0.5727***	-0.2812**	-0.2908**	-0.4039**	-0.6705***	-0.4849***	-0.5795***
	(0.1571)	(0.1411)	(0.1309)	(0.1596)	(0.1541)	(0.1500)	(0.1517)
截距项	2.7263	-0.8159	0.0611	-0.6797	-4.0130	-12.9860***	-10.4086***
	(3.8958)	(3.1815)	(3.1272)	(3.1795)	(3.2520)	(2.5654)	(3.0784)
观察值	6157	7567	9459	9277	9858	11336	10741
调整 R^2	0.1655	0.1863	0.1804	0.2385	0.2159	0.2226	0.2026
目标市场距离	YES	YES	YES	YES	YES	YES	YES
产业控制变量	YES	YES	YES	YES	YES	YES	YES
市场控制变量	YES	YES	YES	YES	YES	YES	YES
政策控制变量	YES	YES	YES	YES	YES	YES	YES

注：*** 和 ** 分别表示在1%和5%的显著性水平下显著，括号内的数值代表系数的标准误。

三是考虑可能存在的内生性问题。正如第四章回归时指出的，当中国制造业技术化倾向较低时，发达国家没有限制中国产业发展的动机，然而随着中国产业技术水平的提升，针对中国的贸易政策不确定性有可能增强，因此产生逆向因果的内生性问题。当然，由于回归中无法控制所有的不可观测因素，因此也可能存在遗漏变量的内生性问题。与第四章的做法一致，利用式（4-10）构造出的 Bartik 工具变量（Bartik1_IV），通过两阶段最小二乘回归（2SLS）处理内生性问题，表 5-15 报告了具体的回归结果。第二阶段回归结果显示，在利用工具变量对回归结果进行修正后，贸易政策不确定性系数依然显著表现为负，说明基础回归得到的系数方向具有稳健性。同时与基础回归结果进行逐年比较可以发现，利用工具变量进行回归后的系数绝对值都有不同程度的提升，说明在考虑内生性问题之后，贸易政策不确定性上升对中国制造业的技术化倾向的阻碍作用会更高。

表 5 – 15　　　　影响机制的稳健性检验Ⅲ：Bartik 工具变量回归

变量	(1)	(2)	(3)	(4)	(5)	(6)
	2003 年	2004 年	2005 年	2006 年	2007 年	2008 年
	被解释变量：lnts_{bit}					
第二阶段回归结果						
TPU1_{bit}	– 0.9190 ***	– 1.3517 ***	– 1.7652 ***	– 2.1480 ***	– 2.2227 ***	– 2.2692 ***
	(0.3047)	(0.3132)	(0.3901)	(0.3632)	(0.4523)	(0.3968)
第一阶段回归结果						
Bartik1_IV	0.9936 ***	0.9931 ***	0.9452 ***	0.9554 ***	0.7492 ***	0.9016 ***
	(0.0013)	(0.0021)	(0.0029)	(0.0032)	(0.0058)	(0.0051)
观察值	7216	8147	7921	8390	9006	8705
目标市场距离	YES	YES	YES	YES	YES	YES
产业控制变量	YES	YES	YES	YES	YES	YES
市场控制变量	YES	YES	YES	YES	YES	YES
政策控制变量	YES	YES	YES	YES	YES	YES

注：*** 表示在 1% 的显著性水平下显著，括号内的数值代表系数的标准误。

第五节　进一步分析：自贸区在传导机制中的作用

建立自贸区能够直接降低中国制造业出口面临的贸易政策不确定性，因而能够对产业技术化倾向产生影响。为了完整识别自贸区在传导机制中的作用，本章进一步构造识别方程如下：

$$ts_{it} = \alpha + \beta_1 (TPU_{it} \times \_NA_{it}) + \beta_2 (TPU_{it} \times \_NA_{it} \times FTA_t)$$
$$+ X'\gamma + \ln Distance_i + \delta_t + \varepsilon_{it} \qquad (5-9)$$

注意到式（5-9）建立在市场层面，而没有建立在"产业—市场"层面，这样做可以从国家整体层面考察建立自贸区以及其他国家贸易政策不确定性带来的总体性影响。其中，各变量的详细说明如下所示。

（1）被解释变量。ts_{it}表示的是中国制造业相对 i 市场的总体技术化倾向，其构造方法是将式（5-4）的被解释变量按照该行业在全国制造业总体中的市场地位进行加权，公式为 $ts_{it} = \sum_b [(X_t^b / X_t) \times \ln ts_{bit}]$，其权重 (X_t^b / X_t) 表示 t 时期中国 4 位数 b 产业出口额 (X_t^b) 在制造业出口总额 (X_t) 中的比重。

（2）解释变量。TPU_{it}指的是中国制造业出口面临 i 市场的总体贸易政策不确定性，与前面的构造逻辑一致，将"产业—市场"的贸易政策不确定性指数（$TPU1_{bit}$）算数平均到市场层面。NA_{it}指的是 t 时期 i 市场是否与中国建立了自贸区关系，① 若是取 1，反之取 0，$\_NA_{it}$表示的是NA_{it}的反面，即$\_NA_{it} = 1 - NA_{it}$。FTA_t指的是自贸区的总体水平，其构造思路是若 i 市场在国际市场中的地位越高，那么该市场与中国建立自贸区后，自贸区的总体水平越高，公式为 $FTA_t = \sum_i [(IM_{it} / IM_t) \times NA_{it}]$，权重 (IM_{it} / IM_t) 表示 t 时期 i 市场的总进口额 (IM_{it}) 占世界范围内所有国家出口额 (IM_t) 的比重。

（3）其他变量。δ_t表示年份固定效应，$\ln Distance_i$ 表示采用市场距离的对数来控制市场固定效应。X'表示一系列市场层面控制变量的向量：①供给潜力（$\ln supply_{it}$）。参考雷丁和维纳布尔斯（Redding & Venables, 2004），根据双边贸易的引力方程（对数方程），加上出口国和进口国的固定效应，拟合出中国对目标市场 i 的潜在出口量作为供给潜力变量。②本国对目标市场进口的需求（$\ln im\_de_{it}$）。采用 t 时期中国从 i 市场进口总额的对数来衡量。③目标市场人均 GDP 的对数（$\ln pcgdp_{it}$）。④是否接壤（$contig_i$）。若 i 市场与本国接壤则取 1，否则取 0。

---

①　与中国建立自贸区的国家情况如表 4-2 所示。

在变量构造的基础上，参数 β_1 是交乘项 $TPU_{it} \times \_NA_{it}$ 的系数，其含义是没有与中国建立自贸区关系的市场贸易政策不确定性对中国制造业总体技术化倾向的影响效应，若 β_1 为负，则说明与这些市场建立自贸区存在正向作用。进一步，β_2 是交乘项 $TPU_{it} \times \_NA_{it} \times FTA_t$ 的系数，若 β_2 越大，则说明中国建立的自贸区水平越高，越能够抑制由"那些没有建立自贸区关系的市场贸易政策不确定性提升"带来的不利影响。

在数据方面需要说明的是，由于式（5-9）的回归是从国家层面进行考虑的，为了保留尽可能多的样本量，我们进一步在式（5-4）回归样本的基础上，将中国工业企业数据库与中国海关进出口数据库匹配数据的样本年份拓宽到 2002～2013 年。基于这一新的样本，在测算出国家层面的各个变量之后，再进行式（5-9）回归。

表 5-16 给出了对式（5-9）回归的估计结果。在没有加入固定效应和控制变量的情形下，第（1）列的结果显示，β_1 和 β_2 的估计系数在 1% 置信水平下分别显著为负和为正，且 β_2 要远大于 β_1 的绝对值。这一结果初步说明了，没有与中国建立自贸区的那些市场，贸易政策不确定性提升显著不利于中国制造业的整体技术化升级，但是中国建立的自贸区能够在一定程度上抵消这一负向作用，自贸区水平每提升 1%，能够抵消 2.12% 的负面影响效果。第（2）列和第（3）列分别加入了年份固定效应以及控制了目标市场距离的市场固定效应，β_1 和 β_2 的系数依然显著为一负一正，验证了估计结果具有一定稳健性。第（4）～第（6）列进一步加入了市场控制变量，结果还是保持稳健。但是在加入所有控制变量后，β_1 和 β_2 的估计值的绝对值相比第（1）列都有所下降，说明市场控制变量有效地修正了两个交乘项的估计结果。第（7）列汇报了仅在 OECD 国家样本中的回归结果，OECD 是公认的发达国家经济体，且绝大多数 OECD 国家均没有与中国建立自贸区关系，β_2 的正向估计结果意味着中国已建立的自贸区水平能够有效缓解 OECD 国家对中国提升贸易政策不确定性带来的不利影响。第（8）列则是关注了非 OECD 国家样本上的估计结果，可以发现，β_1 不显著而 β_2 显著为正，这一结果可能意味着那些没有与中国建立自贸区关系的发展中国家，其贸易政策不确定性的变化对中国制造业技术化倾向的影响不明显。

表 5-16　　　　　　　　　　　自贸区在影响机制中的作用

变量	（1）	（2）	（3）	（4）	（5）	（6）	（7）	（8）
	全样本	全样本	全样本	全样本	全样本	全样本	OECD	非 OECD
	被解释变量：ts_{it}							
$TPU_{it} \times \_NA_{it}$	-3.6933***	-2.9064**	-2.7677**	-4.1789***	-1.9012**	-1.9016**	-2.5411**	-0.3482
	(1.1967)	(1.2101)	(1.2101)	(0.7532)	(0.8111)	(0.8116)	(1.1952)	(1.1170)
$TPU_{it} \times \_NA_{it} \times FTA_t$	2.1209***	1.7006**	1.8026***	1.3550***	1.0062**	0.9912**	0.9671*	1.7382***
	(0.6350)	(0.6668)	(0.6678)	(0.4024)	(0.3921)	(0.3933)	(0.5659)	(0.5486)
$lnDistance_i$			-0.2198*	-0.8497***	0.0438	-1.6867	-0.8797	-0.1142
			(0.1224)	(0.3166)	(0.3366)	(3.1878)	(4.2910)	(4.2210)
$lnsupply_{it}$				-0.5791***	-0.0033	-1.0815	-0.6786	0.0505
				(0.1729)	(0.1900)	(1.9843)	(2.6657)	(2.6453)
$lnim\_de_{it}$				0.5297***	0.4980***	0.4979***	0.6019***	0.2812***
				(0.0176)	(0.0177)	(0.0177)	(0.0233)	(0.0311)
$lnpcgdp_{it}$					0.4800***	0.4809***	0.0528	0.0333
					(0.0759)	(0.0759)	(0.1397)	(0.1087)
$contig_i$						1.3203		-0.5458
						(2.4184)		(3.2460)
截距项	2.2905***	2.2777***	4.2218***	2.4457	-13.5161***	8.9567	1.3688	-4.0610
	(0.0804)	(0.0729)	(1.0850)	(3.9766)	(4.5921)	(41.4212)	(55.6747)	(55.0352)
年份固定效应	NO	YES	YES	YES	YES	YES	YES	YES
观察值	542	542	542	542	542	542	384	158
调整 R^2	0.0193	0.2001	0.2035	0.7117	0.7316	0.7312	0.7897	0.5856

注：***、** 和 * 分别表示在 1%、5% 和 10% 的显著性水平下显著，括号内的数值代表系数的标准误。

第六节　本章小结

　　本章在前一章的基础上，进一步探究了目标市场贸易政策不确定性影响中国制造业出口技术含量升级的微观路径。梅耶等（Mayer et al.，2014）通过发达国家法国的制造业企业出口数据发现，海外市场对法国出口的贸易政策限制会导致法国企业更加倾向于出口边际成本最低的核心产品种类，以此增强企业在目标市场上的竞争优势。本章通过中国制造业企业出口的微观数据发现，在制造业转型升级的背景之下，中国多产品企业出口的产品种类中很可能存在着核心产品和核心技术产品的差别，当两个产品种类对应的是同一种产品时，多产品企业增强核心产品出口倾向等价于增强核心技术产品的出口倾向，此时核心产品出口的倾向性能够解释企业出口技术含量升级；然而当两者不一致时，企业出口技术含量的升级仅能够通过核心技术产品出口的倾向性变化予以较好的解释，此时，梅耶等（Mayer et al.，2014）讨论的机制将无法顺利引导中国制造业进行转型升级。这说明，当目标市场贸易政策不确定性提升时，企业增强核心产品出口倾向虽然可能获得一定的竞争优势，但不利于企业核心技术产品出口的成长，进而对企业的出口技术含量升级形成抑制效应，最终引致制造业产业层面的转型升级受阻。

基于这一特征性事实的发现，本书首先将企业内部核心技术产品出口倾向相比核心产品出口倾向的比值定义为企业的"技术化倾向"，若企业内部核心技术产品出口的份额相比核心产品在提升，则认为企业存在着技术化倾向行为。其次，基于中国工业企业数据和中国海关进出口数据的匹配，本书将企业层面的技术化倾向加总到了4位数产业层面，研究了贸易政策不确定性如何影响产业的技术化倾向。研究发现，目标市场贸易政策不确定性的提升对产业技术化倾向确实起到了负面的作用，说明贸易政策不确定性对产业出口技术含量升级的影响存在着企业技术化倾向调整的微观机制。同时，分组回归的研究发现，这一传导机制还受到了企业所属行业差异、企业所有权性质差异以及企业所在地理空间位置差异的影响。最后，通过在回归方程中引入中国建立的自贸区发展水平的变量，研究了自贸区在贸易政策不确定性冲击效应中的作用。研究发现，没有与中国建立自贸区的市场提高贸易政策不确定性对制造业总体的技术化倾向存在不利影响，但是中国已建立的自贸区发展水平越高，对这一不利影响的正向抵消作用越强。

第六章

贸易政策不确定性破局：基于 FTA 战略影响中国制造业出口技术含量增长的反事实检验

第四章与第五章分别从制造业的 4 位数产业视角以及微观出口结构视角，在经验层面研究了贸易政策不确定性对出口技术含量影响的边际效应以及升级路径，发现贸易政策不确定性上升对中国制造业的技术进步会形成阻碍。在当前国际贸易环境不确定性和全球产业链脆弱性风险日趋凸显的背景下，本章关注的主要问题是，中国能否利用 FTA 战略对贸易政策不确定性的负面冲击效应进行"逆境破局"。

第一节　主动参与型和被动应对型的 FTA 分析

进入 21 世纪以后，世界范围内的自由贸易协定（free trade agreement，FTA）的数量呈现快速增长的趋势，究其原因有以下两个方面：第一，作为世界上第一个全球国际贸易组织 WTO 逐渐展现出制度劣势。WTO 制度本身就存在程序复杂、众多成员方之间利益难以有效协调等内生性矛盾。以中国为例，中国在加入 WTO 之后，虽然中国出口的产品种类以及规模都在不断上升，但是同时也成为各国反倾销、反补贴等贸易壁垒措施重点打击的对象，特别是在 2008 年全球金融危机以后，贸易保护主义和逆全球化的浪潮不断抬头。在 2008 ~ 2018 年，中国遭受的各类许可证、配额等限制性贸易措施就多达 120795 次，在全球贸易摩擦总频次中占比超过 10%①。第二，在 21 世纪信息通信技术的快速发展之下，经济全球化的进程不断加速，全球价值链的分工体系不断深化，因而各国产生了对贸易、投资制度进行重新安排的动机，因此促进了 FTA 的快速发展（彭羽和沈玉良，2017）。

按照不同的概念范畴，可以对 FTA 进行不同的分类。例如，按照签订协议的成员方数量，可以将 FTA 划分为双边或多边的自由贸易协定。而我们如果从中国国家贸易发展战略的角度，可以将 FTA 划分为"主动参与型"和"被动应对型"两类。前者所指的 FTA 特点是，中国作为协议的发起国之一，参与整个自由贸易协议的谈判、签订以及履约，完成了协议"从无到有"的过程；而后者所指的 FTA，中国并非协议的发起国，而是由其他国家发起并签订，但该协议的签订又会对中国产生较大的直接或间接影响，中国出于国家贸易发展战略的应对，考虑申请加入该协议。

从两者的共同点来看，两者都属于自由贸易协定的范畴，并且如果中国能够成功进入缔约国的行列，都会在一定程度上进一步降低中国出口面临的贸易壁垒，使贸易更加自由化。而两者之间的差异主要体现在以下两个方面：第一，在前者中，中国同时是协议的发起国和缔约国之一，而在后者中，中国不是发起国，中国正在考虑或者正在申请参与到该协议中，如果参与成功，则中国会成为缔约国；第二，前者中，由于中国是发起国之一，因此中国在协议的谈判过程中具有一定的话语权，对协议条款的确定具有直接影响力，而后者中，如果中国想要加入，则需要被动接受协议的条款，当然如果中国的市场条件和制度安排还无法达到协议要求的现有水平，可以通过谈判分阶段执行。

现实中，在中国 FTA 的发展战略里，CAFTA、RCEP 和 CPTPP 这三个区域贸易协定是中国目前参与的或正在申请加入的规模较大的 FTA。总体来说，CAFTA 和 RCEP 主要属于"主动参与型"的 FTA，而 CPTPP 则属于"被动应对型"的 FTA。

"主动参与"和"被动应对"是否都有助于中国对贸易政策不确定性

---

① 吕建兴，王艺，张少华．FTA 能缓解成员国对华贸易摩擦吗？——基于 GTA 国家—产品层面的证据［J］．数量经济技术经济研究，2021，38（5）：114－134．

进行破局还存在疑问，本章将基于此进行讨论。本章分别选择 CAFTA 和 CPTPP 两个 FTA 作为"主动参与"和"被动应对"情形下的代表进行研究，其原因在于，CAFTA 和 RCEP 的成员方高度重合，RCEP 的成员方包含了所有的 CAFTA 成员方，而 CAFTA 和 CPTPP 的成员方重合度相对较低，11 个国家中仅有 4 个国家重合（见表 6 - 1），因此分别选择 CAFTA 和 CPTPP 对这两种情形来说都具有较高的代表性。此外，由于 RCEP 是在 2020 年签订、2022 年生效的，对于 RCEP 政策冲击前后的数据还无法完整获取，因此选择 CAFTA 作为"主动参与"情形下的代表，具有较为完整可信的数据支持。

表 6 - 1　　　　　CAFTA、RCEP 和 CPTPP 组成成员方的比较

区域贸易协定	成员方
CAFTA	中国、文莱、印度尼西亚、马来西亚、新加坡、泰国、菲律宾、越南、老挝、缅甸、柬埔寨（11 个国家）
RCEP	中国、文莱、印度尼西亚、马来西亚、新加坡、泰国、菲律宾、越南、老挝、缅甸、柬埔寨、韩国、日本、澳大利亚、新西兰（15 个国家）
CPTPP	日本、澳大利亚、新西兰、新加坡、越南、文莱、马来西亚、加拿大、智利、墨西哥、秘鲁（11 个国家）

具体来说，本章第二节和第三节的内容主要分为两个方面：一方面，CAFTA 在 2002 年签订，2004 年生效，这为我们提供了一个很好的准自然试验机会，CAFTA 协议中缔约各方对关税削减作出了承诺约定，中国在参与 CAFTA 之前，关税差距越大的行业所面临的贸易政策不确定性下降程度会越高，因而我们可以通过比较在 CAFTA 的政策冲击下，贸易政策不确定性较大行业中的企业（视为处理组）与较小行业中的企业（视为控制组）之间的出口技术含量变化，来识别出政策冲击下的反事实效应；另一方面，CPTPP 目前还不包含中国，中国在 2021 年 9 月 16 日提出了正式申请，受限于数据和时间，目前还无法对 CPTPP 构造准自然试验，但是可以通过一阶差分回归剔除无法观测的行业、市场特征影响，进而再反事实模拟出加入或不加入 CPTPP 两种情形下的中国制造业出口技术含量增长的变化。

第二节　主动参与情形下制造业企业层面出口技术含量变化：基于 CAFTA 的准自然实验

一、CAFTA 的制度安排与不确定性下降

在国际贸易领域中，贸易伙伴的政策承诺和可靠性对一国企业面临的政策不确定性感知具有重要影响。既有文献已普遍认同在中国加入 WTO 后，WTO 的核心制度安排"关税约束承诺"将中国面对的贸易伙伴的关税税率设定了一个关税上限，即约束关税（bound tariff），这极大地降低了中国企业出口面临的贸易政策不确定性。但问题在于，约束关税税率（BND）与各国实际应用的最惠国关税税率（MFN）之间仍存在一定差距，中国出口的目标市场国家可以在不违反约束关税的前提下提高实际关税，因此即使在 WTO 的框架之下，中国企业出口仍然会面临一定的贸易政策不确定性。

从中国在 2002 年向东盟国家出口的 HS6 位码层面的约束关税税率和最惠国关税税率的分布情况（见图 6 – 1）可以看出，约束关税的均值、中位数、标准差和最大值等统计指标都要明显高于最惠国关税税率，说明中国在参与 CAFTA 之前，中国出口到东盟国家的产品关税税率仍然有可能面临较大幅度提升的威胁，这也是中国面对东盟国家贸易政策不确定性的主要来源。从 CAFTA《货物贸易协议》的规定中也可以看出这一特点，其中第三条对于"关税削减和取消"作出如下规定："各缔约方的关税削减或取消计划应要求逐步削减被列明税目的实施最惠国税率，并在适当时依照本条予以取消"。①

2002 年 11 月，CAFTA 被正式签署，中国和东盟国家之间开始进入大幅削减关税阶段。关税减免主要通过两个阶段进行：第一个阶段是 2003 年开始实施的"早期收获计划"，针对 500 多种商品（覆盖的主要是农产品）

---

① 资料来源：CAFTA《货物贸易协议》第三条对于"关税削减和取消"作出的规定。

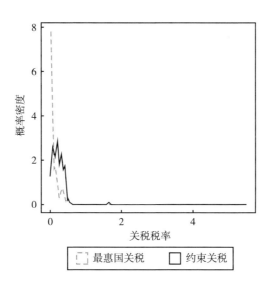

图 6 – 1　2002 年 HS6 产品层面中国出口到东盟各国的最惠国关税和约束关税分布

进行阶段性降税，中国和东盟六国①承诺到 2006 年，其他四个东盟新成员国②承诺到 2010 年，早期收获产品关税均下降为 0。第二个阶段是 2005 年开始实施的"货物贸易协议"，该协议将所有"早期收获计划"之外的税目分为正常类和敏感类两种，对于正常类商品的税目，最终的削减目标是取消所有商品的最惠国税率，东盟六国和中国、东盟新成员国对此分别承诺不迟于 2012 年 1 月 1 日、2018 年 1 月 1 日执行完毕。对于敏感类商品的税目，CAFTA 不仅对税目上限数量作出了规定，③ 且要求东盟六国和中国在敏感类税目上应不迟于 2018 年 1 月 1 日削减到 0～5%，东盟新成员国不迟于 2020 年 1 月 1 日削减至 0～5%。此外，各国还签署了《争端解决机制协议》等多项条款来降低贸易摩擦。在这些政策协议的保障下，出口企业承担的目标市场国家贸易政策变化风险得到了有效化解，有力地促进了中国和东盟各国之间的贸易往来。因此，中国参与 CAFTA 极大地降低了贸易政策不确定性。

---

①　这里的东盟六国主要指的是印度尼西亚、文莱、马来西亚、泰国、菲律宾和新加坡。

②　这里的东盟新成员国指的是缅甸、越南、柬埔寨和老挝。

③　东盟六国和中国的敏感类税目数量上限是 400 个六位税目，东盟新成员国是 500 个。

二、因果效应识别策略与数据说明

(一)识别策略

为了准确识别主动参与情形下 FTA 战略对中国制造业出口技术含量的影响效应,本节以 CAFTA 为例,将中国参与 CAFTA 作为一个外生的政策冲击,采用准自然实验框架下的双重差分法(DID)进行实证研究,构造计量模型:

$$\ln\Phi_{fbit} = \alpha + \beta\, TPU_{b02} \times CAFTA_{03} + \gamma Control + \delta_f + \delta_i + \delta_t + \varepsilon_{fbit}$$

$$(6-1)$$

其中,下标 f、b、i、t 分别代表企业、行业、出口目标市场和时间,被解释变量 $\ln\Phi_{fbit}$ 代表第 t 年中国制造业行业 b 中企业 f 出口到目标市场 i 的总体技术含量的对数,$CAFTA_{03}$ 代表中国参与 CAFTA 的时间虚拟变量,TPU_{b02} 代表在 2002 年中国出口在 4 位码行业层面的贸易政策不确定性指数,Control 代表一系列可能影响 $\ln\Phi_{fbit}$ 的控制变量集合,δ_f、δ_i 和 δ_t 分别代表企业、出口目标市场和年份的固定效应,ε_{fbit} 表示随机误差项。可以看出,回归式(6-1)与式(4-8)有诸多相似之处,但存在实质性区别。第一,式(4-8)关注的是行业层面出口技术含量变化,而式(6-1)则进一步深入到了微观企业层面;第二,式(4-8)关注的重点是贸易政策不确定性对出口技术含量的边际效应,回归系数在方法上等同于相关性的分析,而式(6-1)通过双重差分法识别了因果效应,关注的重点是 CAFTA 冲击与出口技术含量的因果关系,体现了 FTA 对贸易政策不确定性的"破局"效应。式(6-1)中变量构建的具体说明如下。

(1)被解释变量。式(4-4)利用式(4-2)构建了 4 位数产业层面的出口技术含量指标,这里构建制造业企业层面出口技术含量指标的思路与式(4-4)一致,具体为:

$$\ln\Phi_{fbit} = \ln\left(\sum_{p\in f} \frac{x_{fbpi}}{x_{fbi}} \times \varphi_{pi}\right) \qquad (6-2)$$

其中,x_{fbpi} 表示隶属于 b 产业的企业 f 将产品 p 出口到 i 市场的出口额,

x_{fbi}表示该企业出口到 i 市场的总出口额，因此x_{fbpi}/x_{fbi}表示隶属于 b 产业的企业 f 向 i 市场出口产品 p 在总出口中的份额，Φ_{fbit}表示企业将产品出口到 i 市场获得的总体出口技术含量。由于本节研究的政策效应是中国参与 CAFTA，因此这里的目标市场 i 主要限定在东盟各国之内。

（2）分组变量与政策冲击虚拟变量。政策虚拟变量为$CAFTA_{03}$，由于 CAFTA 签署时间是在 2002 年 11 月，因此我们将政策冲击的年份设定为 2003 年，包括 2003 年在内的以后年份取值为 1，否则取 0。分组变量为TPU_{b02}，式（4-5）~式（4-7）构造了不同年份的贸易政策不确定性指数测算方法，但是这里我们仅需要利用 2002 年的初始贸易政策不确定性指数，用于刻画中国参与 CAFTA 之前制造业行业 b 层面面临的贸易政策不确定性程度。这是因为 2002 年的初始指数测算采用的约束关税和最惠国关税数据主要源自 WTO 框架下所确立的关税税率，那么基于此测算的初始贸易政策不确定性对于中国在 2003 年正式确立的 CAFTA 而言就是严格的外生变量。同时，中国在签订 CAFTA 后，CAFTA 成员方之间的产品关税税率是在最惠国关税税率基础上削减的，且无论是属于正常类还是敏感类商品税目，最终绝大部分产品的关税都削减到 0，这意味着中国企业出口的产品面临的初始贸易政策不确定性越大，那么在政策冲击下，企业预期该产品贸易政策不确定性下降的幅度就会越大。因此，在剔除企业、市场和年份的固定效应后，交叉项$TPU_{b02} \times CAFTA_{03}$的系数 β 刻画的是 FTA 战略对中国制造业企业出口技术含量的因果效应，若 β>0，则表示初始贸易政策不确定性越大的行业，在外生的 FTA 政策冲击之下，企业出口技术含量进步更大。在利用式（4-5）~式（4-7）三种方法测算结束后，同样利用简单平均的方式，将产品层面的贸易政策不确定性指数加总到 2002 年国标 4 位码行业层面 b，得到行业层面的$TPU1_{b02}$、$TPU2_{b02}$和$TPU3_{b02}$，[①] 图 6-2 显示了在不同的工业部门下三个指标的密度函数分布图，可以看出无论在何种工业部门中，行业层面的贸易政策指数都具有较为明显的差异性，那么后面在使用双重差分法时，就可以较为有效地识别中国在参与 CAFTA 的政策冲击效应。

---

① $TPU1_{b02}$、$TPU2_{b02}$和$TPU3_{b02}$的序号含义与前面保持一致，分别代表基于直接差分法、对数差分法和考虑产品替代弹性的理论推演法三种方法测算的指数。

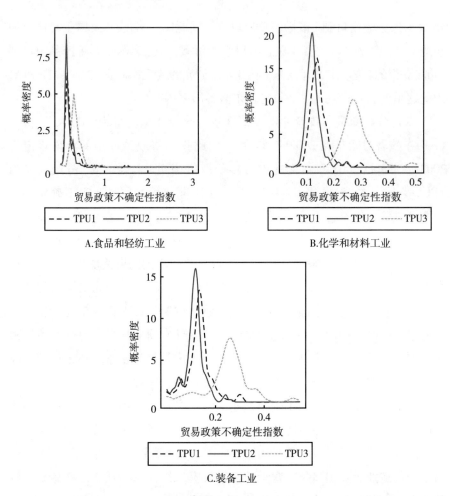

图 6-2 2002 年不同工业部门的贸易政策不确定性指数分布

注：对 4 位码行业进行工业部门的分类标准见附录。

（3）控制变量（Control）。一是企业层面的控制变量，前面的回归式（4-8）通过工业企业的变量数据加权平均得出了产业层面的控制变量，由于这里的回归结构是建立在企业层面的，因此可以直接控制企业层面的控制变量，具体包括：①企业规模（$lnsize_{ft}$），采用企业从业人员数量的对数来衡量；②企业负债率（$debt_{ft}$），采用企业总负债与总资产的比值来衡量；③资本密集度（$lncap_{ft}$），借鉴沈国兵和黄铄珺（2020），对企业内部人均固定资本存量取对数来衡量，对固定资本存量的测算主要参考的是杨汝岱（2015）的做法；④企业投资机会（$lninv_{ft}$），一般来说，衡量企业投资机会的指标主要是 TobinQ，但考虑到数据可获性以及企业增加值对 TobinQ 的较强预测能力（Bao & Bao，1998），借鉴毛其淋和许家云（2018）的做法，采用 1 单位固定资本存量上的增加值的对数来作为企业投资机会的替代变量；⑤补贴比率（$subs_{ft}$），采用企业补贴收入与主营业务收入的比值来刻画；⑥中间投入比率（$lninter_{ft}$），对 1 单位真实工业增加值上的真实中间投入取对数来衡量。二是政策控制变量，与式（4 - 8）一致，考虑了国有企业改革（Ser_{bt}）和外资管制放松（Fir_{bt}）两项政策变量。三是前定控制变量，包括中国在 2002 年的进口贸易自由化程度，与阿米蒂和康宁（Amiti & Konings，2007）、盛斌和毛其淋（2017）等既有文献的普遍做法一致，分别采用 4 位码行业层面的最终品（ot）和中间品的进口关税税率（it）来衡量。

（二）数据说明

本节研究主要使用了三个数据库中的数据：中国工业企业数据库、中国海关进出口数据库以及 WTO 的 Tariff Download Facility 数据库。本节将样本期间限定为 2000～2007 年，主要基于两点考虑：第一，目前学术界公认 2000～2007 年中国工业企业数据库的质量较高，后面部分年份的数据或多或少存在一定问题（陈林，2018），为了实现因果效应的准确识别，本节选择这一期间的数据。第二，本节使用的双重差分因果识别策略要求政策发生后的样本时间跨度不宜过长，否则可能会混淆其他冲击对处理组和控制组的结果变量产生的系统性影响。如果将样本拓展到 2008 年以后，就不可避免地要受到国际金融危机这一重大外生性冲击的影响，因而可能会造成 DID 的估计偏误。此外需要说明的是，在 CAFTA 的东盟十国中，老挝的关税数据缺失严重，故剔除该出口市场。

本部分在数据处理方面主要做了三个方面工作。第一，在对从工业企业数据库中获取的数据进行处理方面，参考了布兰特等（Brandt et al.，2012）、聂辉华和贾瑞雪（2011）和杨汝岱（2015）等主流文献的做法：一是按照序贯匹配方法将 2000～2007 年的工业企业数据合并成非平衡面板数据；二是利用常用会计核算公式，对部分数据缺失的样本进行了尽可能的补全，使用了包括"资产 = 负债 + 所有者权益""固定资产原值 - 累计折旧 = 固定资产净值"等公式；三是对数据进行筛选，剔除了固定资产净值、工业增加值、工业中间投入、主营业务收入等重要数据缺失的样本，剔除了明显违反通用会计准则（GAPP）的样本，包括固定资产为 0、固定资产高于总资产、应付工资总额不为正等，也剔除了错误可能性比较大的样本，包括从业人员数量小于 8 人、开业时间晚于样本当年等；四是使用企业所在地的以 2000 年为基期的工业品出厂价格指数，对工业增加值以及工业中间投入等变量进行平减；五是将样本期间内的企业所在行业编码统一调整为 2002 年新颁布的《国民经济行业分类》。第二，在对从海关数据库中获取的数据进行处理方面，一是我们按照"企业—年度—HS6 编码—目标市场"标准对数据进行了加总；二是利用联合国贸易统计司提供的各版本 HS6 分位编码转变表，将样本期间内的 HS 编码统一调整为 HS2002版；三是对贸易类型的处理上，参考盛斌和毛其淋（2017）的做法，将进料加工贸易、出料加工贸易、来料加工装配贸易、来料加工装配进口的设备、出口加工区进口设备等贸易方式统一归结到加工贸易一类，将边境小额贸易归结到一般贸易一类。第三，参考余（Yu，2015）、余淼杰和张睿（2017）的做法，使用"企业名称＋年份"以及"邮政编码＋后 7 位电话号码"的方式对工业企业数据库和海关进出口数据库进行两步法匹配。

在数据处理后，我们关心的首要问题是：当企业面临的贸易政策不确定性下降时，是否会提升其出口技术含量？图 6-3 以散点图和线性拟合初步展示了两者正相关关系的特征事实。其中，横轴代表 2002 年中国参与 CAFTA 前一年的贸易政策不确定性指数。纵轴代表 2002~2007 年企业在三个东盟国家出口市场上的平均出口技术含量变化情况，公式为 $\Delta\bar{\Phi}_{bi} = \bar{\Phi}_{bi,2007} - \bar{\Phi}_{bi,2002}$，$\bar{\Phi}_{bi,2002}$ 和 $\bar{\Phi}_{bi,2007}$ 分别代表 2002 年和 2007 年 4 位码行业 b 在 i 市场上的企业出口技术含量均值，$\Delta\bar{\Phi}_{bi}$ 值越大则表示企业平均出口技术含量增长的幅度越大。图 6-3 显示，无论使用何种方法测算的贸易政策不确定性，也无论基于哪个出口市场进行观察，初始贸易政策不确定性与企业出口技术含量的变化之间存在显著的正相关关系。[①] 这一结果初步说明了，初始贸易政策不确定性越大的行业，在中国参与 CAFTA 后，其贸易政策不确定性降幅越大，同时出现的特征事实是企业的出口技术含量的增幅也越大。

———————

① 其他东盟国家的散点图结果也出现类似情形。

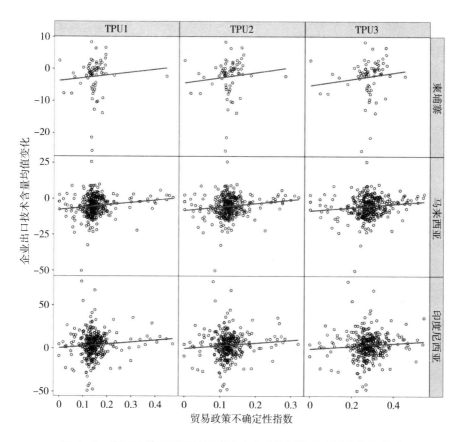

图 6-3 贸易政策不确定性与产业内企业出口技术含量均值的关系

三、经验分析

（一）基准回归

在使用双重差分对变量间因果关系进行识别时，估计参数的显著性以及标准误常会受到不同层级的固定效应和聚类标准误的影响，因而为了保障后续研究结果的可靠性，本书采用的回归策略与第四章类似，首先考虑在不加入任何控制变量的情形下，考察参加 CAFTA 对企业出口技术含量的影响效应，具体结果如表 6-2 所示。

表 6 - 2　　　　　　CAFTA 对企业出口技术含量的影响（初步回归结果）

变量	(1) $\ln\Phi_{fbit}$	(2) $\ln\Phi_{fbit}$	(3) $\ln\Phi_{fbit}$	(4) $\ln\Phi_{fbit}$	(5) $\ln\Phi_{fbit}$	(6) $\ln\Phi_{fbit}$	(7) $\ln\Phi_{fbit}$	(8) $\ln\Phi_{fbit}$
	控制不同层级固定效应			控制不同层级聚类标准误			改变分组变量	
$TPU1_{b02} \times CAFTA_{03}$	0.278 *** (0.05)	0.394 *** (0.06)	0.288 *** (0.08)	0.288 ** (0.12)	0.288 ** (0.14)	0.288 * (0.16)		
$TPU2_{b02} \times CAFTA_{03}$							0.611 ** (0.26)	
$TPU3_{b02} \times CAFTA_{03}$								0.436 *** (0.14)
截距项	2.607 *** (0.01)	2.593 *** (0.01)	2.605 *** (0.01)	2.605 *** (0.01)	2.605 *** (0.02)	2.605 *** (0.02)	2.580 *** (0.02)	2.545 *** (0.03)
企业固定效应	YES	YES	YES	YES	YES	YES	YES	YES
年份固定效应	YES	YES	YES	YES	YES	YES	YES	YES
目标市场固定效应	YES	YES	YES	YES	YES	YES	YES	YES
4 位数行业固定效应	NO	YES	YES	YES	YES	YES	YES	YES
2 位数行业 × 年份固定效应	NO	NO	YES	YES	YES	YES	YES	YES
聚类到企业	NO	NO	NO	YES	NO	NO	NO	NO
聚类到 2 位数行业 × 年份	NO	NO	NO	NO	YES	NO	NO	NO
聚类到 2 位数行业 × 年份和企业	NO	NO	NO	NO	NO	YES	YES	YES
样本量	230937	230937	230937	230937	230937	230937	230937	230937
调整 R^2	0.582	0.583	0.585	0.585	0.585	0.585	0.585	0.585

注：***、** 和 * 分别表示在 1%、5% 和 10% 的置信水平下显著，括号内数值为系数标准误。

表 6 - 2 第（1）～第（3）列的结果显示，在控制不同层级的固定效应的情形下，$TPU1_{b02}$ 与 $CAFTA_{03}$ 交乘的系数均在 1% 的置信水平下显著为正，第（4）～第（6）列进一步控制了不同层级的聚类标准误，回归系数依然

显著为正，第（7）~ 第（8）列在控制最严格层级的固定效应和聚类标准误的情形下，使用TPU2$_{b02}$和TPU3$_{b02}$替换了分组变量，回归结果依然稳健。这一初步结果表明，加入CAFTA能够促进企业出口技术含量升级。

进一步，为了得到更加准确的因果识别效应，我们逐步控制三类变量进入双重差分模型中：前定控制变量、政策控制变量和企业控制变量，具体结果如表6-3所示。

表6-3　　　　　　　　CAFTA 对企业出口技术含量的影响（基准回归结果）

变量	（1）	（2）	（3）	（4）	（5）	（6）	（7）
	$\ln\Phi_{fbit}$	$\ln\Phi_{fbit}$	$\ln\Phi_{fbit}$	$\ln\Phi_{fbit}$	$\ln\Phi_{fbit}$	$\ln\Phi_{fbit}$	$\ln\Phi_{fbit}$
TPU1$_{b02}$ × CAFTA$_{03}$	0.479 *** (0.10)	0.482 *** (0.10)	0.477 *** (0.10)				
TPU2$_{b02}$ × CAFTA$_{03}$				0.751 *** (0.11)	0.743 *** (0.11)		
TPU3$_{b02}$ × CAFTA$_{03}$						0.375 *** (0.05)	0.370 *** (0.05)
截距项	2.605 *** (0.02)	2.548 *** (0.04)	2.657 *** (0.06)	2.534 *** (0.04)	2.644 *** (0.06)	2.530 *** (0.04)	2.639 *** (0.06)
前定控制变量	YES	YES	YES	YES	YES	YES	YES
政策控制变量	NO	YES	YES	YES	YES	YES	YES
企业控制变量	NO	NO	YES	NO	YES	NO	YES
企业固定效应	YES	YES	YES	YES	YES	YES	YES
年份固定效应	YES	YES	YES	YES	YES	YES	YES
目标市场固定效应	YES	YES	YES	YES	YES	YES	YES
样本量	226048	226048	226048	226048	226048	226048	226048
调整 R^2	0.582	0.582	0.582	0.582	0.582	0.582	0.582

注：（1） *** 表示在1%的置信水平下显著，括号内数值为系数标准误；（2）本节下文所有回归的标准误都聚类到了企业层面。

首先，中国在参与CAFTA之前，不同行业的贸易政策不确定性可能与该行业的禀赋结构、行业特点等相关，这些可能影响政策制定的变量叫作前定变量（陈登科，2020）。在表6-3第（1）列，我们考虑政策实施前一年的最终品和中间品进口贸易自由化程度作为前定控制变量加入回归模型中，结果表明 CAFTA 对企业出口技术含量的提升效应显著。其次，在样本期间的同时期，中国还进行了两项重要政策改革，即国有企业改革以及外资管制放松，为了控制这些政策对企业出口技术含量的可能性影响，表6-3第（2）列加入了这两项政策控制变量，交叉项依然显著为正，这表明 CAFTA 冲击的政策效果较少受到其他政策变动的干扰。再次，企业出口技术含量的提升也离不开企业自身因素的影响，因此表6-3第（3）列又加入企业层面控制变量，依然没有改变交叉项的显著性结果。最后，考虑到回归的稳健性，表6-3的第（4）~第（7）列分别替换了分组变量，同时控制加入和不加入企业层面的控制变量，估计结果再次验证了 CAFTA 冲击的政策效应。值得注意的是，以上回归模型的标准误均聚类到了企业层面，估计结果不仅在 1% 的置信水平下显著为正，并且在控制各类因素进入控制变量时，交叉项系数的估计结果变化不大，说明估计结果具有较强的稳健性，"CAFTA 显著提升了企业出口技术含量"这一结论具有较强的可信度。

（二）DID 设定的假设检验

虽然表6-2和表6-3的双重差分回归已经显示了估计结果具有较强的稳健性，但仍无法完全排除可能存在的企业自选择、遗漏变量以及测度误差等因素引致的内生性问题，因而需要对双重差分因果识别策略的前提假设进行检验。

1. 预期效应检验

如果企业在"中国参与 CAFTA"这一冲击之前就存在了出口结构调整的预期，那么利用 2002 年初始贸易政策不确定性指数构造的处理组和控制组之间就没有可比性，可能将导致系数估计存在偏误。因此，为了检验企业是否存在预期效应，本书分别构造了中国参与 CAFTA 的前 1 年和前 2 年的时间虚拟变量 Pre1 和 Pre2，将其与 $TPU1_{b02}$ 交乘后引入双重差分模型中。表6-4的第（1）列首先引入了 $TPU1_{b02} \times Pre1$ 的交乘项，估计系数没有通过 10% 的置信水平检验，在此基础上第（2）列再引入 $TPU1_{b02} \times Pre2$ 的交乘项，两项的估计系数依然不显著。检验结果表明，企业在中国参与 CAFTA 之前的预期效应不明显，中国参与 CAFTA 这一政策冲击具有较强的外生性。

表 6－4　　　　　　　　　　DID 设定有效性检验结果

变量	(1) 预期效应	(2) 预期效应	(3) 共同趋势	(4) 共同趋势	(5) 共同趋势	(6) 安慰剂 I	(7) 安慰剂 II	(8) 序列相关
$TPU1_{b02} \times CAFTA_{03}$	0.415 *** (0.12)	0.405 *** (0.14)						0.650 *** (0.09)
$TPU1_{b02} \times Pre2$		−0.029 (0.15)						
$TPU1_{b02} \times Pre1$	−0.182 (0.13)	−0.193 (0.15)						
$TPU_{b02} \times Year_{2001}$			−0.000 (0.13)	−0.043 (0.17)	−0.060 (0.08)			
$TPU_{b02} \times Year_{2002}$			−0.156 (0.14)	−0.263 (0.18)	−0.131 (0.08)			
$TPU_{b02} \times Year_{2003}$			−0.042 (0.13)	−0.085 (0.16)	−0.070 (0.07)			
$TPU_{b02} \times Year_{2004}$			0.276 ** (0.12)	0.329 ** (0.15)	0.136 * (0.07)			
$TPU_{b02} \times Year_{2005}$			0.475 *** (0.12)	0.714 *** (0.16)	0.343 *** (0.08)			
$TPU_{b02} \times Year_{2006}$			0.875 *** (0.13)	1.257 *** (0.17)	0.582 *** (0.08)			
$TPU_{b02} \times Year_{2007}$			1.257 *** (0.15)	1.896 *** (0.18)	0.988 *** (0.08)			
$TPU1_{b02}$						0.019 (0.27)	0.017 (0.24)	
截距项	2.664 *** (0.06)	2.665 *** (0.06)	2.626 *** (0.06)	2.611 *** (0.06)	2.609 *** (0.07)	2.706 *** (0.15)	2.714 *** (0.13)	2.766 *** (0.08)
前定控制变量	YES	YES	YES	YES	YES	YES	YES	YES
政策控制变量	YES	YES	YES	YES	YES	YES	YES	YES
企业控制变量	YES	YES	YES	YES	YES	YES	YES	YES
企业固定效应	YES	YES	YES	YES	YES	YES	YES	YES
年份固定效应	YES	YES	YES	YES	YES	YES	YES	YES
目标市场固定效应	YES	YES	YES	YES	YES	YES	YES	YES
样本量	226048	226048	226048	226048	226048	57735	69133	131143
调整 R^2	0.582	0.582	0.583	0.583	0.583	0.591	0.590	0.571

注：*** 表示在 1% 的置信水平下显著，括号内数值为系数标准误。

2. 共同趋势检验

双重差分模型设定的核心假设前提是符合"共同趋势"。对本节而言，该假设意味着中国在未参与 CAFTA 之前，按照贸易政策不确定性程度划分为处理组和控制组，出口技术含量变化的趋势总体一致，因此本书在式（6-1）基础上，构造了如下扩展的双重差分模型加以验证：

$$\ln\Phi_{fbit} = \alpha + \sum_{z=2001}^{2007} \beta_z TPU_{b02} \times Year_z + \gamma Control + \delta_f + \delta_i + \delta_t + \varepsilon_{fbit}$$

$$(6-3)$$

其中，$Year_z$ 表示年份虚拟变量，其他变量的含义与式（6-1）一致，β_z 是本书重点关注的待估参数，若在中国参与 CAFTA 之前，β_z 不显著不为 0，则通过共同趋势检验。表 6-4 的第（3）~第（5）列分别控制了贸易政策不确定性变量 $TPU1_{b02}$、$TPU2_{b02}$ 和 $TPU3_{b02}$ 对式（6-3）进行回归，可以发现在 2003 年之前，三个回归方程交互项的系数均不显著。为了进行更直观地观察，图 6-4 绘制了第（3）列的估计值、95% 置信区间以及显著性水平，可以发现不同组别的企业出口技术含量在政策冲击之前没有显著差异，能够满足共同趋势的假设检验。此外，还可以发现的一个现象是：自中国参与 CAFTA 之后一年开始，交互项的估计系数显著为正，且呈现逐年增大趋势，这表明加入 CAFTA 对企业出口技术含量的提升作用还存在时间持续性，边际效应在逐年增强。

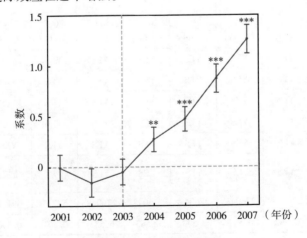

图 6-4 共同趋势检验

3. 安慰剂检验

上面尽管控制了各类固定效应以及讨论了各种可能影响政策因果效应识别的因素，但在理论上仍无法完全排除政策效果可能受到其他不可观测因素的影响，因而我们进一步通过改变样本和随机生成实验组两种思路进行安慰剂检验。前者的基本思路是，由于我们构造的处理组和控制组是中国参与 CAFTA 前 1 年的贸易政策不确定性指数，那么在利用中国参与 CAFTA 前的样本进行 OLS 回归时，贸易政策不确定性的估计系数应当不显著，否则可能存在非观测因素对估计结果产生作用。表 6-4 的第（6）列的安慰剂检验 I 使用了中国参与 CAFTA 之前且在加入 WTO 之后（即 2001~2003 年）的样本进行回归，第（7）列安慰剂检验 II 进一步放宽加入 WTO 之前（即 2000~2003 年）的样本进行回归，从两次回归的结果来看，变量 $TPU1_{b02}$ 的系数为正但均不显著，双重差分估计结果具有一定可靠性。另一条思路是，我们通过 500 次重复实验，随机抽取了 50% 的 $TPU1_{b02}$ 样本作为虚构的处理组，然后与 $CAFTA_{03}$ 交乘进行 OLS 回归，如果不存在随机性因素的干扰，500 个估计系数的核密度函数峰值应当在 0 附近。图 6-5 的安慰剂检验 III 结果验证了这一点，可以排除其他随机因素对估计结果的干扰。

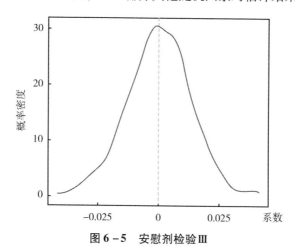

图 6-5　安慰剂检验 III

4. 序列相关性检验

前面回归使用的双重差分法实际上是多期 DID 的一种特殊形式，而多期 DID 可能存在序列相关的不足（Bertrand et al.，2004；毛其淋，2020）。为了克服这一缺陷，我们以中国参与 CAFTA 作为时间划分节点，将样本划分为两个时段（2000~2003年和2004~2007年），对每一阶段的各变量在"企业—行业—市场"层面进行算术平均，然后再进行两期的 DID 回归。表6-4第（8）列的估计结果显示，两期 DID 下的交互项估计结果与前文保持了一致的显著性，再次验证了回归结果的可靠性。

（三）异质性分析：如何更好地利用 FTA

1. 企业所有制

在中国制造业各行业中，一个不容忽视的特征事实是：不同所有制企业在资源禀赋、资源配置效率以及行为模式等方面都存在明显差异，因此有必要比较不同企业所有制类型下的回归结果。我们按照企业控股情况将样本划分为国有企业、民营企业和外资企业三类，在三类子样本中分别对式（6-1）进行回归，具体结果如表6-5第（1）~第（3）列所示。估计结果显示，国有企业样本回归中交乘项 $TPU1_{b02} \times CAFTA_{03}$ 的系数不显著，而在民营和外资企业的样本中，系数显著为正。这一结果表明，FTA 战略更有助于民营企业和外资企业实现出口技术含量升级，对国有企业的作用不明显。这一结论也与预期较为相符，相比非国有企业而言，一方面，不少国有企业具有预算软约束以及资源垄断性的优势地位；另一方面，国有企业也并非以经济效益作为唯一追求目标，其还要兼顾社会效益，因而即使外部市场不确定性下降，激励其技术进步的内生动力依然不足。

表6-5　　　　　　　CAFTA 冲击效应的异质性检验结果 I

变量	(1)	(2)	(3)	(4)	(5)	(6)
	国有企业	民营企业	外资企业	纯加工	纯一般	混合贸易
$TPU1_{b02} \times CAFTA_{03}$	0.395	0.348 ***	1.101 *	0.669 ***	0.390 ***	0.808 ***
	(0.43)	(0.11)	(0.61)	(0.17)	(0.12)	(0.21)
截距项	2.888 ***	2.552 ***	3.103 ***	2.892 ***	2.603 ***	2.774 ***
	(0.27)	(0.07)	(0.22)	(0.14)	(0.09)	(0.17)
前定控制变量	YES	YES	YES	YES	YES	YES
政策控制变量	YES	YES	YES	YES	YES	YES
企业控制变量	YES	YES	YES	YES	YES	YES
企业固定效应	YES	YES	YES	YES	YES	YES
年份固定效应	YES	YES	YES	YES	YES	YES

续表

变量	（1）	（2）	（3）	（4）	（5）	（6）
	国有企业	民营企业	外资企业	纯加工	纯一般	混合贸易
目标市场固定效应	YES	YES	YES	YES	YES	YES
样本量	21670	155606	50202	43240	141260	42994
调整 R^2	0.534	0.594	0.583	0.603	0.591	0.554

注：***、* 分别表示在 1%、10% 的置信水平下显著，括号内数值为系数标准误。

2. 企业出口方式

早期中国在参与国际大循环过程中，采取的是以发展劳动密集型产业为主导、以发展"两头在外、大进大出"的加工贸易为主要特征的出口导向型发展战略，考虑到这一重要事实，我们按照企业出口方式的差异，进一步将企业划分为纯加工、纯一般和混合贸易企业三大类进行考察。表 6-5 第（4）~ 第（6）列的估计结果显示，三类样本中交乘项 $TPU1_{b02} \times CAFTA_{03}$ 的估计系数均在 1% 的置信水平下显著，但从系数值大小以及置信区间的比较上可以看出，混合贸易企业和纯加工贸易企业的边际效应值要明显高于纯一般贸易企业。这说明，无论采取何种贸易方式，贸易政策不确定性的下降都有助于企业进行出口技术含量升级，但是，这一影响效应在纯一般贸易企业中相对较小。造成这一异质性效应的原因可能在于，加工贸易的特点是对进口中间投入品进行加工和组装后再出口，其本身的出口技术含量就包含了进口中间品的部分，因而技术含量要高于仅从事一般贸易的企业，在贸易政策不确定性下降的条件下，同 1 单位一般贸易和非一般贸易产品出口的扩张，后者的出口技术含量提升更大。

3. 企业所在地

国家"十四五"规划纲要中指出，要开拓高质量发展的动力之源，首先就是要"以京津冀、长三角、粤港澳大湾区为重点，提升创新策源能力和全球资源配置能力"。因此，通过历史经验数据，分析外部市场政策冲击下三大城市群出口技术含量升级状况，将有助于未来政府规划政策的有效制定。按照企业所属的地区代码，本书分别分离出了所在地为京津冀、长三角、粤港澳大湾区三大城市群的子样本，进行分组回归后的结果见

表6-6第（1）~第（3）列。估计结果显示，在京津冀城市群的样本中，交乘项的系数不显著，而在另外两个子样本中，系数都在1%置信水平下显著。这一估计结果意味着，相比另外两大城市群而言，FTA政策下贸易政策不确定性的下降，并没有显著推动京津冀城市群内的企业出口技术含量升级。其原因可能在于：长三角和粤港澳大湾区的区域范围相对更广，城市间的联动程度也更为紧密，并且还拥有世界级的港口基础设施，参与国际分工的范围和程度都要高于京津冀城市群，因而所在地区的企业出口受到贸易政策不确定性的影响相对较为明显。

表6-6 CAFTA冲击效应的异质性检验结果II

变量	(1) 京津冀	(2) 长三角	(3) 粤港澳	(4) 上游关联	(5) 下游关联	(6) 上下游关联
$TPU1_{b02} \times$ $CAFTA_{03}$	0.102 (0.25)	0.483 *** (0.14)	0.714 *** (0.19)	0.430 *** (0.10)	0.489 *** (0.11)	0.448 *** (0.11)
$TPU1_{b02}^{up} \times$ $CAFTA_{03}$				0.230 * (0.13)		0.244 * (0.13)
$TPU1_{b02}^{down} \times$ $CAFTA_{03}$					-0.197 (0.25)	-0.256 (0.26)
截距项	2.667 *** (0.21)	2.875 *** (0.10)	2.724 *** (0.14)	2.651 *** (0.06)	2.667 *** (0.06)	2.660 *** (0.06)
前定控制变量	YES	YES	YES	YES	YES	YES
政策控制变量	YES	YES	YES	YES	YES	YES
企业控制变量	YES	YES	YES	YES	YES	YES
企业固定效应	YES	YES	YES	YES	YES	YES
年份固定效应	YES	YES	YES	YES	YES	YES
目标市场固定效应	YES	YES	YES	YES	YES	YES
样本量	14960	104944	38490	227494	227494	227494
调整 R^2	0.562	0.576	0.556	0.584	0.584	0.584

注：***、*分别表示在1%、10%的置信水平下显著，括号内数值为系数标准误。

4. 上下游产业关联

目前学术界已有文献开始关注到某一产业的政策冲击可能会通过上下游的投入—产出关联渠道对其他产业的企业行为造成影响（Pickles et al.,

2015；Curran，2015），因而本书在本部分重点关注上下游关联渠道的异质性效应。借鉴毛其淋（2020），我们构造贸易政策不确定性的上游关联指数为：

$$TPU1_u^{up} = \sum_{v \neq u} \lambda_{uv} \times TPU1_v \qquad (6-4)$$

其中，u、v 分别代表投入—产出表中的行业分类，v 代表 u 行业的上游行业，λ_{uv} 代表 u 从 v 行业中购买的中间品占中间品总额的比例，$TPU1_u^{up}$ 代表投入—产出表中 u 行业贸易政策不确定性的上游关联指数，$TPU1_v$ 代表 v 行业的贸易政策不确定性指数，其测算过程与上面的 $TPU1_{b02}$ 一致。上述测算利用的是 2002 年中国投入产出表数据，然后将投入产出表中的行业 u 与国民经济的 4 位码行业 b 进行配对，可以将 $TPU1_u^{up}$ 转换为 $TPU1_{b02}^{up}$，代表了 4 位码行业的贸易政策不确定性上游关联指数。类似可以构造出贸易政策不确定性的下游关联指数：

$$TPU1_u^{down} = \sum_{w \neq u} \sigma_{uw} \times TPU1_w \qquad (6-5)$$

其中，w 代表 u 行业的下游行业；σ_{uw} 代表 u 行业的总产出投入 w 行业的份额。在利用 2002 年中国投入产出表的基础上，可以得到投入产出表中的 u 行业的贸易政策不确定性下游关联指数 $TPU1_u^{down}$，进而通过编码配对可以得到 4 位码行业的贸易政策不确定性下游关联指数 $TPU1_{b02}^{down}$。

　　将构造出的贸易政策不确定性上游和下游关联指数分别与政策变量 $CAFTA_{03}$ 交乘引入双重差分模型中，得到的估计结果如表 6 - 6 第（4）~第（6）列所示。第（4）~第（5）列的结果显示，分别单独引入 $TPU1_{b02}^{up}$ 和 $TPU1_{b02}^{down}$ 后，前者的估计系数显著为正而后者不显著，并且 $TPU1_{b02}^{up} \times CAFTA_{03}$ 的估计系数要明显低于 $TPU1_{b02} \times CAFTA_{03}$，第（6）列将两者同时纳入回归中，也出现了类似的结果。这一结果表明，CAFTA 对企业出口技术含量的冲击存在明显的"上游关联渠道"效应，即上游行业的贸易政策不确定性下降不仅有助于上游行业内的企业出口技术含量升级，还会通过产业间的投入—产出关联渠道，对下游行业中的企业出口技术含量形成正面影响，但这一正向边际效应要小于其对本行业的冲击。一个可能的解释是，上游行业贸易政策不确定性的下降会激励上游行业的企业出口技术含量更

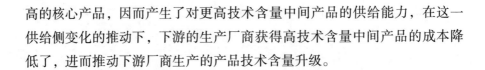

高的核心产品，因而产生了对更高技术含量中间产品的供给能力，在这一供给侧变化的推动下，下游的生产厂商获得高技术含量中间产品的成本降低了，进而推动下游厂商生产的产品技术含量升级。

四、拓展性讨论：出口技术含量升级悖论之谜

（一）出口技术含量升级悖论的存在性

前面的研究表明，在 FTA 战略的作用下，制造业出口面临的贸易政策不确定性会下降，会引发企业核心技术产品向核心产品进行转变，进而推动出口技术含量进行升级，但是技术升级并不一定意味着中国能够提高对产品出口自主主导权的掌控能力。若企业出口产品的技术含量升级了，但没有提升对该产品出口的自主主导权，则产生了出口技术含量升级悖论。这种自主主导能力在经验数据中，表现为企业生产的某一种核心产品是否能够同时出口到多个目标市场上的能力。

第五章的研究结果表明，企业出口的"核心技术产品"可能与"核心产品"并不一致，当核心技术产品成长为企业的核心产品时，从短期来看，企业的出口技术含量确实得到了提升，说明企业经历了一次转型升级，第五章详细讨论了企业核心技术产品转型成企业核心产品的微观过程，但是当这一转型过程发生后，是否代表着企业提升了自主主导能力呢？根据梅耶等（Mayer et al.，2014）的研究，若企业的核心产品可以出口到的目标市场数量越多，那么受到某个目标市场国家限制带来的影响就越小，因为这种产品拥有多个目标市场可以进行替代性选择，因而可以反映出产品出口自主主导能力的高低。

一个典型的例子是，中国的加工企业在面对不同目标市场发出的不同产品种类订单时，企业为了适应订单变化会向不同目标市场出口不同种类的产品，因而加工企业出口的产品种类受到目标市场订单变化的影响较大，出口缺乏自主掌控权（彭国华和夏帆，2013）。而中国类似华为这样的企业，出口的产品种类虽然不多，但是其出口的核心产品不随出口目标市场的改变而改变，因而目标市场技术禀赋变化对其出口能力的影响较小，企业能够对其出口的产品进行更多的自主主导。为了进一步验证这种

悖论的普遍存在性，我们从第五章的企业样本中挑选出核心技术产品已经成长为核心产品的企业，并借鉴了梅耶等（Mayer et al.，2014）的做法，从全局性（global ratio）和局部性（local ratio）的核心产品出口倾向考察 FTA 带来的作用。

参考梅耶等（Mayer et al.，2014）的做法，行业 b 的企业 f 在 t 年向 i 目标市场出口的多产品中，按照出口总额可以进行 $x^1_{fbit} > x^2_{fbit} > x^3_{fbit} > \cdots$ 的排序，上标数字代表出口总额排名位次的产品种类，排名第 1 位的产品 x^1_{fbit} 即为企业在目标市场上出口的核心产品。从局部性（local ratio）角度出发，我们构造企业在某个目标市场上核心产品出口的倾向度为：

$$LR1_{fbit} = \frac{x^1_{fbit} - x^2_{fbit}}{\sqrt{\sum_f (x^1_{fbit} - x^2_{fbit})^2 / N_b}} \qquad (6-6)$$

其中，N_b 为行业 b 的企业个数。式（6-6）与梅耶等（Mayer et al.，2014）不同的是，梅耶等（Mayer et al.，2014）直接构造了核心产品和排名第 2 位产品的销售额的比值（x^1_{fbit}/x^2_{fbit}）为核心产品出口倾向，但这种做法在数量级角度上可能会低估或者高估核心产品的出口倾向程度。例如，在 $x^1_{fbit}=2$、$x^2_{fbit}=1$ 和 $x^1_{fbit}=20$、$x^2_{fbit}=10$ 两种情况下，该算法的倾向度相等，但没有考虑到企业间出口能力的差异。因此，我们采用了直接差分（$x^1_{fbit} - x^2_{fbit}$）来衡量绝对倾向度大小。同时，考虑到行业异质性，进一步构造行业内企业核心产品与排名第 2 位产品出口额的欧式距离的平均数 $\sqrt{\sum_f (x^1_{fbit} - x^2_{fbit})^2 / N_b}$ 来作为直接差分的分子，进而得到 $LR1_{fbit}$。同时，考虑到倾向度测算的稳健性，我们进一步分别采用排名第 3 位产品的出口额 x^3_{fbit} 和非核心产品出口额的加总 $\sum_{j \neq 1} x^j_{fbit}$ 来替代 x^2_{fbit}，进而构造出 $LR2_{fbit}$ 和 $LR3_{fbit}$。

进一步，如果出口技术含量升级悖论存在，则可能会出现企业对不同目标市场出口不同的核心产品，造成企业在总体层面出口的核心产品与对单市场出口的核心产品种类之间存在不一致。[①] 因此，基于 $MS1_{fbit}$ 的构造思

---

①　需要说明的是，由于剔除了样本中企业核心技术产品没有成长为核心产品的样本，因此从全局性角度来看，企业的核心产品就等于核心技术产品。但是全局性与局部性的核心产品的定义存在区别，局部性视角下不同市场出口的核心产品可能并不等于全局性视角下的核心产品种类。

路，从全局性（global ratio）角度出发，我们进一步构造企业总体层面的核心产品出口倾向为：

$$GR1_{fbt} = \frac{x_{fbt}^1 - x_{fbt}^2}{\sqrt{\sum_f (x_{fbt}^1 - x_{fbt}^2)^2 / N_b}} \tag{6-7}$$

其中，x_{fbt}^j 表示在企业总体层面不同排名 j 的产品出口额。与前面类似，也将排名第 3 位产品的出口额 x_{fbt}^3 和非核心产品出口额总和 $\sum_{j \neq 1} x_{fbt}^j$ 来替代 x_{fbt}^2，进而构造出 $GR2_{fbt}$ 和 $GR3_{fbt}$。

然后将回归式（6-1）中的被解释变量更改为核心产品出口倾向变量再进行估计。从针对单个目标市场的核心产品出口倾向层面来看，表 6-7 第（1）~第（3）列的结果显示，在对倾向度变量采用不同构造方式后，交乘项 $TPU1_{b02} \times CAFTA_{03}$ 的系数均显著为正。这一结果表明，在 CAFTA 政策作用下，贸易政策不确定性的下降确实能够提升企业在某个目标市场上核心产品的出口倾向，即局部性效应明显。但从表 6-7 第（4）~第（6）列可以观察到，无论采用何种构造方法，交乘项的系数均没有通过 10% 的显著性检验，表明在企业总体层面，贸易政策不确定性的下降并没有显著提升其核心产品出口的倾向，全局性效应不明显。前后两种回归系数显著性的差异表明，将所有产品出口额加总后构造的核心产品种类，出现了"合成谬误"，即企业在全局性层面的核心产品种类与局部性层面的核心产品种类偏差较大。而由于已经剔除了第五章中全局性核心产品与核心技术产品不一致的企业样本，因此全局性层面的核心产品种类就是企业转型升级后的靶向性产品，政策冲击没有显著提升这一核心技术产品（即全局性核心产品）的出口倾向，说明政策冲击仅在局部市场有效，没有普遍增强核心技术产品出口的市场广度，因此 CAFTA 政策冲击对于企业出口产品的自主主导权的作用不明显，存在出口技术含量升级悖论。

表 6-7　　核心产品出口倾向视角下的企业出口技术含量升级悖论

变量	(1)	(2)	(3)	(4)	(5)	(6)
	$LR1_{fbit}$	$LR2_{fbit}$	$LR3_{fbit}$	$GR1_{fbt}$	$GR2_{fbt}$	$GR3_{fbt}$
$TPU1_{b02} \times$ CAFTA$_{03}$	0.784 ***	1.013 *	0.735 **	0.466	0.437	0.290
	(0.29)	(0.52)	(0.29)	(0.48)	(0.61)	(0.48)

续表

变量	(1) LR1$_{fbit}$	(2) LR2$_{fbit}$	(3) LR3$_{fbit}$	(4) GR1$_{fbt}$	(5) GR2$_{fbt}$	(6) GR3$_{fbt}$
截距项	-0.910*** (0.32)	-1.377** (0.55)	-0.580* (0.34)	-2.441*** (0.56)	-3.167*** (0.77)	-1.929*** (0.61)
前定控制变量	YES	YES	YES	YES	YES	YES
政策控制变量	YES	YES	YES	YES	YES	YES
企业控制变量	YES	YES	YES	YES	YES	YES
企业固定效应	YES	YES	YES	YES	YES	YES
年份固定效应	YES	YES	YES	YES	YES	YES
目标市场固定效应	YES	YES	YES	YES	YES	YES
样本量	36854	13951	36854	69414	39054	69414
调整 R^2	0.281	0.293	0.261	0.760	0.813	0.749

注：***、** 和 * 分别表示在 1%、5%、10% 的置信水平下显著，括号内数值为系数标准误。

表 6-8 进一步将表 6-7 的回归过程拓展到不同所有制企业类型中，Panel A 和 Panel B 分别对应的是内资企业①和外资企业样本。可以发现，表 6-8 展现的结果特征在内资企业中依然明显，而在外资企业样本中，交乘项仅在第（5）列对全局性核心产品出口倾向存在 10% 显著性水平下的正向影响，其他列的回归结果都不显著。这一差异说明，相比外资企业而言，内资企业中存在更加显著的出口技术含量升级悖论现象。在当前全球产业链脆弱性不断加剧的潮流趋势中，国内产业安全问题尤为重要，中国实施 FTA 战略予以应对，内资企业表面上可以获得的出口技术含量的提升，但是自主主导权并没有随之提升，产业安全依然面临严峻挑战。

表 6-8　　　　不同所有制类型下的企业出口技术含量升级悖论

变量	(1) LR1$_{fbit}$	(2) LR2$_{fbit}$	(3) LR3$_{fbit}$	(4) GR1$_{fbt}$	(5) GR2$_{fbt}$	(6) GR3$_{fbt}$
Panel A：内资企业样本						
TPU1$_{b02}$ × CAFTA$_{03}$	0.748** (0.30)	1.182** (0.57)	0.754** (0.30)	0.4991 (0.4922)	0.446 (0.68)	0.320 (0.50)

① 内资企业包含国有企业和民营企业。

续表

变量	(1) LR1$_{fbit}$	(2) LR2$_{fbit}$	(3) LR3$_{fbit}$	(4) GR1$_{fbt}$	(5) GR2$_{fbt}$	(6) GR3$_{fbt}$
截距项	-1.113*** (0.38)	-1.800*** (0.67)	-0.862** (0.41)	-2.5858*** (0.6069)	-3.268*** (0.81)	-1.927*** (0.67)
样本量	28095	10314	28095	54163	30190	54163
调整 R^2	0.281	0.298	0.261	0.7724	0.827	0.762
Panel B：外资企业样本						
TPU1$_{b02}$ × CAFTA$_{03}$	2.753 (2.79)	3.736 (10.98)	1.443 (3.31)	1.221 (4.18)	16.518* (9.39)	-0.476 (4.51)
截距项	0.905 (0.99)	3.048 (2.36)	0.690 (1.24)	-1.094 (1.61)	-2.710 (1.80)	-0.907 (1.69)
样本量	8756	3636	8756	15244	8859	15244
调整 R^2	0.285	0.264	0.262	0.915	0.931	0.916
前定控制变量	YES	YES	YES	YES	YES	YES
政策控制变量	YES	YES	YES	YES	YES	YES
企业控制变量	YES	YES	YES	YES	YES	YES
企业固定效应	YES	YES	YES	YES	YES	YES
年份固定效应	YES	YES	YES	YES	YES	YES
目标市场固定效应	YES	YES	YES	YES	YES	YES

注：***、**和*分别表示在1%、5%、10%的置信水平下显著，括号内数值为系数标准误。

（二）出口技术含量升级悖论的解释

下面主要分两个部分来对出口技术含量升级的悖论进行解释。第一个部分是从多产品企业出口行为中核心产品出口的"倾向效应"和"稳定性预期效应"来解释区域贸易协定引发的贸易政策不确定性下降，对企业出口技术含量升级的作用机制。假设世界上仅存在本国和出口目标市场两个国家，当目标市场贸易政策不确定性下降时，目标市场贸易政策朝着有利于企业出口的方向进行转变的概率提升，意味着本国企业向目标市场进行出口获得的期望收益会提高（Handley & Limão，2015；余智，2019）。那么在进入目标市场贸易成本不变的条件下，期望收益的提升会激励更多企业作出进入目标市场的决策，因而市场竞争环境将会更加激烈。国内外诸多文献的研究结果表明，国际贸易中不仅企业间存在异质性，企业内部出口的产品属性间也同样存在异质性，多产品企业出口的产品种类范围以及多产品组合间的配置内生决定于外部市场的竞争环境，存活的企业会选择将最优的产品组合供给到对应的目标市场（Bernard et al.，2011；Mayer et al.，2014；Manova & Yu，2017）。在此基础上，还形成了以下两条影响渠道。

一是核心产品出口的"倾向效应"渠道。一方面，贸易政策不确定性的下降会通过激烈的市场竞争进而对企业价格加成（mark-up）的分布产生影响，所有企业的价格加成都会受到削弱，因而倒逼企业更多地出口其竞争优势更明显的产品，即增加企业"核心产品"的出口倾向（Manova & Yu，2017；亢梅玲等，2017）。而核心产品相比外围产品不同的是，会得到企业更多的资源投入，具有更高的生产率，同时也具有更高的增加值（祝树金等，2018）。因此，针对某个目标市场"核心产品"的出口总量上升能够帮助企业在该市场上获取更多技术含量，从而实现技术含量升级。另一方面，在贸易政策不确定性下降的影响下，为了应对更激烈的市场竞争，企业在核心产品生产上的投入会对外围产品形成"挤出效应"，不具备生产率优势的产品种类会依次退出目标市场，从而保证企业的核心竞争优势不被分散（吕越和邓利静，2020）。因此，在特定市场上企业对出口产品种类范围的选择变相地增加了核心产品种类出口的倾向，企业通过在目标市场上退出比较劣势产品，也能够促进出口技术含量的升级。

二是核心产品出口的"稳定性预期效应"渠道。贸易政策不确定性的下降，有助于降低企业对目标市场付出的事先调查成本和对冲贸易政策风险的信用保险成本，企业对目标市场的竞争环境能够形成稳定性预期（周定根等，2019），因而会进一步强化企业向目标市场出口核心产品的倾向动机，并在长期上产生对核心产品出口选择的路径依赖，激励企业在核心产品上进行持续性的要素资源投入，在企业多产品出口上可能就表现出核心产品出口的持续时间变长和稳定性增强。

第二个部分则是将上述单个目标市场的假设扩展为多个，则可能出现核心产品出口的"合成谬误"，进而造成出口技术含量升级悖论。假设存在多个出口目标市场，且不同市场间的技术禀赋存在差异，那么在某企业技术要素条件不变时，该企业面对不同目标市场会存在不同比较优势，意味着同一产品在不同目标市场上获取的价格加成（mark-up）不同。以此得到推论，多产品出口企业的占优决策是针对不同目标市场倾向出口那些能够在该市场上获取最高价格加成的产品，即针对不同目标市场，企业出口不同的核心产品，因而企业在单目标市场上出口的核心产品种类与在企业总体层面出口的核心产品种类在很大程度上可能并不一致，某产品在某目标市场上是企业出口的核心产品，转换目标市场后则可能转变为外围产品。因此造成的一个重要后果是，在贸易政策不确定性下降的条件下，企业虽然能够通过对不同目标市场增强不同核心产品的出口倾向和持续时间来获得出口技术含量的升级，但是由于企业缺乏自己独特的核心产品，企业的资源投入会在不同目标市场的核心产品上进行分散，进而导致产品创新速度较慢，造成表面上技术含量实现了升级，却没有提升企业对其出口产品的自主主导权。

如果企业将产品出口策略设定为增强产品的自主主导权，则需要进行要素升级和创新驱动，持续地在一种核心产品上投入要素资源，并将该产品同时出口到多个目标市场，这种做法也能够实现出口技术含量的升级，但是可能违背了企业在不同目标市场上的相对比较优势。其结果是，在贸易政策不确定性下降条件下，出口目标市场竞争的加剧可能会导致企业出口的核心产品在初期仅能够在部分目标市场上获益，而不是全部，如果企业的收益无法覆盖出口成本则不得不退出出口市场，导致难以进行持续性的要素升级，表现为创新动力不足。

综上所述，由于各出口市场技术禀赋的客观差异，企业面对不同目标市场存在不同的技术比较优势，在贸易政策不确定性下降的条件下，市场竞争更加激烈，企业的最优决策是优先扩张在特定目标市场最具有竞争力的核心产品，而在核心产品等价于核心技术产品种类的企业样本中，核心产品往往也是多产品企业中技术含量相对较高的出口产品，因此企业难以实现出口技术含量升级。但是，如果企业一直保持这种市场差异化的比较优势，而不进行要素升级的话，则可能造成出口技术含量升级的悖论：企业难以通过一种核心产品同时出口到多个目标市场中，进而导致即使出口技术含量能够升级，但没有增强对核心产品出口的自主主导权；而在进行要素升级时，如果过多地强调核心产品出口自主主导，则可能违背比较优势规律，难以适应贸易政策不确定性下降引致的出口目标市场竞争加剧。

第三节 被动应对情形下制造业产业层面出口技术含量升级：基于 CPTPP 的反事实模拟

一、CPTPP 的制度背景与特征事实

CPTPP 的前身是《跨太平洋伙伴关系协定》（TPP）。TPP 与 CPTPP 的主要区别是前者由美国主导，其规则体现美国意图，协定不仅规定了 95% 的货物贸易实行零关税，并且在知识产权、数据流动等方面也都做了高精细和高标准的规定。而后者则是由于美国退出 TPP，转变为由日本主导，剩余 11 个成员方重新签署协定，并将 TPP 中多条由美国强烈主张而其他国家反对的条文冻结后，重新更名为 CPTPP。2018 年 12 月 30 日，CPTPP 正式开始生效。中国在 2021 年 9 月 16 日向 CPTPP 提出正式加入的申请，显然，对于中国而言，CPTPP 属于被动应对。由 CPTPP 的成立背景可以看出，CPTPP 相比 TPP 的最主要区别就是美国是否加入其中，而美国在未来重返 CPTPP 的可能性非常大（东艳和徐奇渊，2021），因此，本节将 CPTPP 的冲击分成了包含美国和不包含美国两种情形进行考虑。

首先，我们考察 CPTPP 成员方的目标市场对中国出口技术含量水平的贡献。① 图 6 – 6A 显示，1995 ～ 2019 年，在不考虑美国加入 CPTPP 的情况下，CPTPP 的 11 个成员方目标市场对中国出口技术含量水平的总体贡献率在 30% 左右，世界上其他国家的总体贡献约占 70%。而在考虑美国加入的情况下，CPTPP 市场对中国出口技术含量水平的贡献上升到了 42% ～ 53%（见图 6 – 6B）。这一结果还没有考虑 CPTPP 成员扩容的情况，如果继续考虑其他可能加入 CPTPP 的经济体，如英国、韩国等，该比重还将进一步提

---

① 第四章的图 4 – 3 考察了各国制造业总体层面的出口技术含量变化趋势，具体的测算公式为 $\Phi_c^b = \sum_i \left[\left(X_{ci}^b \Big/ \sum_i X_{ci}^b \right) \times \Phi_i^b \right]$。这里进一步分离出 CPTPP 和非 CPTPP 成员方对中国制造业总体出口技术含量水平的贡献，公式为 $\Phi_c^b = \sum_{i \in CPTPP成员方} \left[\left(X_{ci}^b \Big/ \sum_i X_{ci}^b \right) \times \Phi_i^b \right] + \sum_{i \in 非CPTPP成员方} \left[\left(X_{ci}^b \Big/ \sum_i X_{ci}^b \right) \times \Phi_i^b \right]$，将两个分解项与总体出口技术含量水平进行相除后得到各个目标市场的贡献度。

高。以上结果表明，一方面，CPTPP 市场对中国出口技术含量水平的提升至关重要，中国加入 CPTPP 对自身有利；另一方面，如果中国在美国重返 CPTPP 之前没有加入 CPTPP，而美国为了遏制中国技术进步，大力阻挠中国加入的话，中国可能将陷入更大的被动局面，中国应当抓住当前美国还未重返 CPTPP 的有利时机。

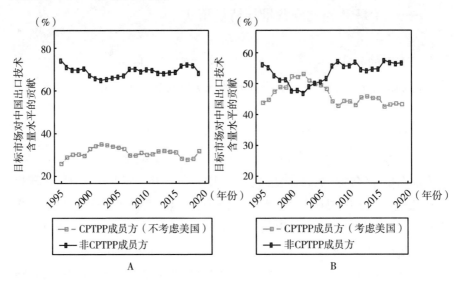

图 6 – 6 CPTPP 和非 CPTPP 目标市场对中国制造业出口技术含量水平的贡献

其次，继续考察中国出口面对 CPTPP 成员方和非 CPTPP 成员方目标市场施加的贸易政策不确定性指数变化趋势。① 图 6 –7A 和图 6 –7B 之间展现出的一个显著特征是，不论是否在 CPTPP 成员中考虑加入或不加入美国市场，两组间中国出口面临的贸易政策不确定性指数的时间序列趋势变化不大，但是 CPTPP 成员方对中国出口施加的平均贸易政策不确定性要明显高于非 CPTPP 成员方。这一结果也为本节展开的反事实模拟提供了事实基础，如果中国能够成功申请加入 CPTPP，将极大地降低中国出口面临的贸易政策不确定性程度。

最后，考察国民经济不同行业出口到 CPTPP 市场上面临的贸易政策不确定性指数。2006 年贸易政策不确定性指数最高的三个行业分别是通用设

---

① 这里利用第四章直接差分法测算出的 4 位数产业层面贸易政策不确定性指数后，分离出 CPTPP 成员方和非 CPTPP 成员方的样本，再分别进行简单平均处理。

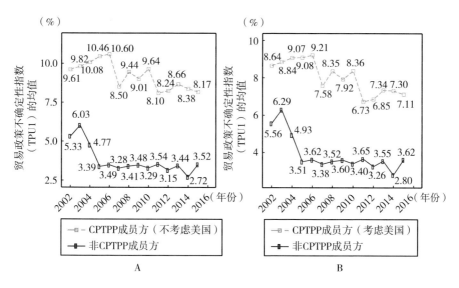

图 6-7　CPTPP 和非 CPTPP 目标市场对中国施加的
贸易政策不确定性指数均值变化

备制造业（11.79%）、专用设备制造业（11.71%）和电气机械及器材制造业（11.70%），指数最低的三个行业分别是饮料制造业（5.41%）、有色金属冶炼及压延加工业（7.70%）和木材加工及木、竹、藤、棕、草制品业（8.42%），可以看出这一时期中国制造业出口在 CPTPP 成员方市场上面临的贸易政策不确定性较高的行业主要集中在技术和资本密集型产业中，相反，劳动密集型产业面临的贸易政策不确定性相对较低。而转到2015 年，指数最高的三个行业分别变化为纺织服装、鞋、帽制造业（12.73%）、皮革、毛皮、羽毛（绒）及其制品业（10.11%）和工艺品及其他制造业（9.44%），可以发现这一时期反而是劳动密集型产业面临了更高的贸易政策不确定性。进一步，从 2015 年指数相比 2006 年指数的下降率也可以看出，饮料制造业（下降率为 -63.76%）、纺织服装、鞋、帽制造业（下降率为 -9.00%）和皮革、毛皮、羽毛（绒）及其制品业（下降率为 -3.94%）等劳动密集型产业的贸易政策不确定性指数不仅没有下降，反而有所上升，而专用设备制造业、医药制造业等技术密集型产业的贸易政策不确定性普遍都有 20% 以上的下降率（见表 6-9）。根据前文的理论逻辑，造成这一结构性差异的原因很可能是中国在技术密集型产业领域还不具备较强的显性比较优势。如果中国在技术密集型产业领域的技术水平不断进步，可以得到的推论是，该产业在未来面临的贸易政策不确定性会显著上升。因此，中国申请加入 CPTPP，不仅对降低劳动密集型产业领域的贸易政策不确定性有推动作用，更重要的是，能够至少保持技术密集型产业领域的贸易政策不确定性不会有大幅上升。

表6-9　　　CPTPP 市场上国民经济不同行业面临的贸易政策不确定性指数

行业代码	行业名称	2006 年指数	2015 年指数	下降率（%）
13	农副食品加工业	9.25	6.21	32.83
14	食品制造业	9.58	7.94	17.07
15	饮料制造业	5.41	8.87	−63.76
17	纺织业	10.67	9.49	11.06
18	纺织服装、鞋、帽制造业	11.68	12.73	−9.00
19	皮革、毛皮、羽毛（绒）及其制品业	9.73	10.11	−3.94
20	木材加工及木、竹、藤、棕、草制品业	8.42	6.35	24.56
21	家具制造业	11.18	9.25	17.29
22	造纸及纸制品业	8.50	9.38	−10.45
23	印刷业和记录媒介的复制	9.02	8.64	4.18
24	文教体育用品制造业	11.19	8.56	23.52
25	石油加工、炼焦及核燃料加工业	8.51	5.72	32.84
26	化学原料及化学制品制造业	11.07	7.73	30.19
27	医药制造业	9.05	6.52	28.02
28	化学纤维制造业	10.41	7.13	31.48
29	橡胶制品业	10.38	8.95	13.78
30	塑料制品业	11.39	8.63	24.21
31	非金属矿物制品业	10.41	8.89	14.60
32	黑色金属冶炼及压延加工业	9.94	7.61	23.45
33	有色金属冶炼及压延加工业	7.70	6.68	13.26
34	金属制品业	11.13	8.69	21.90
35	通用设备制造业	11.79	8.18	30.60
36	专用设备制造业	11.71	7.39	36.89
37	交通运输设备制造业	11.21	8.68	22.56
39	电气机械及器材制造业	11.70	8.89	23.99
40	通信设备、计算机及其他电子设备制造业	9.29	7.17	22.82
41	仪器仪表及文化、办公用机械制造业	10.32	6.99	32.29
42	工艺品及其他制造业	10.77	9.44	12.35

注：这里的 CPTPP 成员方中，没有考虑美国市场；行业在不同年份的指数测算方式与图6-7类似，在不同行业内部采用简单平均的方式处理。

二、计量模型与数据说明

与 CAFTA 不同的是，中国目前还没有加入 CPTPP，因此无法针对 CPTPP 构造准自然试验，只能通过基准回归后，反事实模拟出中国加入 CPTPP 对中国出口技术含量的影响效应。汉德利和利蒙（Handley & Limão，2015）、钱学锋和龚联梅（2017）等经典文献的做法是通过构造一阶差分，在消除某些无法观测的行业特征、目标市场特征、进入成本等因素的影响后，考察两期之间初始的和事后的贸易政策不确定性对一国产业层面贸易行为的影响。将其引入基础回归：

$$\ln\Phi'_{bit} = \beta_0 + \beta_{1T}TPU_{bit} + \beta_2\ln Tariff_{bit} + \delta_{it} + \delta_{bi} + \delta_{bt} + \varepsilon_{bit} \qquad (6-8)$$

其中，β_0 和 ε_{bit} 分别代表常数项和误差项，Φ'_{bit} 和 TPU_{bit} 变量分别表示 4 位数产业层面在 CPTPP 成员市场 i 上的出口技术含量和贸易政策不确定性，$Tariff_{bit}$ 为中国 b 产业出口到 CPTPP 成员市场 i 上的关税税率。δ_{bi} 和 δ_{bt} 分别表示产业—市场层面和产业—时间层面的固定效应，可以用来控制目标市场对中国产业的需求冲击、各类时不变的出口成本因素（例如，运输成本和非关税壁垒等）以及各类产业—时间变化效应（例如，中国不同行业中的企业进入和退出影响效应），而 δ_{it} 则表示市场—时间层面的固定效应，可以用来控制目标市场一系列不可预期的加总性冲击，例如，目标市场的总产出冲击等。然后将式（6-8）进行一阶差分，获得：

$$\Delta_t\ln\Phi'_{bit} = \beta_{1,2005}TPU_{bi}^{2005} + \beta_{1,2011}TPU_{bi}^{2011} + \beta_2\Delta_t\ln Tariff_{bi} + \delta_i + \delta_b + \Delta_t\varepsilon_{bi}$$

$$(6-9)$$

式（6-9）是最终的回归模型。各变量的具体含义如下：

（1）被解释变量。Φ'_{bit} 为宏观产业—市场层面的出口技术含量，与式（4-4）不同的是，这里的出口技术含量需要从本章的式（6-2）加权得到，[①] 这样做的目的是可以进一步考察加入 CPTPP 后，企业间资源再配置对产业出口技术含量的作用。借鉴盛斌和毛其淋（2017）的做法，构造：

---

①　这里构造的出口技术含量为了与式（4-4）有所区别，采用 Φ'_{bit} 进行表示。

$$\ln\Phi'_{\text{bit}} = \sum_{f \in b} \varpi_{\text{fit}} \times \ln\Phi_{\text{fbit}} \qquad (6-10)$$

其中，$\ln\Phi_{\text{fbit}}$ 为式（6-2）构造的企业—市场层面的出口技术含量，ϖ_{fit} 为权重，采用某个目标市场 i 上产业 b 内部企业 f 出口所占的份额来衡量。因此，式（6-9）中 $\Delta_t \ln\Phi'_{\text{bit}}$ 则是对 $\ln\Phi'_{\text{bit}}$ 进行直接差分获得，衡量的是以 2005 年为基期 2011 年的出口技术含量增长率，即 $\Delta_t \ln\Phi'_{\text{bit}} = \ln\Phi'_{\text{bi,2011}} - \ln\Phi'_{\text{bi,2005}}$。进一步，盛斌和毛其淋（2017）将产业层面的出口技术含量分解为"企业平均的出口技术含量"和"企业间资源再配置效率"两项。本书也采用此方法进一步构造如下增长率的分解恒等式：

$$\Delta_t \ln\Phi'_{\text{bit}} = \underbrace{\Delta_t \overline{\ln\Phi'_{\text{bit}}}}_{\text{企业平均出口技术含量增长率}} + \underbrace{\Delta_t \left[\sum_{f \in b} (\varpi_{\text{fit}} - \overline{\varpi_{\text{fit}}}) \times (\ln\Phi_{\text{fbit}} - \overline{\ln\Phi'_{\text{bit}}}) \right]}_{\text{企业间资源再配置效率增长率}}$$

$$(6-11)$$

其中，$\overline{\ln\Phi'_{\text{bit}}}$ 表示某个目标市场 i 上产业 b 内所有企业的算术平均出口技术含量，取 Δ_t 后则表示企业平均的出口技术含量增长率，记为 $\Delta_t \ln\Phi_{\text{bit}}^{\text{AVE}}$。$\overline{\varpi_{\text{ft}}}$ 表示产业 b 内企业出口权重的平均值，$\sum_{f \in b} (\varpi_{\text{ft}} - \overline{\varpi_{\text{ft}}}) \times (\ln\Phi_{\text{fbit}} - \overline{\ln\Phi'_{\text{bit}}})$ 为 ϖ_{ft} 和 $\ln\Phi_{\text{fbit}}$ 的协方差，衡量的是产业 b 内部企业间资源再配置效率的大小，其经济学内涵是，若产业内部某企业的相对出口份额随着企业本身的出口技术含量提高而提高时，则企业间的资源再配置效率在提高，反之则资源再配置效率在下降，对其取 Δ_t 后则表示资源再配置效率的增长率，记为 $\Delta_t \ln\Phi_{\text{bit}}^{\text{COV}}$。

在对式（6-9）进行回归后，将被解释变量分别替换为式（6-11）的两项分解式，则可以考察贸易政策不确定性对出口技术含量增长率的结构性影响。

（2）核心解释变量。TPU_{bi}^{2005} 和 TPU_{bi}^{2011} 分别为 2005 年和 2011 年中国 b 产业出口到某个 CPTPP 成员方市场 i 上面临的贸易政策确定性指数，分别代表了 FTA 协议签订前中国出口面临的初始贸易政策不确定性指数和签订后面临的事后贸易政策不确定性指数。汉德利和利蒙（Handley & Limão, 2015）认为，初始的和事后的贸易政策不确定性都会对企业的出口决策产生影响。之所以选择 2005 年和 2011 年的指数作为初始和事后贸易政策不确定性的代理指标，是因为 2005～2011 年，中国和部分 CPTPP 成员方之间签订的 FTA 协议已经开始生效，[①] 2005 年的贸易政策不确定性衡量的主要是因失去最惠国关税（MFN）而产生的可能性损失，与 FTA 无关，而 2011 年的贸易政策不确定性衡量的主要是因失去 FTA 下的优惠关税（PRF）而产生的可能性损失，其具体测算过程如式（4－5）所示，这里为了保证后续反事实模拟结果之间的可比性，只采用直接差分法计算的贸易政策不确定性。

值得说明的是，钱学锋和龚联梅（2017）在核心解释变量中还引入了事后的中国相对 CPTPP 成员方内部的贸易政策不确定性指数，即用"中国出口面临的贸易政策不确定性"减去"CPTPP 成员方内部的贸易政策不确定性"。本书没有沿用这一做法，这是因为 CPTPP 成员方之间虽然也存在贸易政策不确定性，但是该指数衡量的并非 CPTPP 协议生效下的不确定性程度，因此 CPTPP 成员方内部的贸易政策不确定性不具备作为基准比较的条件。

（3）关税解释变量。与汉德利和利蒙（Handley & Limão，2015）、钱学锋和龚联梅（2017）等文献的做法保持一致，式（6－9）中引入的 $\Delta_t \ln Tariff_{bi}$ 变量，衡量的是中国 b 产业出口到 CPTPP 成员方市场 i 上的关税削减程度，采用 2011 年与 2005 年之间 b 产业在 i 市场上的平均实际应用关税税率的差分进行构造，该值为负且越小表示关税削减幅度越大。由于实际应用关税税率可能存在 0 的情形，为了避免计算错误，本书对实际关税加 1 后再取对数。

在出口技术含量测算方面，本节使用的数据与本章第一节一致，将中国工业企业数据库与中国海关数据库进行匹配后，测算出各年份的企业层面出口技术含量，再按照式（6－10）和式（6－11）测算出宏观产业层面的出口技术含量增长率及其分解项。在关税和贸易政策不确定性测算方面，本节使用的数据及处理方式与第四章一致，需要说明的是，由于越南的关税数据缺失较为严重，本部分的实证部分不包含越南。变量的描述性统计如表 6－10 所示。

---

① 与中国相关的 FTA 签订和生效时间具体如表 4－2 所示。

表 6 – 10   反事实模拟中各变量的描述性统计

变量	变量含义	观察值	均值	最小值	最大值	标准差
$\Delta_t \ln\Phi'_{bit}$	产业出口技术含量增长率	5935	0.0065	– 5.8718	15.3201	0.7133
$\Delta_t \ln\Phi^{AVE}_{bit}$	企业平均出口技术含量增长率	5935	– 0.0097	– 4.1174	15.3040	0.6042
$\Delta_t \ln\Phi^{COV}_{bit}$	企业间资源再配置效率增长率	5935	0.0161	– 3.1591	3.8297	0.3672
TPU^{2005}_{bi}	初始贸易政策不确定性指数	5935	4.0985	0.0000	65.6467	7.6247
TPU^{2011}_{bi}	事后贸易政策不确定性指数	5935	3.1933	0.0000	46.0000	6.9752
$\Delta_t \ln Tariff_{bi}$	实际关税变化	5935	– 0.0285	– 1.0000	0.6319	0.0644

三、基准回归分析

(一) 基准回归结果

表 6 – 11 给出了针对式 (6 – 9) 的基准回归结果，可以发现：(1) 从 TPU^{2005}_{bi} 的结果来看，第 (1) 列的结果显示，在 CPTPP 成员方中不考虑未来美国很可能加入的情况下，初始贸易政策不确定性（TPU^{2005}_{bi}）对出口技术含量增长率的系数呈现出在 1% 显著性水平下为正。第 (2) 列进一步控制了行业和市场效应的影响，第 (3) 和第 (4) 列在前两列的基础上进一步考虑了在 CPTPP 成员方中加入美国的情况，结果显示，系数的方向和显著性水平均没有发生变化。由第 (2) 列和第 (4) 列的基准结果可以得出，初始贸易政策不确定性指数每上升 1 个单位，FTA 协议的签订将使得中国制造业在"考虑包含美国的 CPTPP 成员方市场"和"考虑不包含美国的 CPTPP 成员方市场"上的出口技术含量分别平均提高 0.89% 和 0.87%。换言之，中国与 CPTPP 成员方之间签订的 FTA 有效推动了中国制造业的出口技术含量升级。(2) 从 TPU^{2011}_{bi} 的系数估计来看，第 (1) ~ 第 (4) 列的结果均表现出显著的负值，在加入行业效应和市场效应的回归中，无论是否考虑在 CPTPP 成员方中加入美国，事后贸易政策不确定性每上升 1 个单位，中国相对目标市场的出口技术含量增长率将下降 1.18%。换言之，中国与 CPTPP 成员方之间签订 FTA 后，若贸易政策不确定性上升将抑制中国制造业的出口技术含量升级。(3) 从 $\Delta_t \ln Tariff_{bi}$ 的估计结果来看，在第 (1) ~ 第 (4) 列的四种情形下，CPTPP 成员方市场的关税每提

高 1%，将分别导致中国制造业在目标市场上的出口技术含量下降 82.96%、64.77%、82.91% 和 67.78%。这一结果也与预期较为符合，CPTPP 协议中货物贸易零关税的比重很大，这意味着若中国加入 CPTPP 将带来实际关税的大幅削减，进而有助于制造业的出口技术含量升级。

表 6 – 11　　　　　CPTPP 成员方样本下出口技术含量增长率变化：基准回归

变量	(1)	(2)	(3)	(4)
	CPTPP（不考虑美国）		CPTPP（考虑美国）	
	$\Delta_t \ln\Phi'_{bit}$	$\Delta_t \ln\Phi'_{bit}$	$\Delta_t \ln\Phi'_{bit}$	$\Delta_t \ln\Phi'_{bit}$
TPU_{bi}^{2005}	0.0080 ***	0.0087 ***	0.0080 ***	0.0089 ***
	(0.0016)	(0.0017)	(0.0016)	(0.0016)
TPU_{bi}^{2011}	− 0.0126 ***	− 0.0118 ***	− 0.0126 ***	− 0.0119 ***
	(0.0018)	(0.0019)	(0.0018)	(0.0018)
$\Delta_t \ln Tariff_{bi}$	− 0.8296 ***	− 0.6477 ***	− 0.8291 ***	− 0.6778 ***
	(0.1876)	(0.2108)	(0.1831)	(0.1982)
行业效应	NO	YES	NO	YES
市场效应	NO	YES	NO	YES
观察值	3651	3651	4084	4084
R^2	0.0180	0.0218	0.0169	0.0211

注：(1) *** 表示在 1% 的置信水平下显著，括号内数值为系数标准误；(2) 这里的观察值数量与描述性统计中的观察值数量不一致是因为在构造总体回归样本时，考虑到后续的稳健性检验，样本还包含了 RCEP 的成员方样本。

在利用式（6 – 11）对出口技术含量增长率进行分解后，将其代入回归式（6 – 9）中，表 6 – 12 给出了具体的回归结果。比较两个分解项的回归结果可以发现的一个显著特征是，各变量对企业平均出口技术含量增长率的回归系数均高度显著，且系数符号也与前述保持一致，而对企业间资源再配置效率增长率的回归系数均不显著。这一结果表明，FTA 的签订主要是通过对企业平均出口技术含量的渠道来影响总体的出口技术含量增长率，对企业间资源配置效率的增长影响不大。对此，国内学术界提出过中国企业出口可能存在"生产率悖论"，即出口企业的生产率相比不出口企业反而更低，侧面反映了制造业企业间的资源配置效率可能不高。造成这一现象的原因可能存在多种解释，既可能是因为中国出口存在大量的加工贸易企业，而加工贸易企业并不一定具备高出口技术含量，因而拉低了资源配置效率，也可能是因为当出口企业属于劳动力密集型产业时，其面对的国内市场竞争可能比国外市场竞争更加激烈，进入本地市场反而需要更高的生产率，出口企业的出口技术含量反而较低（李春顶，2015）。当然，无论是何种解释，都意味着中国无法通过 FTA "一劳永逸" 地解决制造业出口技术含量升级问题，还需要通过要素市场改革、国有企业改革等政策缓解企业间的资源误置现象。

表 6 – 12　　　CPTPP 成员方样本下出口技术含量增长率结构的变化：基准回归

变量	(1)	(2)	(3)	(4)
	企业平均出口技术含量增长率		企业间资源再配置效率增长率	
	CPTPP（不加美国）	CPTPP（加美国）	CPTPP（不加美国）	CPTPP（加美国）
TPU_{bi}^{2005}	0.0094 ***	0.0095 ***	– 0.0007	– 0.0006
	(0.0015)	(0.0014)	(0.0009)	(0.0008)
TPU_{bi}^{2011}	– 0.0130 ***	– 0.0131 ***	0.0012	0.0012
	(0.0016)	(0.0015)	(0.0009)	(0.0009)
$\Delta_t \ln Tariff_{bi}$	– 0.5903 ***	– 0.6224 ***	– 0.0573	– 0.0554
	(0.1801)	(0.1672)	(0.1057)	(0.1015)
行业效应	YES	YES	YES	YES
市场效应	YES	YES	YES	YES
观察值	3651	4084	3651	4084
R^2	0.0287	0.0280	0.0020	0.0021

注：(1) *** 表示在 1% 的置信水平下显著，括号内数值为系数标准误；(2) 这里的观察值数量与描述性统计中的观察值数量不一致是因为在构造总体回归样本时，考虑到后续的稳健性检验，样本还包含了 RCEP 的成员方样本。

此外，对比表 6 – 12 中包含美国和不包含美国的 CPTPP 下的回归结果，可以发现两组间核心解释变量估计系数没有表现出显著差异，这一特征同样出现在表 6 – 11 中。这一结果说明，无论美国是否加入 CPTPP，协议对中国制造业出口技术含量的影响效应程度区别不大，但是，如果美国通过影响 CPTPP 的成员方（如日本等），进而干扰成员方作出对中国加入的决议，那么中国将受到很大影响，目前中国虽然递交了加入 CPTPP 的申请，但是还应当与美国方面保持良好沟通，减少美国在中国申请加入过程中带来的第三方不确定性影响。

（二）基准回归的稳健性检验

本章第二节运用双重差分法考察了中国主动参与 CAFTA 对企业层面出口技术含量的影响，第二节基准回归考察的是 FTA 被动应对（以 CPTPP 为例）情形下产业出口技术含量升级过程，发现无论是主动参与还是被动应对，中国加入 FTA 都有助于出口技术含量提升。如果基准回归是稳健的话，那么将被动应对情形更改为主动参与情形，基准回归的总体结果应当变化不大。因此，我们进一步将样本中的目标市场更改为 RCEP 成员方，并进一步对式（6－9）进行回归，具体结果如表 6－13 所示。从第（1）和第（2）列各变量分别对产业出口技术含量增长率和企业平均出口技术含量增长率的影响来看，系数的方向与显著性与基准回归基本保持一致，说明在 RCEP 成员方样本中，FTA 的签订也主要是通过企业平均出口技术含量渠道对宏观产业层面产生影响的。同时，从这两列回归系数大小与基准回归结果的对比来看，在 RCEP 样本中 TPU_{bi}^{2005} 和 TPU_{bi}^{2011} 的系数值均大于 CPTPP 样本，这代表了加入 RCEP 后，1 单位贸易政策不确定性变化带来的收益要比加入 CPTPP 更大。进一步，第（3）列中，初始贸易政策不确定性与关税变化对企业间资源再配置效率增长率的影响不显著，这也与基准回归保持一致，但是事后贸易政策不确定性上升反而对企业间资源再配置效率增长率起到了提升作用，这一结果和基准回归不同。一个可能的解释是，RCEP 成员方中大部分国家都属于发展中国家，与中国一样，在劳动密集型产业上拥有相对的比较优势，那么当中国的劳动密集型产业在这些市场上的事后贸易政策不确定性上升时，只有更高出口技术含量的企业才能进入该市场，产生"自选择"效应，因而改善了国内企业间资源再配置效率的增长。

表 6－13　　　　　RCEP 成员方样本下出口技术含量增长率
及其结构的变化：稳健性回归

变量	（1）	（2）	（3）
	产业出口技术含量增长率	企业平均出口技术含量增长率	企业间资源再配置效率增长率
TPU_{bi}^{2005}	0.0133 *** （0.0029）	0.0141 *** （0.0025）	－ 0.0008 （0.0015）

续表

变量	（1） 产业出口技术含量增长率	（2） 企业平均出口技术含量增长率	（3） 企业间资源再配置效率增长率
TPU_{bi}^{2011}	-0.0065 ** (0.0031)	-0.0104 *** (0.0026)	0.0039 ** (0.0016)
$\Delta_t \ln Tariff_{bi}$	-0.3791 ** (0.1853)	-0.3695 ** (0.1580)	-0.0096 (0.0949)
行业效应	YES	YES	YES
市场效应	YES	YES	YES
观察值	4231	4231	4231
R^2	0.0215	0.0259	0.0050

注：***、** 分别表示在 1%、5% 的置信水平下显著，括号内数值为系数标准误。

四、反事实模拟

基于表 6-11 和表 6-12 的基准回归结果，我们进一步反事实模拟出中国加入或不加入 CPTPP 情形下 4 位数产业出口技术含量的变化。汉德利（Handley，2014）、钱学锋和龚联梅（2017）等文献也根据基准回归进行了反事实模拟，其做法是比较贸易政策不确定性存在和被消除两种情形下的贸易出口额变化，本书也借鉴这种做法。

如果中国不加入 CPTPP，那么回归中初始贸易政策不确定性和事后贸易政策不确定性指数不发生变化，可以测算出出口技术含量增长率（及其结构项增长率）的拟合值，以此代表没有加入 CPTPP 情形下真实的出口技术含量增长率（及其结构项增长率）；如果中国加入 CPTPP，那么中国与 CPTPP 成员方之间的初始贸易政策不确定性将根据约束关税和优惠关税①的直接差分进行计算，且事后贸易政策不确定性指数变为 0，再代入回归方程中，可以拟合出加入 CPTPP 情形下的潜在出口技术含量增长率（及其结构项增长率）。将潜在的出口技术含量增长率（及其结构项增长率）减去真实的拟合值，可以得到加入 CPTPP 的反事实情形下出口技术含量增长率的相对

---

① 借鉴钱学锋和龚联梅（2017）的做法，在中国加入 CPTPP 的情形下，假设协议中优惠关税的 0 关税税率占比达到 100%。

变化。如果为正，则说明加入 CPTPP 相比不加入能够获得更高的增长率。需要说明的是，反事实模拟同样是在 4 位数产业—目标市场层面进行的，同时在 CPTPP 成员方的样本中不考虑美国加入的情形，本小节在区分目标市场和行业类型的基础上分别对增长率的差额进行简单平均得到了模拟结果。

表 6 - 14 从不同目标市场角度展示了加入 CPTPP 相比不加入 CPTPP 情形下增长率差额的模拟结果。（1）从产业出口技术含量增长率的变化来看，加入 CPTPP 相比不加入 CPTPP 而言，制造业在澳大利亚、文莱、加拿大、日本、墨西哥和马来西亚 6 个目标市场上增长率的差额为正，其余 4 个为负，[①] 说明加入 CPTPP 能够帮助中国制造业在大部分 CPTPP 成员方目标市场上的出口技术含量增长率获得进一步提升。进一步观察 4 个为负的目标市场，分别为智利、新西兰、秘鲁和新加坡，可以发现这 4 个 CPTPP 成员方在 2005～2011 年均与中国签订了双边的 FTA，因此，造成在这 4 个目标市场上增长率差额为负的原因可能是，双边的 FTA 已经较大幅度降低了中国出口到这些市场的贸易政策不确定性，进而导致加入 CPTPP 的政策冲击在这些市场上的效果不明显。（2）从企业平均出口技术含量增长率的变化来看，其结果与第（1）列基本保持一致，其中增长率提升最大的三个目标市场分别是墨西哥、澳大利亚和马来西亚，相比不加入 CPTPP，加入 CPTPP 能够使得中国制造业企业在这三个市场上的平均出口技术含量增长率净增 19.21%、4.67% 和 2.75%。（3）从企业间资源再配置效率增长率的变化来看，展现出的一个较为明显的特征是，其绝对值要显著小于企业平均出口技术含量增长率变化下的绝对值，这也验证了基准回归中的一个主要结论，加入 CPTPP 后，企业平均出口技术含量增长率变化是总体增长率变化的主要渠道，企业间资源再配置效率的作用不显著。

表 6 - 14　　　　加入 CPTPP 反事实情形下增长率的变化：分目标市场模拟

国家	（1） 产业出口技术含量 增长率的变化	（2） 企业平均出口技术含量 增长率的变化	（3） 企业间资源再配置效率 增长率的变化
澳大利亚	0.0437	0.0467	- 0.0030

①　这里没有考虑越南是因为越南的关税数据缺失严重，因此剔除了越南样本。

国家	(1) 产业出口技术含量 增长率的变化	(2) 企业平均出口技术含量 增长率的变化	(3) 企业间资源再配置效率 增长率的变化
文莱	0.0055	0.0059	− 0.0004
加拿大	0.0268	0.0274	− 0.0006
智利	− 0.1079	− 0.1159	0.0079
日本	0.0111	0.0094	0.0016
墨西哥	0.1746	0.1921	− 0.0175
马来西亚	0.0312	0.0275	0.0037
新西兰	− 0.0627	− 0.0718	0.0091
秘鲁	− 0.1529	− 0.1675	0.0146
新加坡	− 0.0016	− 0.0050	0.0035

表 6 – 15 从不同行业展示了反事实模拟的结果。总体来说，分行业与分目标市场的反事实模拟结果区别不大。（1）加入 CPTPP，制造业中将近有 2/3 的行业出口技术含量增长率要高于不加入 CPTPP 情形下的增长率，增长率最高的 5 个行业分别为"饮料制造业""纺织业""纺织服装、鞋、帽制造业""化学纤维制造业"和"皮革、毛皮、羽毛（绒）及其制品业"，增长率的差额分别达到了 2.41%、1.95%、1.68%、1.59% 和 1.44%。可以发现，加入 CPTPP 更加倾向于提升劳动密集型产业的出口技术含量。（2）对比企业平均出口技术含量增长率的变化和企业间资源再配置效率增长率的变化，在不同行业中前者的绝对值同样要明显高于后者，说明在分行业反事实模拟中同样显示了，前者是 CPTPP 推动中国宏观产业出口技术含量增长率的主要渠道。

表 6 – 15　　　　加入 CPTPP 反事实情形下增长率的变化：分行业模拟

行业名称	(1) 产业出口技术含量 增长率的变化	(2) 企业平均出口技术 含量增长率的变化	(3) 企业间资源再配置 效率增长率的变化
农副食品加工业	0.0116	0.0092	0.0024
食品制造业	0.0051	0.0016	0.0035
饮料制造业	0.0241	0.0228	0.0013

续表

行业名称	（1）产业出口技术含量增长率的变化	（2）企业平均出口技术含量增长率的变化	（3）企业间资源再配置效率增长率的变化
纺织业	0.0195	0.0185	0.0010
纺织服装、鞋、帽制造业	0.0168	0.0152	0.0015
皮革、毛皮、羽毛（绒）及其制品业	0.0144	0.0122	0.0022
木材加工及木、竹、藤、棕、草制品业	0.0122	0.0105	0.0017
家具制造业	−0.0041	−0.0065	0.0024
造纸及纸制品业	0.0061	0.0047	0.0014
印刷业和记录媒介的复制业	−0.0004	−0.0019	0.0014
文教体育用品制造业	−0.0029	−0.0049	0.0020
石油加工、炼焦及核燃料加工业	0.0055	0.0061	−0.0006
化学原料及化学制品制造业	−0.0083	−0.0101	0.0018
医药制造业	−0.0115	−0.0138	0.0022
化学纤维制造业	0.0159	0.0160	−0.0001
橡胶制品业	0.0115	0.0099	0.0015
塑料制品业	0.0020	0.0000	0.0019
非金属矿物制品业	0.0018	−0.0002	0.0019
黑色金属冶炼及压延加工业	0.0052	0.0053	−0.0001
有色金属冶炼及压延加工业	0.0103	0.0102	0.0001
金属制品业	−0.0018	−0.0041	0.0022
通用设备制造业	−0.0072	−0.0086	0.0014
专用设备制造业	−0.0051	−0.0066	0.0016
交通运输设备制造业	0.0122	0.0109	0.0013
电气机械及器材制造业	0.0033	0.0019	0.0015
通信设备、计算机及其他电子设备制造业	−0.0026	−0.0038	0.0012
仪器仪表及文化、办公用机械制造业	−0.0038	−0.0052	0.0014
工艺品及其他制造业	0.0088	0.0063	0.0025

第四节 本章小结

本章将与中国密切相关的 FTA 分为"主动参与"和"被动应对"两种类型，并分别以 CAFTA 和 CPTPP 为例，研究了参与 FTA 是否能够破除贸易政策不确定性带来的负面冲击。

在主动参与情形中，本章采用双重差分法研究了中国参与 CAFTA 的政策效果，研究发现，中国参与 CAFTA 能够抑制贸易政策不确定性的负面技术冲击，推动企业出口技术含量进行升级。但是可能引发技术升级悖论，即企业相对某个目标市场的出口技术含量提升了，却没有显著激励企业出口自身的核心技术产品（即全局性的核心产品）倾向，导致产品出口缺乏自主主导权，然而过度强调自主主导的核心技术产品出口，又可能违背比较优势发展规律，导致难以适应贸易政策不确定性下降下的市场竞争环境。同时，本书还引入了各类异质性特征进行边际效应分析，相比国有企业、纯一般贸易类型的企业以及地处京津冀城市群的企业而言，加入 CAFTA 对企业出口技术含量的边际效应在非国有企业、包含了加工贸易类型的企业以及地处长三角和粤港澳大湾区城市群的企业样本中呈现出了更加显著的效果。此外，在引入上下游关联的异质性分析中发现，参与 CAFTA 对企业出口技术含量影响的上游关联效应显著，而下游关联效应不显著，即上游行业的贸易政策不确定性下降会通过行业间的投入—产出关联作用对下游行业中的企业出口技术含量形成冲击，但冲击效果要小于其对本行业的影响。

在被动应对情形中，本章通过构造一阶差分回归模型剔除了各类"产业—时间""目标市场—时间"层面的影响因素，引入了参与 FTA 前的初始贸易政策不确定性以及参与 FTA 后的事后贸易政策不确定作为核心解释变量，研究了 FTA 对产业层面出口技术含量增长率的作用，并反事实模拟出了中国参与 CPTPP 带来的政策边际效应。在基准回归中发现，在不考虑美国加入的 CPTPP 成员方样本中，初始的和事后的贸易政策不确定性分别每上升和下降 1 个单位，产业层面出口技术含量的增长率将分别达到 0.87% 和 1.18%，说明若在签订 FTA 前贸易政策不确定性越高或者签订

FTA 后贸易政策不确定性越低，越有助于中国制造业出口技术含量升级。进一步将产业层面出口技术含量增长率分解为企业平均出口技术含量增长率和企业间资源再配置效率增长率，发现贸易政策不确定性主要是通过前者对宏观层面出口技术含量增长率产生冲击的，对后者的影响不显著，这一特征在中国加入 CPTPP 的反事实模拟中同样出现。在反事实模拟中发现，若中国加入 CPTPP，相比不加入情形，中国制造业在大部分目标市场和行业中的出口技术含量增长率都会更高，但主要集中在那些还没有与中国签订过双边 FTA 的目标市场以及劳动密集型产业上。

第七章

拓展分析：贸易政策不确定性与中国制造业出口技术含量增长动力转换

一个国家制造业的技术水平会表现在出口产品上。根据 2000 ~ 2015 年的海关出口数据，来自中国企业的几乎所有种类的工业产品，其出口数量、种类和目标市场个数都在逐年递增。而造成这种现象的原因，可能是由于中国出口的产品正在向价值链的高端进行攀升，也可能是因为中国企业尝试通过分散出口目标市场来规避竞争。换言之，中国制造业技术水平增长有多个驱动因素。那么，在不同时期贸易政策环境变化的影响下，技术水平增长的动力是否会发生转换？本章尝试回答这一问题。

对该问题进行回答的前提是，只有先提出一种有效的"将中国制造业技术水平增长分解为多个动力因素"的方法，才能够观察不同时期增长动力是否发生了转换，以及出口面临的贸易政策不确定性在动力转换中扮演着什么角色。因此，本章的重点和难点是如何对制造业技术增长进行结构分解。本章第一节创新性地提出了一种二维的动态 OP 结构分解方法，并利用该方法估计出了中国制造业出口技术含量增长的动力结构。出口技术含量是一个评价国家（地区）和企业产品国际竞争力的指标，体现其产品在全球价值链分工中的地位，也是研究国家和产业生产技术水平的重要指标。豪斯曼等（Hausmann et al.，2007）认为，在技术含量较高的产品生产领域保持领导地位，是发达国家维持其较高平均劳动生产率的主要手段。因此，发展中国家要实现对发达国家的追赶，就有必要在技术含量较高领域向发达国家挑战。挑战成功的表现是发展中国家在价值链上实现了攀升，进而逐步地挤占发达国家产品出口的目标市场；或者挑战失败，发展中国家没有在价值链上获得实质提高，因此为躲避发达国家产品的竞争而转移目标市场。总之，出口技术含量具有结构分解出目标市场选择效应和价值链攀升效应的潜力。

本章认为出口技术含量可以进一步分解出两组不易区别的效应：（1）新旧产品更替效应和价值链攀升效应。价值链攀升表现为减少低技术产品的出口且增加高技术产品的出口，但规模上企业不会把盈利的鸡蛋放在一个篮子里，它们会不断调整出口产品组合（彭国华和夏帆，2013），即便产品的技术含量较高，只要不盈利，它们也会选择放弃。因此，本章需要提出将二者区别开来的分解方法。（2）纯技术进步效应和目标市场选择效应。在国际竞争中获利是出口产业内生技术进步的动力，但大量现实案例表明，同类出口产品只能在部分目标市场上获得盈利；换言之，只要找准目标市场，产业可以在短期内没有技术进步。忽略目标市场差异，将无法区分技术进步带来的出口扩张和目标市场选择引起的出口扩张，所以本章关于出口技术含量的构造还要兼顾市场差异性。

在对出口技术含量进行结构分解的基础上，本章进一步将样本划分为高贸易政策不确定性组和低贸易政策不确定性组，并通过对结构分解式进行约束条件下的似不相关回归，发现了在不同的贸易政策不确定性环境下，增长的动力结构出现了转换。当制造业出口面临的平均贸易政策不确定性较高时，出口技术含量增长中纯技术进步效应的驱动力量会受阻，导致不得不转向目标市场选择效应驱动，然而目标市场选择效应的提升无法为中国制造业出口带来高质量的发展动力；而当平均贸易政策不确定性较低时，纯技术进步效应会逐步替代目标市场选择效应，进而推动制造业出口的高质量发展。当前世界历史正处在百年未有之大变局，国际贸易中的贸易政策不确定性不断上升，这一发现对中国构建新发展格局具有重要现实意义。

第一节　中国制造业出口技术含量增长的
动态结构分解

一、拓展动态 OP 分解方法的提出

就研究方法而言，毛其淋和盛斌（2013）采用 FHK 法（Foster et al.，2001）、GR 法（Griliches & Regev，1995）和 BG 法（Baldwin & Gu，2006）对我国制造业企业 TFP 变化进行分解，发现"企业进入和退出"对制造业生产率增长的贡献率达到了 21.3%~28.9%。但吴利学等（2016）指出，DOP 方法在组间效应和动态变化估计上具有优势，并且对不同截尾数据分布类型都有较高的适应性，该研究进一步使用 DOP 方法对中国制造业生产率提升进行结构分解后发现，"企业进入和退出"对生产率提升的贡献仅有 10%。需要说明的是，由于各国在不同商品上的差异化劳动生产率形成了各自的比较优势，出口技术含量指标不仅可以进行生产率结构分解（沈国兵和黄铄珺，2020），而且对其分解还有助于认识技术含量变化的源头。显然，出口问题中的"企业进入和退出"必须基于目标市场的性质，但是现有的分解方法仅关注了"企业层面的进入和退出"这一个维度，忽视了在特定目标市场上的进入和退出也会影响到生产率变化，而要同时考虑目标市场层面的影响就要求在技术上将一维分解法扩展为二维。

前文中式（4-2）给出了基于产品—市场维度下的出口技术含量测算方法，本部分进一步基于该式构造加权平均的制造业出口技术含量的测度指标，并就其来源进行结构分解。

第一步，定义 t 年中国制造业加权平均出口技术含量 Φ_t 为：

$$\Phi_t = \sum_i \left[\frac{x_{it}}{x_t} \left(\sum_p \frac{x_{pit}}{x_{it}} \times \varphi_{pit} \right) \right] = \sum_i \left(\frac{x_{it}}{x_t} \Phi_{it} \right) \qquad (7-1)$$

其中，t 表示年份，x_{pit} 表示中国在 t 年向 i 市场出口 p 产品的总额，x_{it} 表示中国在 t 年向 i 市场的出口总额，x_t 表示中国在 t 年的出口总额，φ_{pit} 为式（4-2）给出的中国在 t 年向目标市场 i 出口产品 p 的技术含量。式（7-1）

中 Φ_{it} 表示中国在 t 年向目标市场 i 出口制造业产品的加权平均技术含量，[①] 此技术含量是建立于目标市场特性和对目标市场出口产品种类两个维度之上，也等价于前文构造的式（4－4）。如果相同产品在不同目标市场上具备的比较优势水平不同，则必然产生中国在不同目标市场上出口产品种类的差异化，所以式（7－1）定义的制造业平均出口技术含量 Φ_t 较为充分地考虑了这个逻辑推论。

第二步，用产品种类替代企业数量引入 OP 分解法（Olley & Pakes，1996），一般来说，OP 分解法主要应用于企业层面，而本章将一个 HS6 位码的产品设定为一个产业，由所有该 6 位码产品下的代表性生产者组成，因此产品在目标市场上的退出等价于这些代表性生产者（企业）的退出。对 Φ_{it} 进行分解，得到：

$$
\begin{aligned}
\Phi_{it} &= \frac{1}{\aleph(N_{it})} \sum_{p \in N_{it}} \varphi_{pit} + \sum_{p \in N_{it}} \left(\frac{x_{pit}}{x_{it}} - \frac{1}{\aleph(N_{it})} \right) \times (\varphi_{pit} - \overline{\varphi}_{it}) \\
&= \overline{\varphi}_{it} + cov\left(\frac{x_{pit}}{x_{it}}, \varphi_{pit} \right)
\end{aligned}
\tag{7－2}
$$

其中，N_{it} 表示中国在 t 年向 i 市场出口的产品种类集合，$\aleph(N_{it})$ 表示 N_{it} 集合中的元素个数；$\overline{\varphi}_{it}$ 表示中国向 i 市场出口产品的平均技术含量，代表中国制造业在目标市场上展现的平均技术水平；$cov(x_{pit}/x_{it}, \varphi_{pit})$ 表示向 i 市场出口产品的技术含量与该市场上中国产品出口内部份额间的样本协方差（可称为 OP 协方差），仅当在 i 市场上中国出口产品完全等份额时，该项才可能为 0。OP 协方差较大，则说明在目标市场 i 上，中国出口的"产品—技术配置效率"较高，即"如果某产品的产品—市场技术复杂度越高，则该产品在目标市场上占据中国出口内部份额也越高"。显然，OP 协方差的含义体现了中国制造业产品出口在全球价值链上的攀升过程。

第三步，借鉴梅利茨和波拉涅克（Melitz & Polanec，2015）的做法，采用 DOP 方法（即动态 Olley-Pakes 方法），将出口技术含量对企业的分解拓展到"产品在不同目标市场上的进入和退出"。

---

① 需要说明的是，与前文不同的是，本章制造业出口技术含量 Φ_t 的建立在国民经济 2 位码层面或者制造业总体层面，为了避免后续推导过程中字符标注的混乱，没有像前文一样引入产业 b 的标注。

定义三个产品集合 S_{it}、G_{it} 和 F_{it-1}。其中，S_{it} 表示中国在 t 年和 t − 1 年均出口到 i 市场的产品集合，即 t 年在 i 市场上出口的"持续产品"集合，该集合代表了持续的产品—市场组合；G_{it} 表示中国在 t 年新出口到 i 市场的产品集合，或称为"新产品"集合；F_{it-1} 表示中国在 t − 1 年出口而 t 年未出口到 i 市场的产品集合，因此是"退出产品"集合（Berthelon，2011；盛斌和吕越，2014）。显然，以下两个关系成立：$N_{it} = S_{it} \cup G_{it}$；$N_{it-1} = S_{it-1} \cup F_{it-1}$。所以，可对式（7 − 2）做如下两个分解：

$$\Phi_{it} = \Phi_{it}^{S} \sum_{p \in S_{it}} \frac{x_{pit}}{x_{it}} + \Phi_{it}^{G} \sum_{p \in G_{it}} \frac{x_{pit}}{x_{it}} = \Phi_{it}^{S} + g_{it}(\Phi_{it}^{G} - \Phi_{it}^{S}) \qquad (7-3)$$

$$\Phi_{it-1} = \Phi_{it-1}^{S} \sum_{p \in S_{it-1}} \frac{x_{pit-1}}{x_{it-1}} + \Phi_{it-1}^{F} \sum_{p \in F_{it-1}} \frac{x_{pit-1}}{x_{it-1}} = \Phi_{it-1}^{S} + f_{it-1}(\Phi_{it-1}^{F} - \Phi_{it-1}^{S})$$

$$(7-4)$$

其中，$g_{it} = \sum_{p \in G_{it}} x_{pit} / x_{it}$，表示中国在 t 年向 i 市场出口新产品占总出口中的份额；$f_{it-1} = \sum_{p \in F_{it-1}} x_{pit-1} / x_{it-1}$，表示中国在 t − 1 年向 i 市场出口退出产品占总出口中的份额。Φ_{it} 上标 S、G 和 F 分别表示在持续产品、新产品和退出产品集合中计算的在 i 市场上的加权平均出口技术含量。

式（7 − 3）减去式（7 − 4）得到 DOP 分解：

$$\Delta\Phi_{it} = (\Phi_{it}^{S} - \Phi_{it-1}^{S}) + g_{it}(\Phi_{it}^{G} - \Phi_{it}^{S}) - f_{it-1}(\Phi_{it-1}^{F} - \Phi_{it-1}^{S})$$

$$= \underbrace{\Delta\,\overline{\varphi}_{it}^{S}}_{\text{组内效应}} + \underbrace{\Delta\,cov^{S}\left(\frac{x_{pit}}{x_{it}}, \varphi_{pit}\right)}_{\text{组间效应}} + \underbrace{g_{it}(\Phi_{it}^{G} - \Phi_{it}^{S}) - f_{it-1}(\Phi_{it-1}^{F} - \Phi_{it-1}^{S})}_{\text{净进入效应}} \qquad (7-5)$$

借鉴梅利茨和波拉涅克（Melitz & Polanec，2015），我们也将 i 市场上中国制造业产品的出口技术含量变化分解为组内、组间和净进入效应。其中，"组内效应"直接反映了出口产品平均技术含量的进步水平，这是因为新产品的进入和旧产品的退出代表着目标市场上的不确定性，相对于持续的产品—市场组合，短期来看"净进入效应"更像是"白噪声"。"组间效应"反映了持续产品在目标市场上的产品—技术配置效率变化，用于考察中国制造业企业（平均来看）是否加强了在目标市场上具有较高技术含量的持续产品的集约边际。

第四步，对式（7-1）差分并将式（7-5）代入，得到：

$$\Delta\Phi_t = \sum_i \Phi_{it}\frac{x_{it}}{x_t} - \sum_i \Phi_{it-1}\frac{x_{it-1}}{x_{t-1}}$$

$$= \underbrace{\sum_i (\Phi_{it} - \Phi_{it-1})\frac{x_{it-1}}{x_{t-1}}}_{\text{I}} + \underbrace{\sum_i \Phi_{it}\left(\frac{x_{it}}{x_t} - \frac{x_{it-1}}{x_{t-1}}\right)}_{\text{II}} \qquad (7-6)$$

式（7-6）将制造业加权平均出口技术含量变化 $\Delta\Phi_t$ 分解为"I"和"II"两项。将"II"称为"目标市场选择效应"，用于考察：平均来看，制造业产品出口是否向那些"中国产品在当地普遍具有较高技术含量"的出口市场倾斜？如果"目标市场选择效应"为正，说明：出口企业可以不提升生产技术，依赖中国制造在目标市场的"名誉"实现出口数量的扩张。因此，"目标市场选择效应"度量的是企业"策略性市场选择"对制造业加权平均技术含量变化的影响。鉴于"目标市场选择效应"为正不依赖技术含量是否增长（即不依赖于 Φ_{it} 的跨期变化），所以"策略性市场选择"不是促进制造业高质量发展的动力。

对"I"进一步分解，得到"技术进步效应""产品—技术配置效应"和"产品更替效应"。此三项分解式使用 t-1 年对目标市场出口占中国总出口的份额进行加权平均，是剔除了目标市场份额变化因素后的加权平均。其中"技术进步效应"建立在持续的产品—市场组合上，反映了中国出口产品技术水平的直接变化，可用于判别生产技术创新的水平。"产品—技术配置效应"也是建立在持续的产品—市场组合上，反映出中国制造业出口方略是否依据各目标市场上的产品技术含量调整产品的集约边际，将用于判别制造业出口是否符合"战略性价值链攀升"过程。需要强调的是"产品更替效应"，在式（7-5）中的净进入效应是目标市场上的"白噪声"，但在式（7-6）中，我们对白噪声进行加权平均；如果白噪声在各目标市场间有相关性，那么产生的"产品更替效应"就可以用于考察中国制造业出口的扩展边际变化是否显著影响中国的出口技术含量变化。

在采用式（7-6）对中国制造业出口技术含量增长进行结构分解的过程中，采用的数据主要来源于中国海关进出口数据库。这里对海关数据的处理过程与前文有所区别，首先依据联合国统计司贸易统计处提供的 HS 编码与 SITC 编码转换表，将 SITC 编码匹配到双边贸易数据库中，剔除无

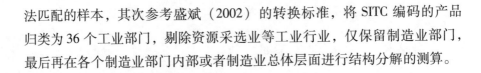

法匹配的样本，其次参考盛斌（2002）的转换标准，将 SITC 编码的产品归类为 36 个工业部门，剔除资源采选业等工业行业，仅保留制造业部门，最后再在各个制造业部门内部或者制造业总体层面进行结构分解的测算。

二、动态结构分解的基本结果

本节主要是利用经验数据对式（7-6）提出的出口技术含量增长测算公式以及结构分解方法进行实际测算，进而探析何种因素在中国制造业出口技术含量增长中处于主导驱动力量。

图 7-1 给出了式（7-6）中不同制造业部门出口技术含量增长（即 $\Delta\Phi_i$）的基本测算结果。由图 7-1A 可知，在不同的行业经营类型下，出口技术含量变化存在差异性，增长均值最大的部门分别为食品工业和轻纺工业，分别达到 0.840 和 0.606，化学工业部门的增长均值最低，为 0.190。五组分类中，化学工业部门出口技术含量增长的方差也是最大，意味着 2000～2015 年化学工业内部技术含量增长差异较大。图 7-1B 根据要素密集度划分，在劳动、资本和技术密集型产业上，出口技术含量的增长均值分别为 0.548、0.416 和 0.287，劳动密集型产业的增长均值最高，技术密集型产业的增长均值最低。这表明，虽然 2000～2015 年中国制造业出

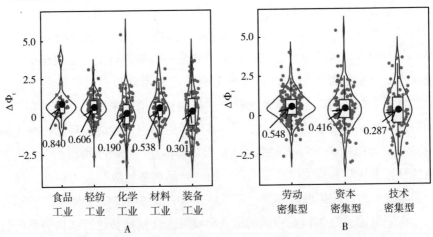

图 7-1　中国制造业不同部门出口技术含量增长的分布特征

注：小提琴图估计了不同分组的概率密度；箱线图中箱的范围给出了数据的四分位距以及中位数；中心圆点是不同分组的均值。

口技术含量实现了明显增长，但主要来源于劳动密集型产业部门，而在技术密集型产业上的出口技术含量增长相对较低。

基于扩展的 DOP 方法，进一步对中国制造业出口技术含量增长来源进行分解，以考察不同产品和市场组合的变化对制造业出口技术含量增长的贡献。作为基准分析，表 7 - 1 报告了 2000～2015 年中国制造业出口技术含量总变化的均值及其来源结构。

表 7 - 1　　2000～2015 年中国制造业出口技术含量增长及其各分解项的均值

制造业行业名称	总变化	技术进步效应	产品—技术配置效应	产品更替效应	目标市场选择效应
食品加工和制造业	0.660	0.091 （13.79）	0.567 （85.96）	- 0.081 （- 12.27）	0.083 （12.52）
饮料制造业	1.021	0.797 （78.08）	0.221 （21.64）	- 0.012 （- 1.18）	0.015 （1.47）
纺织业	0.720	0.342 （47.45）	0.610 （84.62）	- 0.072 （- 10.00）	- 0.159 （- 22.06）
服装及其他纤维制品制造业	0.445	0.415 （93.42）	0.272 （61.10）	- 0.024 （- 5.41）	- 0.218 （- 49.10）
皮革、毛皮、羽毛（绒）及其制品业	0.727	0.413 （56.79）	0.413 （56.87）	- 0.024 （- 3.36）	- 0.075 （- 10.30）
木材加工及木、竹、藤、棕、草制品业	0.594	- 0.047 （- 7.89）	0.365 （61.52）	0.110 （18.50）	0.165 （27.87）
家具制造业	0.470	- 0.053 （- 11.17）	0.420 （89.34）	- 0.016 （- 3.39）	0.119 （25.23）
造纸及纸制品业	0.504	- 0.041 （- 8.22）	0.616 （122.2）	- 0.121 （- 23.99）	0.050 （9.92）
印刷和记录媒介的复制业	0.673	0.378 （56.24）	0.527 （78.29）	- 0.054 （- 8.04）	- 0.178 （- 26.49）
文教体育用品制造业	0.723	0.150 （20.73）	0.512 （70.78）	0.102 （14.12）	- 0.041 （- 5.63）
石油加工及炼焦业	0.312	0.426 （136.6）	0.191 （61.30）	- 0.055 （- 17.58）	- 0.251 （- 80.39）
化学原料及化学制品制造业	0.223	- 0.139 （- 62.48）	0.535 （240.0）	- 0.076 （- 34.21）	- 0.097 （- 43.35）

续表

制造业行业名称	总变化	技术进步效应	产品—技术配置效应	产品更替效应	目标市场选择效应
医药制造业	-0.027	-0.011 (-42.13)	0.044 (162.1)	-0.047 (-171.8)	-0.013 (48.17)
化学纤维制造业	-0.145	-0.306 (-210.6)	0.172 (118.6)	0.051 (35.44)	-0.063 (-43.40)
橡胶制品业	0.119	-0.282 (-237.4)	0.253 (213.8)	-0.207 (-174.7)	0.354 (298.4)
塑料制品业	0.662	-0.164 (-24.78)	0.660 (99.60)	-0.022 (-3.25)	0.188 (28.43)
非金属矿物制品业	0.493	-0.030 (-6.02)	0.567 (114.9)	-0.032 (-6.55)	-0.012 (-2.35)
黑色金属冶炼及延压加工业	0.494	-0.166 (-33.60)	0.669 (135.3)	-0.044 (-8.80)	0.035 (7.10)
有色金属冶炼及延压加工业	0.867	-0.047 (-5.41)	1.009 (116.3)	-0.020 (-2.26)	-0.075 (-8.70)
金属制品业	0.300	-0.036 (-11.91)	0.252 (84.05)	-0.051 (-16.90)	0.134 (44.76)
普通机械制造业	0.057	-0.390 (-679.9)	0.420 (733.3)	-0.061 (-107.3)	0.088 (153.9)
专用设备制造业	-0.091	-0.367 (-402.1)	0.386 (423.2)	-0.134 (-146.5)	0.023 (25.38)
交通运输设备制造业	0.415	-0.165 (-39.74)	0.526 (126.8)	-0.036 (-8.62)	0.089 (21.51)
电气机械及器材制造业	0.410	0.015 (3.61)	0.230 (56.25)	0.067 (16.26)	0.098 (23.88)
电子及通信设备制造业	0.517	0.288 (55.83)	0.189 (36.52)	0.047 (9.12)	-0.008 (-1.47)
仪器仪表及文化、办公用机械制造业	0.502	0.020 (3.97)	0.337 (67.18)	0.046 (9.20)	0.099 (19.65)

注：括号外的数值为各制造业行业内部 2000～2015 年相应项变化大小的年均值，单位为百美元/人；括号内的数值为相应分解项的变化年均值对制造业出口技术含量总变化年均值的贡献度，单位为%。

首先，从总变化的结果来看，除化学纤维、医药和专用设备等行业外，中国制造业各行业的出口技术含量总变化（$\Delta\Phi_t$）的均值均大于0，验证了已有研究的结论：中国制造业出口技术含量在2000~2015年，总体上处于增长趋势之中。同时，总变化中排名较为靠前的行业大多属于劳动密集型产业，其中排名前五的行业分别为饮料制造业（1.021）、有色金属冶炼及压延加工业（0.867）、皮革、毛皮、羽毛（绒）及其制品业（0.727）、文教体育用品制造业（0.723）和纺织业（0.720），均没有出现技术密集型产业（见表7-1）。这表明，在技术密集度较高的制造业行业中，中国制造业出口的技术含量增长相对较低，这也与前文的经验分析结果一致。

其次，从结构分解结果的横向对比来看，可以发现如下三个规律。

（1）在中国制造业出口技术含量的增长来源中，"产品—技术配置效应"贡献最大，此效应在所有行业中都表现出正值，甚至在普通机械制造业上，由于技术进步效应为负，产品—技术配置效应的贡献度高达733%。而另外三个技术含量增长来源并没有表现出如"产品—技术配置效应"类似的严格正向贡献。这表明中国制造业出口技术含量提升的最重要因素是"战略性价值链攀升"，即中国制造业在每个目标市场上对出口产品采取优胜劣汰的机制，通过增加较高技术含量产品的出口份额，提高了出口技术含量的加权平均水平。

（2）"产品更替效应"对中国制造业出口技术含量的增长贡献较小，且在较多制造业行业分类中，"产品更替效应"还起到负向作用。如前所述，在单个目标市场上的"净进入效应"可以被理解为"白噪声"，可是对单个市场上的"净进入效应"加权平均得到的"产品替代效应"会因为其间的相关性产生"非零"均值。"产品更替效应"多为负值，既可能是因为中国制造业出口的新产品在目标市场上的竞争力较弱，也可能因为中国制造业企业对出口产品采取优胜劣汰机制（战略性价值链攀升）的过程中代价较大，导致制造业企业在产品扩展边际上对技术含量提升的贡献或弱或负。显然，产品更替本身意味着更大的投入（让新产品进入市场）和直接的损失（作废旧产品相关的固定投入），所以"产品更替效应"即便是负值，只要其绝对值较小，就无法改变中国制造业出口技术含量提升的趋势。

（3）"技术进步效应"和"目标市场选择效应"在较多行业中呈"一

正"或"一负"，鲜有两个效应都实现正贡献的行业，也鲜有两个效应都为负的行业。所以，中国制造业出口技术含量得以保持上升趋势的另一重要原因是"策略性市场选择"：尽管一些行业的生产技术得到提高（所以不需要变换目标市场），但存在一些行业没有提升其生产技术，而是将产品出口到中国制造名誉较高的市场上，进而提高出口技术含量的加权平均值。基于式（7-6）构建的"目标市场选择效应"，其为正体现出口企业在目标市场选择层面的"优胜劣汰"，但它指的是企业凭借中国制造在个别市场上较高的技术含量地位而实现的出口增加，此效应剔除了技术进步成分，所以不能为制造业带来高质量发展。"技术进步效应"为正则表明中国制造在持续产品—市场组合中所处的技术地位提升，能够直接巩固中国制造在目标市场上的"名誉"，因此对制造业的高质量发展具有促进作用。

为了更清晰地认识"策略性市场选择"对制造业高质量发展的影响，我们将2000～2015年的全样本按"目标市场选择效应"贡献较大和"技术进步效应"贡献较大分成两组，前者为组0，后者为组1。图7-2A给出了两个分组的出口技术含量变化核密度函数，可知分组1的核密度函数分布均位于分组0的右侧；图7-2B通过二元Logit回归，画出了在不同的出口技术含量变化之下，增长来源的第二贡献选择进入分组1的概率变化情况，边际效应值在1%的置信水平上显著为正，曲线呈现出递增趋势。

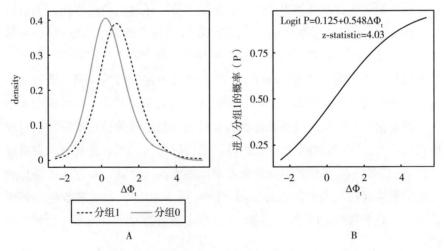

图7-2　出口技术含量增长结构中第二贡献的分组情况

所以，当出口技术含量的增长较低时，增长的两大来源更有可能是"产品—技术配置效应"和"目标市场选择效应"；当出口技术含量增长较大时，增长的来源更有可能是"产品—技术配置效应"和"技术进步效应"；"目标市场选择效应"和"技术进步效应"两者之间存在互相替代的关系。

综上，执行"战略性价值链攀升"是中国制造业出口技术含量增长的主要原因，"策略性市场选择"和"生产技术进步"都能提高出口技术含量，但前者不是制造业出口高质量发展的动力之源，金融危机以后出口技术含量的增长动力出现了由前者向后者进行转换的特征，目前的"产品更替效应"对技术含量变化的影响或负或弱。

三、不同维度的讨论

本部分进一步考察不同时间、不同类型企业、不同出口方式和不同目标市场下的结构分解差异。简化起见，本部分仅按照行业要素密集度划分，[①] 将式（4-2）的产品—市场层面出口技术含量加权平均到三大产业上［式（7-1）］，再进行分解。

（一）时间维度：基于对外贸易发展的不同时期

鉴于 2008 年金融危机对经济全球化带来的巨大冲击，本章将样本划分为 2000～2008 年和 2009～2015 年两个时间段进行比较分析。图 7-3A、图 7-3B 和图 7-3C 共同显示了两个阶段下中国制造业出口技术含量增长来源的结构存在差异：从 2000～2008 年来看，增长来源中最主要的部分都是产品—技术配置效应，其次是目标市场选择效应，而技术进步效应这一项不仅没有正面贡献，反而为负；对比 2009～2015 年，产品—技术配置效应依然贡献较大，但是目标市场选择效应开始减弱，甚至为负值，而技术进步效应得到极大增强。上述差异在技术密集型行业表现得尤为明显：2000～2008 年，技术进步效应、产品—技术配置效应和目标市场选择效应增长的年平均值分别为 -0.59、0.42 和 0.12；到 2009～2015 年，年均值分别转变为 0.49、0.44 和 -0.07。

---

① 不同行业的要素密集型产业划分参见附录。

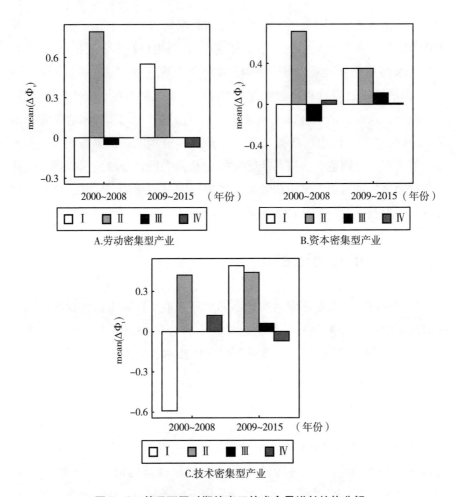

图7-3　基于不同时期的出口技术含量增长结构分解

注：图例Ⅰ~Ⅳ按顺序分别表示中国制造业出口技术含量增长来源的技术进步效应、产品—技术配置效应、产品更替效应和目标市场选择效应四个分解项；纵坐标表示样本期间内中国制造业出口技术含量各分解项变化的年均值。下同。

　　究其原因，2008年后中国无论在创新投入还是创新产出上都出现了显著上升的趋势，中国的专利申请数在1998~2008年的十年间增长了62.95万件，而在2009~2019年的十年间增长了331.74万件。[①] 赵昌文和许召元（2013）的研究结果表明，2008年国际金融危机后，研发投入在中国制造业转型升级中扮演着最重要的角色。

_____

① 资料来源：中经网统计数据库。

（二）企业维度：基于出口企业的不同所有制类型

通常观点认为民营企业相比国有企业在资源配置效率上具有更高水平，所以我们按企业的所有权属性，将中国海关出口数据分离出国有企业、民营企业和外资企业三个样本，[①] 对不同类型企业的出口技术含量增长来源作对比分析。图 7-4 显示，在资本密集型产业中，民营企业的产品——技术配置效应年均增量为 0.75，分别高于国有企业和外资企业的 0.55 和

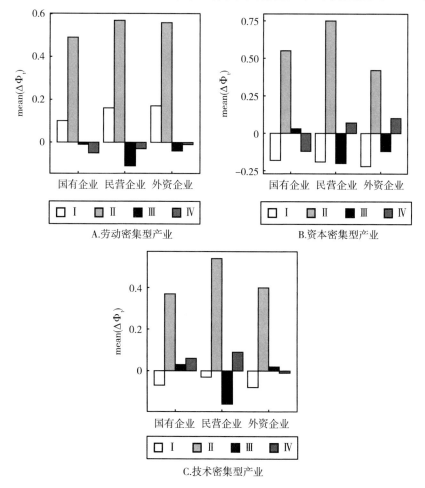

A.劳动密集型产业

B.资本密集型产业

C.技术密集型产业

图 7-4　基于不同企业类型的出口技术含量增长结构分解

[①]　在按照所有权性质进行样本划分时，本章将集体企业纳入国有企业类别中，将中外合资企业、中外合作企业、中国港澳台投资企业和外商独资企业均纳入外资企业类别中。

0.42，分别高了 26.67 个百分点和 44.00 个百分点。在技术密集型产业中，民营企业的产品—技术配置效应年均增量为 0.54，比国有企业和外资企业的年均增量分别高了 31.48 个百分点和 25.92 个百分点。这表明，在资本密集型和技术密集型产业中，民营企业在产品—技术配置效应上的年均增长要明显高于国有企业和外资企业，说明民营企业在全球价值链上的攀升能力更强，对出口技术含量增长起到更加关键的作用。同时，图 7-4 还显示了在劳动密集型产业中，民营企业、国有企业和外资企业之间的产品—技术配置效应年均增量差距不大，造成这一结果的原因可能是劳动密集型产业主要包含的是制造业中相对较为低端的行业，民营企业在资源配置效率上的优势可能无法在低端行业拉开与其他类型企业的差距。吕越和吕云龙（2016）的研究结果佐证了这一观点。

（三）贸易方式维度：基于企业出口的不同方式

传统观点认为，中国在参与全球生产分工的初期，主要是以加工贸易形式进行的，因此加工贸易和一般贸易出口产品的技术含量存在差异，那么贸易方式的不同是否会影响到中国制造业出口技术含量增长的结构？本章按照贸易方式的划分，继续从海关数据库中分离出两个样本进行对比研究，测算结果如图 7-5 所示。在劳动密集型产业中，加工贸易的技术进步效应为正，而一般贸易的技术进步效应为负，除此区别外，两种贸易方式中其他分解项的正负方向均保持一致，且效应大小也较为接近，这说明贸易方式的不同总体上并不违背上文得到的主要结论，中国制造业出口技术含量增长的四大驱动因素在不同贸易形式上表现得较为一致。

（四）出口市场维度：基于出口市场的不同国家类型

为了比较中国制造业在不同目标市场上出口技术含量增长的结构分解差异，本章按照出口目的地市场为发达国家、新兴国家和发展中国家的划分，将海关数据库分离出三个样本进行对比分析，结果如图 7-6 所示。

一方面，从技术进步效应来看，该分解项增长的年均值在发达国家市场和新兴国家市场上均表现为负值，而在发展中国家市场上表现为明显正值，这一差异在劳动密集型产业中表现得更加突出，其在发展中国家市场上的年均增长甚至高达 0.83。表明当前中国制造业的技术进步效应只有在

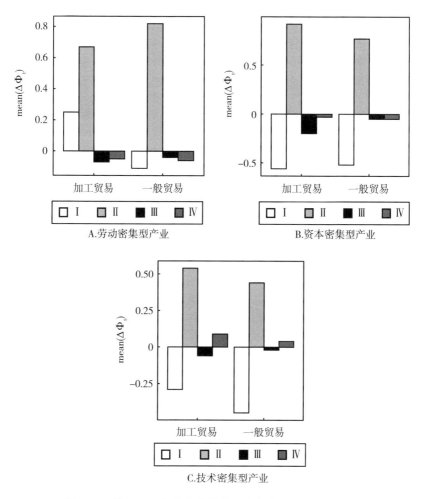

图7－5 基于不同贸易方式的出口技术含量增长结构分解

出口到发展中国家市场时才发生明显作用，制造业在较高技术含量的产品上还没有形成明显的比较优势。正如前文所述，中国制造业想要成功转型升级，必须重视生产技术水平的提升，缩小与发达国家和新兴国家市场的差距。另一方面，从目标市场选择效应来看，该分解项在不同出口市场上的表现与技术进步效应这一项相比刚好相反，其在发达国家和新兴国家中均表现为正值，而在发展中国家市场上表现为负值。这一结果意味着中国制造业产品出口到发展中国家市场份额的提升，并不意味着有助于出口技术含量的增长，而在发达国家和新兴国家市场上扩大产品出口份额才能真正有效促使其上升。

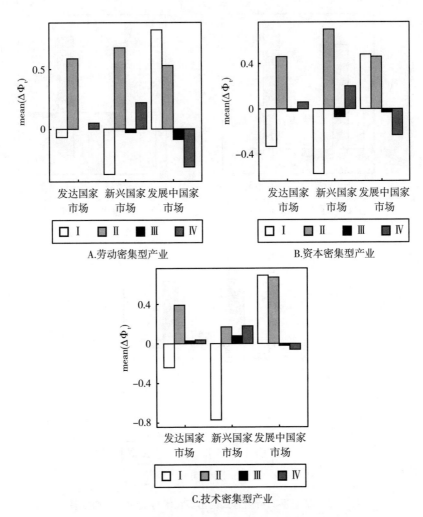

图7-6　基于不同出口市场的出口技术含量增长结构分解

第二节　制造业出口技术含量增长结构
差异的国际比较

一、方法与数据

本节将第一节提出的测算和结构分解方法进一步在经验数据上拓展到

多个国家，通过将中国与其他国家进行国际比较，以探析中国制造业出口技术含量增长的特点和趋势。考虑到上文结构分解方法的复杂性，同时兼顾经济学的内涵，本节对上文分解方法进行一定的简化处理。式（7-1）中Φ_t已经定义了中国制造业的平均出口技术含量，进一步将中国推广到多国可得：

$$\Phi_t^c = \sum_i \left(\frac{X_{it}^c}{X_t^c} \times \Phi_{it}^c \right) \qquad (7-7)$$

其中，上标 c 表示出口国，其他符号的含义与上文保持一致。然后对式（7-6）进行简化处理，从"创新端"和"市场端"两个层面对某国 c 的出口技术含量变化进行二元边际分解：①

$$\Delta\Phi_t^c = \underbrace{\sum_i \left(\Phi_{it}^c - \Phi_{it-1}^c \right) \frac{X_{it-1}^c}{X_{t-1}^c}}_{\text{产业技术进步效应}} + \underbrace{\sum_i \Phi_{it}^c \left(\frac{X_{it}^c}{X_t^c} - \frac{X_{it-1}^c}{X_{t-1}^c} \right)}_{\text{目标市场选择效应}} \qquad (7-8)$$

前文的研究也已经潜在表明了，c 国制造业的总体出口技术含量的驱动可以通过两种不同路径：一是从"创新端"出发，特别是对于新兴产业的创新发展，后发国家可以通过发展和培育高级化的要素，提升整体的生产能力，改善本国的出口技术禀赋，提高产业技术水平，进而推动本国产业在国际分工中的地位（张幼文，2020），在式（7-8）中表现为$\Delta\Phi_t^c$的变化依赖于"c 国在 i 市场上的出口技术含量（Φ_{it}^c）的跨期变化"，将其定义为"产业技术进步效应"，体现了一国在全球价值链攀升中进行"战略性产业技术进步"的能力；二是从"市场端"出发，由于本国同产品在不同市场上存在不同的比较优势，那么在遵循本国比较优势的基础上，通过"选对"目标市场，最大化发挥本国比较优势带来的收益，使得本国资本积累的速度达到最大，产业和技术结构自然会随之升级，在式（7-8）中表现为$\Delta\Phi_t^c$的变化依赖于"c 国向 i 市场上出口份额（X_{it}^c/X_t^c）的跨期变化"，与第一节一致，将其定义为"目标市场选择效应"，体现了一国在全球价值链攀升中实施"策略性目标市场选择"的能力。值得说明的是，

---

① 注意到完整分解式（7-6）和简化分解式（7-8）的主要区别，即是否考虑不同时期由产品配置所引发的分解项，若不对式（7-6）中的"I"分解项进行进一步拆分即可得到式（7-8）。

这两条路径并非割裂的两种独立道路，只强调前者将导致创新成为"无源之水、无本之木"，缺乏创新的持续内生动力，而只强调后者易导致一国陷入"比较优势陷阱"之中，因为在当代价值链分工体系之下，要素升级才是一国分工地位提升的根本（张幼文，2020）。

在具体分解层面，前文使用的是中国海关出口数据，因此仅能够对中国制造业的出口技术含量增长结构进行分析，而本节为了进行国际比较，使用 CEPII-BACI 数据库的 1995～2019 年 HS6 位码产品的双边贸易数据。其他的数据处理与前文保持一致。

为了更加直观地看出不同国家、不同制造业行业出口的产品在不同目标市场 i 上存在技术含量的差异，图 7-7 给出了 Φ_{it}^{c} 的核密度函数图。图 7-7 左图对比了中国、德国、日本和美国的 Φ_{it}^{c} 分布，可以看出不同国家在不同目标市场上的出口技术含量都呈现了明显的右偏，但是与这些发达国家相比，中国的 Φ_{it}^{c} 在尖峰位置的密度明显更高，这说明中国在目标市场 i 上出口的制造业产品集中在低技术含量上的概率更高。这也与预期较为符合，从图 7-7 右图可以推断出现这一现象的原因，图 7-7 右图显示了属于劳动密集型产业的产品出口技术含量在尖峰位置也表现出了更高的密度值，说明在不同目标市场 i 上劳动密集型产业的产品更有可能是低技术含量的产品。中国过去在参与全球价值链分工中的主要优势就是丰富的劳动力要

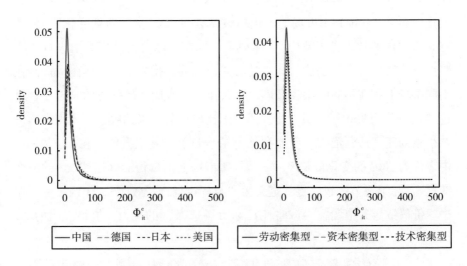

图 7-7　各国制造业出口技术含量的分布特征

素禀赋，出口的产品也更多倾向于劳动密集型产业，因而造成了中国与发达国家之间 Φ_{it}^c 的分布差异。

二、经验结果分析

（一）制造业总体层面测算结果的国际比较

图 7 – 8 显示了 1996 ~ 2019 年中国与世界其他国家[①]在出口技术含量变化上的二元边际分解情况，从图中可以得出以下基本结论。

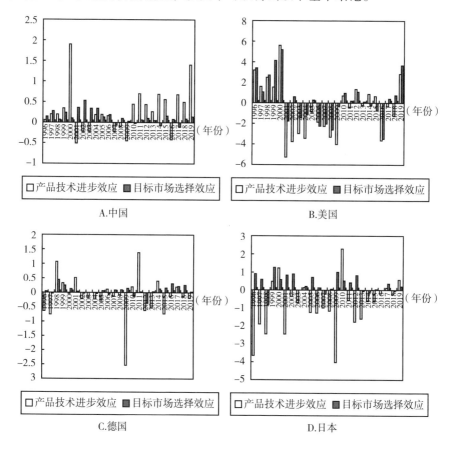

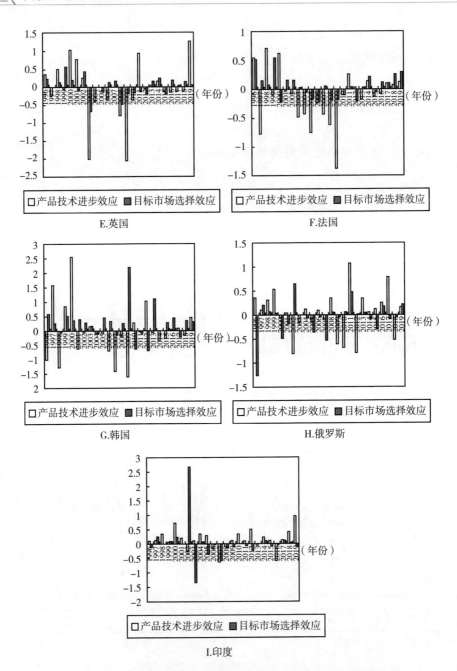

图7-8 制造业总体层面出口技术含量二元分解的国际比较

从产业技术进步效应的横向比较来看，中国展现出不同于其他国家的一个明显特征是：在国际金融危机之前，产业技术进步效应并没有成为中国制造业出口技术含量增长的主要来源，而在国际金融危机后，这一结构发生了反转，该项变化基本处于总体增长中的核心地位。对比德国、印度和俄罗斯来看，在样本期间内该项变化没有展现出较为明显的时间序列趋势，表明产业技术进步效应对这些国家总体出口技术含量增长的贡献较为稳定。而对比英国、法国和美国来看，该项在 1996～2000 年、2001～2009 年这两个时间段内总体上分别表现出一正、一负的情形，而在 2009 年后产业技术进步效应总体处在低位正值。尤其值得关注的是，从中美之间的对比来看，美国在 2001～2009 年产业技术进步效应的负向变化甚至高达 −500 美元/人以上，其后该项略有回升，特别是在 2018 年贸易战后，该项回升到 281 美元/人；而中国在 2009 年后产业技术进步效应显著稳定为正。上述图示结果表明，近年来中国制造业在全球价值链上的攀升主要是依赖产业技术进步效应实现的，这意味着中国制造业产品相对于不同出口市场的技术水平实现了大幅提升，产品的核心竞争力在不断稳步增强，而其他发达国家的产业技术进步效应却没有出现这一持续上升情形，这是中国制造业出口技术含量能够实现向发达国家"后发追赶"的核心原因。正如前文分析，国际金融危机后国内不断增强的研发投入力度是中国制造业的出口技术含量能够依赖于战略性"产业技术进步效应"的主要驱动因素。

从目标市场选择效应的横向比较来看，目标市场选择效应在国际金融危机前对中国制造业出口技术含量增长起到了核心的拉动作用，而在国际金融危机后，该项表现为或弱或负。对比其他国家，有的国家的目标市场选择效应在总体技术含量增长中始终处于重要地位，如韩国；有的国家的目标市场选择效应与产业技术进步效应之间主要表现为显著的同方向变化趋势，如美国；有的国家的目标市场选择效应总体上没有起到显著提升制造业出口技术含量的作用，如德国、英国和俄罗斯。从这些对比中可以发现，中国制造业在样本期间内出现了明显的转型升级的特征，即出口技术含量的增长从依赖于目标市场选择效应（代表策略性目标市场选择的能力）转变为依赖于产业技术进步效应（代表战略性产品技术进步的能力）。而其他国家的目标市场选择效应变化没有出现这一典型特征，这可能也暗示了这些国家的制造业产业结构没有出现大规模的变迁，这为中国制造业后发追赶提供了较为稳定的国际市场环境。

（二）制造业各行业层面测算结果的国际比较

虽然中国制造业总体的出口技术含量以及二元边际变化表现出制造业正在向发达国家后发追赶的趋势，但从制造业的分行业来考察，若某行业上其他国家的边际水平也在提升，且高于中国，那么中国在该行业上的出口技术含量可能并不一定表现出追赶趋势，反而可能是相对落后。为了分析中国制造业各行业的相对追赶情况，本章计算了 39 个主要国家①在制造业各行业上的 $\Delta\Phi_t^c$ 以及年均边际变化量，并按照数值从高到低进行排名，若中国排名越高，就认为中国在该行业上的出口技术含量增长速度越快。

由于在中国加入 WTO 以及国际金融危机两个时间点前后，世界上主要国家制造业出口技术含量的二元边际结构出现了重要变化，因此本章主要分两个阶段进行考察，具体结果如表 7 - 2 所示。

表 7 - 2　　中国制造业各行业的出口技术含量增长及其分解结构的排名情况

类型	制造业行业	2001 ~ 2008 年			2009 ~ 2019 年		
		$\Delta\Phi_t^c$	产业技术进步效应	目标市场选择效应	$\Delta\Phi_t^c$	产业技术进步效应	目标市场选择效应
劳动密集型产业	食品加工和制造业	0.20 (18)	0.12 (23)	0.08 (16)	0.47 (2)	0.51 (1)	- 0.03 (23)
	纺织业	0.17 (6)	0.18 (5)	- 0.01 (23)	0.58 (2)	0.58 (2)	0.00 (21)
	服装及其他纤维制品制造业	0.41 (5)	0.39 (1)	0.03 (30)	0.35 (3)	0.40 (1)	- 0.06 (30)
	皮革、毛皮、羽毛（绒）及其制品业	0.46 (6)	0.40 (1)	0.06 (26)	0.45 (4)	0.50 (4)	- 0.04 (25)
	木材加工及木、竹、藤、棕、草制品业	0.23 (17)	0.08 (20)	0.15 (16)	0.28 (6)	0.29 (3)	- 0.01 (28)
	家具制造业	0.09 (5)	- 0.46 (24)	0.55 (6)	0.25 (5)	0.26 (1)	- 0.01 (28)

① 这里选取的 39 个国家主要是 WIOD 数据库中涵盖的国家（地区）（除中国台湾地区外），这样选择一方面保证了数据的质量，另一方面也覆盖了世界经济的主要方面。

续表

类型	制造业行业	2001～2008 年			2009～2019 年		
		$\Delta\Phi_t^c$	产业技术进步效应	目标市场选择效应	$\Delta\Phi_t^c$	产业技术进步效应	目标市场选择效应
劳动密集型产业	印刷和记录媒介的复制业	0.24 (12)	-0.37 (29)	0.61 (6)	0.34 (5)	0.35 (9)	-0.01 (18)
	文教体育用品制造业	0.36 (9)	0.15 (16)	0.21 (15)	0.39 (3)	0.51 (3)	-0.12 (25)
	橡胶制品业	-0.37 (20)	-0.73 (31)	0.36 (7)	0.16 (8)	-0.05 (15)	0.21 (10)
	塑料制品业	0.52 (2)	-0.01 (19)	0.53 (5)	0.10 (8)	0.09 (3)	0.01 (30)
	非金属矿物制品业	0.00 (21)	0.07 (21)	-0.07 (20)	0.55 (3)	0.60 (1)	-0.05 (25)
	金属制品业	-0.02 (8)	-0.39 (29)	0.37 (4)	0.29 (3)	0.28 (6)	0.01 (25)
资本密集型产业	饮料制造业	0.54 (17)	0.38 (14)	0.16 (26)	0.76 (10)	0.70 (9)	0.07 (23)
	造纸及纸制品业	0.25 (7)	0.00 (26)	0.25 (6)	0.26 (10)	0.35 (2)	-0.09 (34)
	石油加工及炼焦业	-0.48 (22)	-0.37 (28)	-0.08 (23)	0.58 (7)	1.06 (5)	-0.48 (30)
	化学原料及化学制品制造业	-0.24 (30)	-0.13 (30)	-0.11 (25)	0.44 (4)	0.45 (7)	-0.01 (15)
	化学纤维制造业	-0.52 (24)	-0.31 (26)	-0.19 (28)	0.13 (6)	0.18 (10)	-0.05 (30)
	黑色金属冶炼及延压加工业	0.01 (10)	0.29 (15)	-0.28 (20)	0.19 (10)	0.37 (9)	-0.18 (31)
	有色金属冶炼及延压加工业	0.47 (8)	0.34 (15)	0.13 (9)	0.84 (2)	0.76 (4)	0.08 (9)
	普通机械制造业	-0.03 (6)	-0.32 (24)	0.30 (5)	0.22 (5)	0.12 (15)	0.10 (8)

续表

类型	制造业行业	2001～2008 年			2009～2019 年		
		$\Delta\Phi_t^c$	产业技术进步效应	目标市场选择效应	$\Delta\Phi_t^c$	产业技术进步效应	目标市场选择效应
技术密集型产业	医药制造业	-0.45 (34)	-0.39 (34)	-0.05 (30)	0.26 (9)	0.31 (5)	-0.05 (23)
	专用设备制造业	-0.21 (13)	0.01 (14)	-0.21 (22)	0.28 (3)	0.30 (5)	-0.01 (21)
	交通运输设备制造业	0.42 (5)	0.51 (13)	-0.09 (12)	0.49 (6)	-0.33 (32)	0.82 (2)
	电气机械及器材制造业	-0.23 (15)	-0.71 (27)	0.48 (6)	0.40 (2)	0.31 (1)	0.09 (16)
	电子及通信设备制造业	-0.40 (6)	-0.64 (11)	0.24 (11)	0.54 (5)	0.58 (7)	-0.04 (23)
	仪器仪表及文化、办公用机械	-0.75 (29)	-1.06 (34)	0.31 (10)	0.85 (3)	0.69 (2)	0.16 (7)

注：括号外的数值为各制造业行业内部对应指标的年均值，单位为百美元/人；括号内的数值是对指标年均值进行的国际排名。

从表 7-2 中可以发现如下规律。

第一，2001～2008 年，中国 $\Delta\Phi_t^c$ 年均值为正的行业主要集中在劳动密集型产业和部分资本密集型产业中，而在技术密集型产业上几乎全部小于0，这也与预期较为一致，中国嵌入全球生产网络的起步主要集中在低端制造业生产领域。不过需要指出的是，虽然技术密集型产业中的出口技术含量总体上并未全部实现正向增长，但是部分领域在国际排名中依然处于中游以上，例如电子及通信设备制造业等，这意味着多数国家的技术密集型产业也未出现明显的出口技术含量增长，中国与世界上其他国家制造业的平均技术水平差距在缩小，这一特征也同样出现在大部分的劳动密集型产业和资本密集型产业中。

同时，从二元边际来看，在服装及其他纤维制品制造业和皮革、毛皮、羽毛（绒）及其制品业中，产业技术进步效应的国际排名位列第一，说明中国制造业在这些产业上的核心竞争力在显著增强，是出口技术含量增长的主要来源。但是这一现象仅发生在个别行业中，大部分制造业行业的出口技术含量增长主要依靠的还是目标市场选择效应的扩张，数据表现为目标市场选择效应的国际排名显著高于产业技术进步效应，同时还可以看到目标市场选择效应国际排名位列前 10 的主要还是集中在低端制造业上。这一特征包含两重含义：其一，中国制造业出口在参与国际大循环的初期，对出口目标市场进行策略性选择是大部分行业技术含量增长的主要源泉，有效地帮助了这些行业向发达国家的技术水平进行后发追赶，但是在这一阶段产业技术进步效应的贡献较弱，产品的核心竞争力进步较小，说明这一时期的后发追赶是"低质量"的追赶；其二，在对发达国家制造业进行追赶的过程中，目标市场选择效应差距缩小最明显的行业主要还是集中在低端制造业上，说明后发追赶的特征还表现出了集中在低端制造业上的低质量追赶。

第二，对比 2009～2019 年，$\Delta\Phi_i^c$ 的年均值全部正向大于 0，并且排名均处在 10 名以内，与前一阶段相比发生了显著变化，代表了中国制造业各行业的出口技术含量进入"加速追赶"阶段。从二元边际的分解上可以看出发生这一重要转变内部的结构变化：几乎全行业中的产业技术进步效应的国际排名都显著高于目标市场选择效应，成为出口技术含量增长的首要贡献。同时可以注意到，即使目标市场选择效应的排名处在中下游，依赖于产业技术进步效应较高的排名依然带动了行业的 $\Delta\Phi_i^c$ 处于前列，这说明产业技术进步效应对总体出口技术含量的带动能力极强，而在前一阶段中目标市场选择效应的带动力却无法做到这一点，这也是目标市场选择效应的局限性所在。造成以上结果的原因主要还是归结为两个方面：一方面，中国制造业本身正在经历转型升级。要素禀赋结构的动态变迁是制造业转型升级的先决条件，中国首先通过低端嵌入全球生产网络，发挥干中学效应，积累了一定的产业基础和生产能力，实际上为国内的资本要素和劳动要素升级提供了土壤。因此，在要素禀赋结构的变迁之下，中国制造业产生了产品技术进步的内生动力，提高了制造业产品在国际市场上的核心竞争力，表现为产业技术进步效应得到极大提升。另一方面，在国内外客观发展环境的变化之下，中国转变了制造业发展的国家战略。2008 年国际金融危机后，制造业依赖于国际大循环的发展动力开始减弱，表现为目标市场选择效应对制造业各行业出口技术含量增长的带动能力弱化，因此，中国制造业转向高质量发展只有依赖于产业技术进步效应。理论上来说，产业技术进步效应对总体出口技术含量的提升可以是无限的，因为相对目标市场 i 的出口技术含量的跨期变化（Φ_{it}^c）可以无限扩张，这是制造业高质量发展的核心动力所在，这也解释了中国制造业为何在转向由"产业技术进步效应"带动总体增长时，出现了"加速追赶"的情形。

第三节 贸易政策不确定性与中国制造业 出口技术含量增长的动态结构

一、受约束的线性回归模型设定

借鉴伯纳德等（Bernard et al.，2009）的做法，我们首先对恒等分解式（7 - 6）进行线性约束回归，考察不同分解项对加总出口技术含量变化的解释力度。构造如下回归：

$$\Delta\Phi_t = \beta^{I}\Delta\Phi_t^{I} + \beta^{II}\Delta\Phi_t^{II} + \beta^{III}\Delta\Phi_t^{III} + \beta^{IV}\Delta\Phi_t^{IV} + \varepsilon$$
$$\text{s. t. } \beta^{I} + \beta^{II} + \beta^{III} + \beta^{IV} = 1 \qquad (7-9)$$

其中，$\Delta\Phi_t$ 为本章第一节测算的中国制造业加总的出口技术含量增长；$\Delta\Phi_t^{I}$、$\Delta\Phi_t^{II}$、$\Delta\Phi_t^{III}$ 和 $\Delta\Phi_t^{IV}$ 分别为式（7 - 6）中分解出的技术进步效应、产品—技术配置效应、产品更替效应和目标市场选择效应四个分解项；β^{I}、β^{II}、β^{III} 和 β^{IV} 为待估参数，将四个回归参数值的加总约束为 1，则每个参数代表了相应分解项能够解释加总出口技术含量变化的份额；ε 为随机误差项，对式（7 - 9）进行 OLS 回归，该残差的预期值为 0。

二、基本回归结果

表 7 - 3 给出了式（7 - 9）的回归结果，每一列对应着一个单独的回归式，回归系数相加为 1。从第（1）列的全样本来看，目标市场选择效应平均能够解释 44.31% 的中国制造业加总出口技术含量变化。由式（7 - 6）可知，目标市场选择效应不依赖于 Φ_{it} 的跨期增长，而是依赖于出口的集约边际变化，因此，制造业出口对目标市场的正确选择这一非技术因素对总

体出口技术含量增长具有重要作用。另外，技术进步效应和产品—技术配置效应的变化分别能够解释75.63%和53.01%的被解释变量变化，产品更替效应的系数为负（−0.7296），反映出"产品更替效应"与"技术进步效应""产品—技术配置效应""目标市场选择效应"三者之间的负相关关系。将前三行的系数加总可知，① 技术因素仍然是加总出口技术含量变化中的主要原因，能够进行解释的占比达到55.69%。

表7−3 增长结构分解式的受约束线性回归

变量	（1） 全样本	（2） 劳动密集型产业	（3） 资本密集型产业	（4） 技术密集型产业
	被解释变量：$\Delta\Phi_t$			
技术进步效应	0.7563 *** (0.0378)	0.7204 *** (0.0545)	0.8052 *** (0.0549)	0.6870 *** (0.1084)
产品—技术配置效应	0.5301 *** (0.0386)	0.6097 *** (0.0589)	0.5358 *** (0.0585)	0.4847 *** (0.1067)
产品更替效应	− 0.7296 *** (0.0604)	− 0.5734 *** (0.0871)	− 0.8580 *** (0.1014)	− 0.6920 *** (0.1465)
目标市场选择效应	0.4431 *** (0.0479)	0.2433 *** (0.0795)	0.5170 *** (0.0696)	0.5203 *** (0.1241)
样本量	390	180	120	90

注：*** 表示在1%的显著性水平下显著，括号内的数值代表系数的标准误。

表7−3的第（2）~第（4）列，分别从不同产业的样本中考察了四个驱动因素对出口技术含量变化的贡献。可以发现，各分解项的系数均保持了1%的显著性，且系数方向均没有发生变化，在一定程度上说明了第（1）列的回归结果具有稳健性。值得关注的是，产品更替效应在劳动密集型、资本密集型和技术密集型产业中的回归系数分别显示为 −0.5734、−0.8580和−0.6920，产品更替效应对加总出口技术含量变化均没有表现出正向贡献，这一结果也得到了第一节结果的验证，新旧产品出口的更替行为还没有成为制造业出口技术含量增长的动力。

---

① 将前三项加总，可以发现回归式变化为针对分解式（7−8）的受约束线性回归。

三、不同贸易政策不确定性下的增长动力差异

由于本小节讨论的主要问题是在不同的贸易政策不确定性时期，制造业出口技术含量增长的动力发生了何种转变，而"产品更替效应"的系数始终为负，只有"技术进步效应""产品—技术配置效应""目标市场选择效应"才构成了加总出口技术含量增长的动力，因此，本书进一步令式 (7−9) 中的系数 $\beta^{\text{III}}=0$ 进行回归。同时，为了观察不同贸易政策不确定性条件下的回归结果，我们首先针对产业在不同时期的平均贸易政策不确定性指数①求出相对应的分位数值，令分位数高于和低于 50% 的组别分别为"高贸易政策不确定性组"和"低贸易政策不确定性组"，然后分别在两组中进行回归，这样可以进一步观察不同组别之间增长的动力结构是否发生了显著转变。考虑到两组回归的残差之间可能存在的相关性问题，我们通过似不相关回归对两个样本组进行联合估计。

表 7−4 汇报了两组似不相关回归结果。在第（1）列的"低贸易政策不确定性组"中，技术进步效应和产品—技术配置效应平均分别能够解释 64.03% 和 38.42% 的出口技术含量变化，目标市场选择效应的系数虽然为负，但没有通过 10% 的显著性水平。在第（2）列的"高贸易政策不确定性组"中，技术进步效应、产品—技术配置效应和目标市场选择效应三者对被解释变量变化能够进行解释的份额分别达到 42.45%、24.14% 和 33.41%。

表 7 −4　　　　不同贸易政策不确定性下的出口技术含量增长结构差异

变量	(1)	(2)	(3)	(4)
	低贸易政策不确定性组	高贸易政策不确定性组	系数差异	chi2 值
技术进步效应	0.6403 *** (0.0600)	0.4245 *** (0.0504)	−0.2158	3.51 *
产品—技术配置效应	0.3842 *** (0.0632)	0.2414 *** (0.0505)	−0.1428	1.93

① 该贸易政策不确定性指数的测算过程是：在对 HS6 产品编码数据与盛斌（2002）标准分类的产业类别数据进行配对后，将第四章直接差分法式（4−5）构造的"产品—市场层面的贸易政策不确定性指数"简单平均到产业层面。

续表

变量	（1）	（2）	（3）	（4）
	低贸易政策不确定性组	高贸易政策不确定性组	系数差异	chi2 值
目标市场选择效应	− 0.0244 （0.0685）	0.3341 *** （0.0660）	0.3585	6.74 ***
样本量	194	195		

注：***和*分别表示在 1% 和 10% 的显著性水平下显著，括号内的数值代表系数的标准误。

　　表 7 − 4 第（3）列给出了"高贸易政策不确定性组"相对于"低贸易政策不确定性组"而言，三个分解项对应的回归系数差异值，第（4）列进一步给出了系数差异的 chi2 值。可以看出，两组之间技术进步效应和目标市场选择效应的差异分别显示为负向和正向，对应的 chi2 值分别为 3.51 和 6.74，显著拒绝原假设，两组回归间系数具有明显的差异性，[①] 而产品—技术配置效应的 chi2 值为 1.93，无法拒绝"两组之间系数不存在显著差异"的原假设。表明在不同的贸易政策不确定性时期，出口技术含量的增长动力出现了显著的转换特征，由技术进步效应能够解释的份额下降了 21.58%，而由目标市场选择效应能够解释的份额上升了 35.85%。这一差异说明，当中国制造业出口面临的平均贸易政策不确定性较低时，生产的技术进步和全球价值链的攀升构成了出口技术含量增长的核心动力，对目标市场进行策略性的选择行为没有显著影响到出口技术含量增长，但是当贸易政策不确定性升高时，依赖于生产技术进步的增长动力明显减弱，此时策略性的目标市场选择行为开始发挥显著的影响作用。造成这一结果的原因在于，目标市场选择效应的波动主要来源于制造业出口的集约边际变化，而当某产业中所有产品出口面临目标市场的平均贸易政策不确定性普遍较低时，目标市场之间的不确定性差异不显著，因而集约边际在不同市场上的配置受到贸易政策不确定性的影响相对较小，造成了在低贸易政策不确定性时期策略性选择目标市场对加总出口技术含量的解释力度不够；然而当产业平均的贸易政策不确定性较高时，产业中同一产品在不同目标市场上面临

---

　　① 系数差异检验的原假设是"高贸易政策不确定性组"与"低贸易政策不确定性组"的估计系数无差异。在"技术进步效应"和"目标市场选择效应"变量中，chi2 值显著拒绝原假设，表示不同的贸易政策不确定性组之间，系数存在显著差异。

的贸易政策不确定性差异就有可能被放大，进而对产品集约边际在不同目标市场上的配置产生显著影响，此时，针对差异化的目标市场进行策略性的出口选择行为会对加总的出口技术含量形成较大冲击效应。

进一步，表7-5从不同要素密集型行业角度考察了增长动力转换的差异。可以发现，无论在何种类型的产业中考察两组贸易政策不确定性回归系数之间的差异，系数差异方向均与表7-4保持了一致，由低贸易政策不确定性转向高贸易政策不确定性时，制造业出口技术含量变化中由技术进步效应能够解释的份额在变弱，而由目标市场选择效应能够解释的份额在增强。但是，从系数差异的chi2值检验来看，只有在技术密集型产业中，技术进步效应和目标市场选择效应的系数差异检验显著拒绝了原假设，而在劳动密集型和资本密集型产业中，chi2值没有通过至少10%的显著性水平检验。这一结果说明，不同贸易政策不确定性下出口技术含量增长动力的转换机制，在技术密集型产业中表现得尤为明显。一个可能的解释是，相比劳动和资本密集型产业而言，技术密集型产业中出口的产品多是高技术含量的产品，其产品的需求弹性相对更高，当出口面临的平均贸易政策不确定性较大时，产品的出口价格被迫上升，进而会对目标市场的需求形成更大的冲击，此时策略性地选择何处目标市场进行出口的行为就起到了更加明显的作用。

表7-5　　　　　　　出口技术含量增长动力转换的行业异质性

变量	(1)	(2)	(3)	(4)
	低贸易政策不确定性组	高贸易政策不确定性组	系数差异	chi2 值
Panel A：劳动密集型产业				
技术进步效应	0.6143 *** (0.0756)	0.4629 *** (0.0834)	-0.1514	1.19
产品—技术配置效应	0.5178 *** (0.0917)	0.4446 *** (0.0918)	-0.0732	0.30
目标市场选择效应	-0.1321 (0.0876)	0.0925 (0.1260)	0.2246	1.16
Panel B：资本密集型产业				
技术进步效应	0.6659 *** (0.1361)	0.5550 *** (0.0637)	-0.1109	0.20

续表

变量	(1)	(2)	(3)	(4)
	低贸易政策不确定性组	高贸易政策不确定性组	系数差异	chi2 值
产品—技术配置效应	0.3127 *** (0.1085)	0.1436 ** (0.0610)	-0.1691	1.24
目标市场选择效应	0.0214 (0.1453)	0.3014 *** (0.0768)	0.2800	1.43
Panel C：技术密集型产业				
技术进步效应	0.6039 *** (0.1401)	0.1510 (0.1308)	-0.4529	5.99 **
产品—技术配置效应	0.3571 * (0.2004)	0.2440 * (0.1316)	-0.1131	0.21
目标市场选择效应	0.0389 (0.1898)	0.6050 *** (0.1758)	0.5661	3.60 *

注：*** 、 ** 和 * 分别表示在 1% 、5% 和 10% 的显著性水平下显著，括号内的数值代表系数的标准误。

为了验证不同分组下增长结构差异的回归结果稳健性，本书进一步对分组实施更加严格的划分条件。上文是以 50% 分位点为界来划分"低贸易政策不确定性组"和"高贸易政策不确定性组"，本书进一步令分位数小于 20% 和大于 80% 的样本分别为"低贸易政策不确定性组"和"高贸易政策不确定性组"，再进行似不相关回归，具体结果如表 7-6 所示。从全样本的结果来看，不同回归方程中回归系数的正负号以及不同分组之间系数差异的方向与表 7-4 总体上保持了一致的结果，并且 chi2 值也在技术进步效应和目标市场选择效应两项上显著拒绝原假设，说明对分组施加更严格的条件并没有改变表 7-4 得到的基本结论。

表 7-6　　　　　　　　　　似不相关回归结果的稳健性

变量	(1)	(2)	(3)	(4)
	低贸易政策不确定性组	高贸易政策不确定性组	系数差异	chi2 值
Panel A：全样本				
技术进步效应	0.8045 *** (0.0900)	0.4729 *** (0.0758)	-0.3316	3.78 *

续表

变量	(1)	(2)	(3)	(4)
	低贸易政策不确定性组	高贸易政策不确定性组	系数差异	chi2 值
产品—技术配置效应	0.1836 * (0.0962)	0.1241 (0.0803)	−0.0595	0.22
目标市场选择效应	0.0119 (0.0780)	0.4029 *** (0.1069)	0.3910	3.20 *
Panel B：劳动密集型产业				
技术进步效应	0.7053 *** (0.1136)	0.6127 *** (0.1320)	−0.0926	0.15
产品—技术配置效应	0.3144 ** (0.1408)	0.4884 *** (0.1633)	0.1740	0.49
目标市场选择效应	−0.0196 (0.1026)	−0.1010 (0.2245)	0.0814	0.05
Panel C：资本密集型产业				
技术进步效应	1.4222 *** (0.3489)	0.6239 *** (0.0943)	−0.7983	14.67 ***
产品—技术配置效应	−0.1615 (0.2035)	0.1239 (0.0963)	0.2854	3.57 *
目标市场选择效应	−0.2607 (0.2211)	0.2522 * (0.1316)	0.5129	4.65 **
Panel D：技术密集型产业				
技术进步效应	0.7913 ** (0.1891)	−0.0027 (0.1491)	−0.7940	28.76 ***
产品—技术配置效应	0.2137 (0.3327)	−0.0375 (0.1447)	−0.2512	1.04
目标市场选择效应	−0.0049 (0.2855)	1.0402 *** (0.1685)	1.0451	42.99 ***

注：***、** 和 * 分别表示在 1%、5% 和 10% 的显著性水平下显著，括号内的数值代表系数的标准误。

表 7 - 5、表 7 - 6 中的面板 B - C 也在不同行业中验证了回归结果的稳健性，可以发现，在劳动密集型产业中，系数差异的 chi2 值依然没有通过显著性检验，而在资本和技术密集型产业中，chi2 值显著拒绝不存在系数

差异的原假设。同时，在后两类产业样本中系数差异的正负号显示，技术进步效应和目标市场选择效应的系数变换方向与表7-5相比也没有发生变化，这说明表7-5的估计结果也具有较强的稳健性，并且在施加更加严格的贸易政策不确定性分组条件后，资本密集型产业中出现了显著的增长动力转换现象。

第四节　本章小结

本章提出了一个可以对制造业技术变化进行拓展的动态OP分解的方法，将出口技术含量变化分解成四个部分：目标市场选择效应、技术进步效应、产品—技术配置效应和产品更替效应，分别代表出口企业的策略性市场选择、产业的生产技术进步水平、在全球价值链上的战略性攀升以及新旧出口产品的更替过程4个因素在制造业出口技术含量变化中的平均贡献。从中国制造业出口技术含量增长及其结构分解的测算结果来看：第一，对于制造业中所有的行业分类，无论从何种维度进行考察，中国制造业出口技术含量的增长主要依靠的是产品—技术配置效应的提升来实现的，因此制造业在全球产业价值链上的战略性攀升是中国出口技术含量上升的主要原因。第二，在大多数制造业行业中，目标市场选择效应和技术进步效应呈"一正一负"或"一负一正"交错分布的格局，因此，策略性市场选择也是技术含量上升的来源，但是策略性市场选择并不包含真正的技术含量提升，因而不能成为中国制造业高质量发展的动力，在转型升级过程中，目标市场选择效应正逐渐由正转负，相对地，技术进步效应正在由负转正。第三，产品更替效应较弱，不会影响出口技术含量上升的大趋势，但也说明中国制造业新产品在国际市场上竞争力不足，而且中国制造业在进行战略性价值链攀升的过程中，放弃出口旧产品的代价仍比较大。

从增长结构差异的异质性方面来看：一方面，民营企业的产品—技术配置效应高于国有企业和外资企业，说明民营企业是中国进行战略性价值链攀升过程的主力军，这一特征在资本密集型产业和技术密集型产业中表现得尤为明显，说明民营企业对中国制造业出口技术含量提升具有极为重要的意义。另一方面，中国制造业的技术进步效应主要发生在出口到发展中国家市场的样本上，而不是在发达国家和新兴国家的市场上，说明中国制造业中可以提高劳动生产率的行业主要集中在那些发展中国家不具备充分生产能力的行业上，而针对发达国家急需的那些产品，中国还没有积累出足够高的工艺技术水平。

在国际比较中，本章进一步对分解方法进行了一定的简化处理，测算结果表明：在2008年金融危机前，中国制造业出口技术含量的增长不仅表现出依赖于目标市场选择效应的提升，还表现出依赖于低端制造业的技术含量提升，说明这一时期的技术追赶特征表现为低端制造业的低质量追赶，而在国际金融危机后，几乎全行业的产业技术进步效应获得了显著提升，极大带动了行业出口技术含量增长，中国制造业正在迈向高质量发展阶段。

基于出口技术含量分解的恒等式，本章构造了一个受约束的线性回归模型，进一步考察了在不同的贸易政策不确定性时期，出口技术含量的增长动力是否发生了转换。发现：当出口面临的平均贸易政策不确定性较弱时，技术进步效应能够对出口技术含量变化进行解释的份额较大，目标市场选择效应能够解释的份额较小；而当较低的贸易政策不确定性转向高贸易政策不确定性时，技术进步效应的解释力出现了明显下降的特征，目标市场选择效应的解释力明显增强。这说明，在出口面临的贸易政策不确定性由低向高转换的过程中，出口技术含量能够实现增长的动力也发生了转换，策略性选择目标市场的行为在高贸易政策不确定性的条件下发挥了重要推动作用。

第八章

研究结论与政策启示

目前，中国制造业出口面临着转型升级的难题，然而在"百年未有之大变局"的时代背景之下，未来中国制造业出口面临的贸易政策不确定性可能不仅不会下降，反而会上升。那么，出口市场的贸易政策不确定性上升会对国内制造业的转型升级产生怎样的影响？前文各章在对相关重要文献进行分析和述评的基础上，从数个不同方面对这一基本问题展开了研究。本章的主要工作是对前文章节中理论结合实证分析所得到的主要结论进行全面总结，并且在此基础上为我国制造业转型升级提出可能性的政策建议。

第一节 研究结论

综合全书研究，可以得出以下主要结论。

（1）从中国制造业出口技术含量升级的特征性事实中可以发现：第一，1996～2019 年中国制造业总体的出口技术含量不断上升，且呈现出向韩国、日本、法国等发达国家制造业平均技术水平逐步收敛的趋势；第二，美国制造业的总体出口技术含量水平仍处在世界第一的位置，但自 2000 年开始，这一水平值呈不断衰减趋势，与中国的"增长情形"形成鲜明对比；第三，从不同产业的情况来看，1996～2019 年，中国劳动密集型产业的出口技术含量水平值最低，但增长幅度最大，资本和技术密集型产业的出口技术含量水平值相对较高，但增长幅度较小。

（2）从中国出口面临的贸易政策不确定性及其与出口技术含量之间相关关系的特征性事实中可以发现：第一，中国加入 WTO 至中美贸易冲突期间，中国不同产业的贸易政策不确定性在时间序列上总体表现出不断下降趋势，并且在绝对水平的分组比较中，技术密集型产业（相比劳动和资本密集型产业）和来自发达国家市场（相比发展中国家和新兴国家市场）的贸易政策不确定性水平在各自的组别中相对较低；第二，来自市场的贸易政策不确定性和国内制造业的出口技术含量水平之间呈现出较为明显的负相关关系，这一特征结合中美贸易冲突的现实，很可能验证了萨缪尔森的猜想，即当中国制造业技术水平（尤其是在高技术产品领域）发生较大进步时，美国若希望保持自身相对比较优势不受威胁，可能会对中国施加贸易政策的限制，进而可能成为中国贸易政策不确定性上升的重要原因。

（3）从贸易政策不确定性与中国制造业出口技术含量之间因果关系的实证分析中可以发现：第一，出口市场的贸易政策不确定性上升确实会对中国制造业出口技术含量升级起到"抑制"作用，这一结果不仅获得了理论分析的支持，并且在实证分析中考虑了贸易政策不确定性的滞后效应、解释变量的测算误差、不同时期经济结构差异以及可能存在的逆向因果关系后，还是呈现出显著的"负向"因果关系；第二，这一影响效应也表现出了异质性的回归结果，从市场异质性来看，美国市场和欧盟市场的贸易政策不确定性上升，相比日韩市场、新兴国家市场和发展中国家市场，对中国制造业出口技术含量的抑制效应更强，从行业异质性来看，在美国和欧盟市场上，在 1 单位贸易政策不确定性上升的条件下，技术密集型产业相比劳动和资本密集型产业受到的负向冲击效应明显更大。

（4）从贸易政策不确定性影响中国制造业出口技术含量升级的微观机理分析中可以发现，同产业内部，贸易政策不确定性会降低中国对于高技术含量产品进行升级后获得的利润现值期望，抑制中国制造业进行研发创新的动机，最终表现为中国制造业在低技术含量产品出口上的锁定，导致中国制造业在产业层面的出口技术含量升级受阻。为了在实证检验中识别出产品升级受阻导致产业转型升级受阻的机制，本书进一步定义和设计了企业出口的"核心产品"（企业最具竞争力的产品种类）和"核心技术产品"（企业拥有的较高技术含量的产品种类）的概念和测算方法，研究发现，第一，由于中国制造业处在转型升级的过程中，梅耶等（Mayer et al.，2014）利用发达国家法国制造业数据发现的企业核心产品出口倾向性不能较好地解释中国制造业的出口技术含量升级，而本书提出的核心技术产品出口倾向性展现出了较强解释力，其原因在于，转型升级中的中国制造业企业出口的核心技术产品很可能不是企业的核心产品，因而梅耶等（Mayer et al.，2014）描述的情形成为本书的特殊情形；第二，在那些核心技术产品已经成长为核心产品的制造业企业中，其出口技术含量、全要素生产率以及工业增加值水平明显更高，说明制造业的转型升级过程在企业内部表现为核心技术产品的成长过程，因而我们利用核心技术产品相比核心产品出口的倾向性可以构造企业技术化倾向的指标，用以描述制造业转型升级的微观过程；第三，企业层面技术化倾向特征表现为，企业的技术化倾向越高，则平均的出口技术含量水平也越高，并且在越高的分位数点，技术化倾向的正向影响效应越大；第四，样本各年份中国制造业出口的技术化倾向在产业层面的分布总体上满足帕累托分布特征，代表了只有少数4位码产业实现了较大程度的技术升级，并且从2000年和2007年各产业技术化倾向的相对进步水平可以发现，发生较大技术升级的领域主要集中在中低端产业，高技术产业领域进步不明显；第五，微观机制的实证检验表明，在某个目标市场贸易政策不确定性的冲击之下，企业为了对冲不确定性的风险，可能会增强其在该目标市场上具有更大比较优势的核心产品出口倾向性，然而核心技术产品倾向性的提高才是企业转型升级的抓手，因而企业层面的产品升级受阻，其结果是企业的技术化倾向衰弱，最终引发产业的转型升级受阻；第六，微观机制的影响效应也存在着分组异质性，这一影响效应在低行业集中度（相比高行业集中度）、非国有企业样本（相比国有企业样本）、东部地区企业样本（相比中西部地区企业样本）的分组回归中表现得更加明显。

（5）从贸易政策不确定性破局的分析中可以发现：第一，中国参与的FTA大致上可以分为"主动参与"型和"被动应对"型两类，无论是哪一类，若中国能够成功建立FTA，都能够对贸易政策不确定性的负面技术冲击效应起到一定的破局效果；第二，从FTA对企业层面出口技术含量升级的影响来看，我们以参与CAFTA为例，通过双重差分法的准自然实验研究了FTA的作用，发现FTA对贸易政策不确定性的破局效果在非国有企业

（相比国有企业）、从事加工贸易的企业（相比纯一般贸易类型的企业）、地处长三角和粤港澳大湾区城市群的企业（相比地处京津冀城市群的企业）样本中表现得更加显著，并且 FTA 的破局效果还具有明显的产业链关联效应，FTA 对上游行业贸易政策不确定性的降低引发的企业出口技术含量升级，可以通过行业间的投入—产出关联作用对下游行业的企业出口技术含量升级形成正面影响，但这一正面效果要小于其对本行业的冲击；第三，从 FTA 对产业层面出口技术含量升级的影响来看，我们反事实模拟了中国加入 CPTPP 的政策效果，发现初始和事后的贸易政策不确定性分别每上升和下降 1 个单位，产业层面的出口技术含量增长率会分别上升 0.87% 和 1.18%，将产业出口技术含量的增长率分解为"企业平均出口技术含量增长率"和"企业间资源再配置效率增长率"后可以进一步发现，中国加入 CPTPP 主要是通过前者对产业出口技术含量升级产生影响的，而企业间资源再配置效率增长率不会发生显著改变；第四，尽管 FTA 对贸易政策不确定性的破局效果明显，但也可能引发一种出口技术含量升级的悖论，表现为即使企业的出口技术含量能够提升，但没有显著增强其对自身出口产品种类的自主主导权，而如果过于强调出口产品的自主主导，又可能违背比较优势发展规律，导致无法适应 FTA 之下的市场竞争环境。

（6）从中国制造业出口技术含量增长的动力结构分解以及动力转换特征的分析中可以发现：第一，我们通过一个拓展的动态 OP 方法，可以将中国制造业出口技术含量的增长分解为"目标市场选择效应""技术进步效应""产品—技术配置效应"和"产品更替效应"四个部分，分别代表企业在策略性市场选择上的能力、生产技术水平上的进步、全球价值链上的战略性攀升以及新旧出口产品的更替过程四种力量对出口技术含量升级的贡献；第二，从出口技术含量增长的动力结构来看，"产品—技术配置效应"是增长的主导力量，代表了制造业产品在全球价值链上的战略性攀升过程是增长的核心原因，"技术进步效应"和"目标市场选择效应"处于第二梯队，但是前者强于后者，说明推动生产技术进步比策略性选择目标市场更有助于中国制造业出口技术含量的提升，"产品更替效应"较弱，说明出口市场上新旧产品的更替不能有效解释中国制造业出口技术含量的增长趋势；第三，中国制造业出口技术含量的增长动力在不同贸易政策不确定性时期发生了明显的转换特征，在低贸易政策不确定性时期，出口技术含量变化中由"技术进步效应"所能解释的份额相对较大，而由"目标市场选择效应"所能解释的份额相对较小，当低贸易政策不确定性转向高贸易政策不确定性后，"技术进步效应"的解释力明显下降，而"目标市场选择效应"的解释力明显增强。

第二节　政策启示

尽管本书界定的贸易政策不确定性主要是关税层面的不确定性，但是对其他不同形式贸易政策不确定性的政策含义是内在一致的。在当前百年未有之大变局的现实背景下，贸易政策的不确定性也存在新的发展动向，不仅包含了传统的关税、配额等政策不确定性，还包含了劳工、环境、政府采购、知识产权等方面的贸易政策不确定性。发达国家在引发这些贸易政策不确定性对中国进行威胁时，通常还将其与人权、气候、公平竞争和可持续发展等目标结合起来，以掩盖其打击中国产业技术升级的实质性目的，成为当前发达国家构建贸易壁垒和技术封锁的一种新手段、新形式，其隐蔽性更大，危害性更高。据此，本书研究结论具有如下重要政策启示。

（1）中国应当坚定不移地维护 WTO 等多边贸易体制，降低中国企业出口面对的贸易政策不确定性。在当前的新形势下，中国可以考虑从以下几个方面作出应对：第一，中国应当承担大国义务，在维持中国发展道路不变的大前提下，以求同存异、合作包容的姿态，积极参与乃至引领 WTO 进行现代化改革，要避免由于过于强调立场问题，导致影响 WTO 的改革进程；第二，中国还应当尽力缓解与美国和欧盟等发达国家的贸易摩擦，虽然中国目前能够将中美贸易争端纳入 WTO 框架下进行解决的可能性较小，但中国仍应当充分利用 WTO 的现有规则，对美国单边的贸易保护主义进行法理和道义上的批判，尽力争取 WTO 其他成员方的支持，占领国际道义的高地，进而加强中国与其他成员方的自由贸易合作；第三，目前中国应当抓住当下美国还未重返 CPTPP 的有利时机，继续推动加入 CPTPP 的谈判进程，不仅要分析研究自身能够对 CPTPP 相关规则条款的接受程度，也要通过国内在知识产权、劳工保护、数据安全、环保等诸多方面的深化改革，对接 CPTPP 的高水平规则，逐步破除发达国家针对中国的"规则封锁"，努力促成多边贸易合作新环境；第四，中国应当充分利用好 RCEP 和"一带一路"的建设平台，主导并整合区域的产业关联合作，将更多的发展中国家纳入本国的供应链体系和生产体系中，进而使得区域发展离不开中国，将能够大幅降低这些市场针对中国的贸易政策不确定性。

（2）中国可以利用国内产业发展环境的相对确定性，继续认真做好自己的事情，营造制造业进行技术创新升级的制度和社会环境。具体而言，推动中国制造业出口技术含量进行转型升级的战略思路可以遵循三条主线：一是要守住产业安全的底线。前文研究表明，贸易政策不确定性下降可能引发技术升级悖论，中国缺乏对于制造业产品出口的自主主导权，其核心原因是没有在全球产业链分工中占据关键环节，因此中国应当积极贯彻"十四五"发展规划的要求，强化国家的战略科技力量，加大对基础研究领域的投入，通过产学研联合体等方式，重点关注产业发展中的关键共性技术环节，推动重点核心领域的技术创新，持续进行"卡脖子"关键技术的攻克研究。二是要瞄准高技术产品生产的高线。未来中国制造业的技术创新应当对标高标准，目前中国可以大力促进区块链、大数据、人工智能等前沿新技术的创新应用，通过不断完善新技术扩散的良好制度环境，激励企业培育高级化的要素，激发创新动力，推动制造业进行数字化发展，在这一发展过程中，凝结在制造业产品中的技术含量自然就得到了提升，产品的国际竞争力也会不断增强。三是要充分利用好国内统一大市场推动制造业的高质量发展。贸易政策不确定性之所以能够将中国制造业企业出口锁定在低技术产品上，其重要原因之一就是压缩了中国制造业企业对高技术产品出口的利润现值期望，因此中国可以充分利用国内超大规模市场的优势，挖掘内需潜力，加强国内自主品牌的质量和建设，吸引国内消费者对本土中高端产品进行"内向化"消费，进而充分激发企业对于高技术的投入和创新，健全技术进步的内生机制，通过畅通国内大循环来分摊外部市场环境不确定对技术升级的阻碍作用。

（3）在应对贸易政策不确定性，促进中国制造业出口技术含量升级的过程中，也要注意不同层面的异质性影响。第一，基于行业和市场的异质性，一方面，在利用产业政策来对冲贸易政策不确定性的影响时，尤其应当关注高新技术行业受到的影响；另一方面，应当主动顺应未来国际经贸规则演变发展的趋势，积极与美国和欧盟等发达国家在知识产权保护、政府采购等高技术领域进行贸易谈判，努力降低出口市场针对中国高技术生产服务出口的贸易政策不确定性。此外，注意到产业链上游行业对下游行业技术升级的关联效应，说明在更加上游的生产活动中，出口更高技术含量的中间品，能够对全产业链的技术升级起到辐射作用，因此政府可以重点和优先考虑上游行业的产业扶植政策，逐步放开那些非战略性上游行业的市场准入门槛，降低上游的投入成本，充分激励上游行业的创新水平，将创新动力扩散到整个生产网络结构中。第二，基于企业所处空间位置的异质性效应，可以进一步明确中国三大城市群技术创新分工的战略定位。京津冀城市群可以依托在基础研究领域以及教育、科技资源方面的领先优势，将创新战略定位于主要进行基础科学研究和重大尖端技术攻关，国家各类科学基金项目可以对地区内相关基础研究进行一定的倾斜资助，同时，各级政府和部门也可以通过相关的研发配套项目，支持地区间基础科学研究的合作计划，努力建立京津冀基础研究的协同创新机制。而长三角和粤港澳大湾区可以充分利用对外开放的区位优势，重点关注应用型科学技术的发展，提升科技成果的转化成效。一方面，长三角和粤港澳大湾区可以在国家科技成果转化引导基金基础上，进一步加大区域的科技成果转化创业投资基金投入，发挥财政资金对民间投资和金融资本的杠杆作用，引导科技成果在区域里转移转化；另一方面，可以进一步推进长三角和粤港澳大湾区的技术转移和交易体系的建设，为科技成果转化的信息流动提供制度支持。第三，基于不同时期中国制造业出口技术含量增长动力的异质性，未来中国可以"一带一路"的推进为契机，主动深化与新兴国家和发展中国家的产业合作，重点强化国家间自由贸易合作平台以及双边多边合作平台的建立，对企业向外转移的需求进行积极引导和布局，进而通过本土产业与外移产业之间的分工合作关系，使其对本土产业体系的依赖度进一步提升，形成区域间较为稳定的国际贸易格局。

参考文献

［1］陈波，杨庆．双向 FDI 如何影响了中国出口技术含量：基于动态空间面板模型的分析［J］．国际经贸探索，2020，36（4）：71 - 88.

［2］陈登科．贸易壁垒下降与环境污染改善：来自中国企业污染数据的新证据［J］．经济研究，2020，55（12）：98 - 114.

［3］陈凤兰，陈爱贞．RCEP 区域产业链发展机制研究：兼论中国产业链升级路径［J］．经济学家，2021（6）：70 - 80.

［4］陈林．中国工业企业数据库的使用问题再探［J］．经济评论，2018（6）：140 - 153.

［5］陈维涛，王永进，孙文远．贸易自由化、进口竞争与中国工业行业技术复杂度［J］．国际贸易问题，2017（1）：50 - 59.

［6］陈雯，苗双有．中间品贸易自由化与中国制造业企业生产技术选择［J］．经济研究，2016，51（8）：72 - 85.

［7］陈晓华，黄先海．中国出口品技术含量变迁的动态研究：来自 50 国金属制品 1993—2006 年出口的证据［J］．国际贸易问题，2010（4）：3 - 12.

［8］陈晓华，黄先海，刘慧．中国出口技术结构演进的机理与实证研究［J］．管理世界，2011（3）：44 - 57.

［9］陈勇兵，陈宇媚，周世民．贸易成本、企业出口动态与出口增长的二元边际：基于中国出口企业微观数据：2000 - 2005［J］．经济学（季刊），2012，11（4）：1477 - 1502.

［10］戴魁早．要素市场扭曲如何影响出口技术复杂度？：中国高技术产业的经验证据［J］．经济学（季刊），2019，18（1）：337 - 366.

［11］戴魁早，方杰炜．贸易壁垒对出口技术复杂度的影响：机制与中

国制造业的证据 [J]. 国际贸易问题，2019 (12): 136-154.

[12] 代谦，别朝霞. 人力资本、动态比较优势与发展中国家产业结构升级 [J]. 世界经济，2006 (11): 70-84, 96.

[13] 戴翔，金碚. 产品内分工、制度质量与出口技术复杂度 [J]. 经济研究，2014, 49 (7): 4-17, 43.

[14] 代中强. 知识产权保护提高了出口技术复杂度吗?: 来自中国省际层面的经验研究 [J]. 科学学研究，2014, 32 (12): 1846-1858.

[15] 丁一兵，宋畅. 出口市场份额、FDI 流入与中国制造业出口技术复杂度 [J]. 国际贸易问题，2019 (6): 117-132.

[16] 东艳，徐奇渊. 直面中美贸易冲突 [M]. 北京: 中国社会科学出版社，2021.

[17] 窦钱斌，李孜. 中国制造业出口技术含量增长来源: 基于产品—市场维度的结构分解 [J]. 国际贸易问题，2021 (7): 37-53.

[18] 杜传忠，张丽. 中国工业制成品出口的国内技术复杂度测算及其动态变迁: 基于国际垂直专业化分工的视角 [J]. 中国工业经济，2013 (12): 52-64.

[19] 高翔，袁凯华. 清洁生产环境规制与企业出口技术复杂度: 微观证据与影响机制 [J]. 国际贸易问题，2020 (2): 93-109.

[20] 龚联梅，钱学锋. 贸易政策不确定性理论与经验研究进展 [J]. 经济学动态，2018 (6): 106-116.

[21] 何欢浪，蔡琦晟，章韬. 进口贸易自由化与中国企业创新: 基于企业专利数量和质量的证据 [J]. 经济学 (季刊)，2021, 21 (2): 597-616.

[22] 黄繁华，洪银兴. 生产性服务业对我国参与国际循环的影响: 基于制造业全球价值链分工地位的研究 [J]. 经济学动态，2020 (12): 15-27.

[23] 黄群慧. "双循环"新发展格局: 深刻内涵、时代背景与形成建议 [J]. 北京工业大学学报 (社会科学版)，2021, 21 (1): 9-16.

[24] 黄先海，陈晓华，刘慧. 产业出口复杂度的测度及其动态演进机理分析: 基于 52 个经济体 1993~2006 年金属制品出口的实证研究 [J]. 管理世界，2010 (3): 44-55.

[25] 姜帅帅，刘庆林. 贸易政策不确定性与出口企业加成率: 基于中国入世的准自然实验 [J]. 甘肃社会科学，2021 (1): 138-145.

[26] 亢梅玲, 李涛, 袁亦宁. 贸易自由化、产品组合与中国多产品出口企业 [J]. 国际贸易问题, 2017 (7): 50 - 62.

[27] 赖敏, 韩守习. 知识产权保护对出口技术复杂度的影响研究 [J]. 世界经济与政治论坛, 2018 (4): 104 - 130.

[28] 李春顶. 中国企业 "出口—生产率悖论" 研究综述 [J]. 世界经济, 2015, 38 (5): 148 - 175.

[29] 李惠娟, 蔡伟宏. 离岸生产性服务中间投入对中国制造业出口技术复杂度的影响 [J]. 世界经济与政治论坛, 2016 (3): 122 - 141.

[30] 李江帆, 毕斗斗. 国外生产服务业研究述评 [J]. 外国经济与管理, 2004 (11): 16 - 19, 25.

[31] 李敬子, 刘月. 贸易政策不确定性与研发投资: 来自中国企业的经验证据 [J]. 产业经济研究, 2019 (6): 1 - 13.

[32] 李俊青, 苗二森. 不完全契约条件下的知识产权保护与企业出口技术复杂度 [J]. 中国工业经济, 2018 (12): 115 - 133.

[33] 李仁宇, 钟腾龙, 祝树金. 区域合作、自由贸易协定与企业出口产品质量 [J]. 世界经济研究, 2020 (12): 48 - 64, 133.

[34] 李斯特. 政治经济学的国民体系 [M]. 北京: 商务印书馆, 1961.

[35] 林毅夫. 新结构经济学 [M]. 北京: 北京大学出版社, 2018.

[36] 林毅夫, 蔡昉, 李周. 比较优势与发展战略: 对 "东亚奇迹" 的再解释 [J]. 中国社会科学, 1999 (5): 4 - 20, 204.

[37] 林毅夫, 李永军. 比较优势、竞争优势与发展中国家的经济发展 [J]. 管理世界, 2003 (7): 21 - 28, 66 - 155.

[38] 林毅夫, 孙希芳. 经济发展的比较优势战略理论: 兼评《对中国外贸战略与贸易政策的评论》[J]. 国际经济评论, 2003 (6): 12 - 18.

[39] 刘慧, 陈晓华, 蒋墨冰. 生产性服务资源嵌入制造业生产环节的最优选择: 基于中间投入品出口技术复杂度升级视角 [J]. 财经研究, 2020, 46 (7): 154 - 168.

[40] 刘杨. 贸易自由化、厂商技术升级与技能型劳动力需求: 关于中国制造业厂商层面数据的实证检验 [J]. 经济评论, 2009 (6): 5 - 15.

[41] 罗军. 生产性服务 FDI 对制造业出口技术复杂度的影响研究

[J]．中国管理科学，2020，28（9）：54－65．

［42］吕建兴，王艺，张少华．FTA 能缓解成员国对华贸易摩擦吗?：基于 GTA 国家—产品层面的证据［J］．数量经济技术经济研究，2021，38（5）：114－134．

［43］吕越，邓利静．全球价值链下的中国企业"产品锁定"破局：基于产品多样性视角的经验证据［J］．管理世界，2020，36（8）：83－98．

［44］吕越，吕云龙．全球价值链嵌入会改善制造业企业的生产效率吗?：基于双重稳健—倾向得分加权估计［J］．财贸经济，2016（3）：109－122．

［45］毛海欧，刘海云．中国 OFDI 如何影响出口技术含量：基于世界投入产出数据的研究［J］．数量经济技术经济研究，2018，35（7）：97－113．

［46］毛其淋．贸易政策不确定性是否影响了中国企业进口?［J］．经济研究，2020，55（2）：148－164．

［47］毛其淋，盛斌．中国制造业企业的进入退出与生产率动态演化［J］．经济研究，2013，48（4）：16－29．

［48］毛其淋，许家云．贸易政策不确定性与企业储蓄行为：基于中国加入 WTO 的准自然实验［J］．管理世界，2018，34（5）：10－27，62，179．

［49］倪红福．中国出口技术含量动态变迁及国际比较［J］．经济研究，2017，52（1）：44－57．

［50］聂辉华，贾瑞雪．中国制造业企业生产率与资源误置［J］．世界经济，2011，34（7）：27－42．

［51］裴长洪，刘斌．中国开放型经济学：构建阐释中国开放成就的经济理论［J］．中国社会科学，2020（2）：46－69，205．

［52］彭国华，夏帆．中国多产品出口企业的二元边际及核心产品研究［J］．世界经济，2013，36（2）：42－63．

［53］彭羽，沈玉良．"一带一路"沿线自由贸易协定与中国 FTA 网络构建［J］．世界经济研究，2017（8）：26－37，135．

［54］齐俊妍，王永进，施炳展，盛丹．金融发展与出口技术复杂度［J］．世界经济，2011，34（7）：91－118．

［55］钱学锋，龚联梅．贸易政策不确定性、区域贸易协定与中国制造

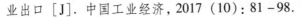

业出口 [J]. 中国工业经济, 2017 (10): 81 - 98.

[56] 钱学锋, 李莹, 王备. 消费者异质性、中间品贸易自由化与个体福利分配 [J]. 经济学 (季刊), 2021, 21 (5): 1661 - 1690.

[57] 钱学锋, 王备. 中间投入品进口、产品转换与企业要素禀赋结构升级 [J]. 经济研究, 2017, 52 (1): 58 - 71.

[58] 曲丽娜, 刘钧霆. 贸易政策不确定性是否影响了出口?: 基于中国高技术企业微观数据的研究 [J]. 产业经济研究, 2021 (5): 97 - 112.

[59] 屈文洲, 崔峻培. 宏观不确定性研究新进展 [J]. 经济学动态, 2018 (3): 126 - 138.

[60] 沈国兵, 黄铄珺. 行业生产网络中知识产权保护与中国企业出口技术含量 [J]. 世界经济, 2019, 42 (9): 76 - 100.

[61] 沈国兵, 黄铄珺. 外资进入与中国多产品企业出口技术含量 [J]. 国际经贸探索, 2020, 36 (2): 4 - 22.

[62] 盛斌. 中国工业贸易保护结构政治经济学的实证分析 [J]. 经济学 (季刊), 2002 (2): 603 - 624.

[63] 盛斌, 吕越. 对中国出口二元边际的再测算: 基于 2001 - 2010 年中国微观贸易数据 [J]. 国际贸易问题, 2014 (11): 25 - 36.

[64] 盛斌, 毛其淋. 进口贸易自由化是否影响了中国制造业出口技术复杂度 [J]. 世界经济, 2017, 40 (12): 52 - 75.

[65] 施炳展, 张雅睿. 贸易自由化与中国企业进口中间品质量升级 [J]. 数量经济技术经济研究, 2016, 33 (9): 3 - 21.

[66] 宋之杰, 赵桐, 徐蕾. 制造业出口品国内技术含量动态变迁及国际比较 [J]. 科研管理, 2018, 39 (1): 53 - 63.

[67] 苏理梅, 彭冬冬, 兰宜生. 贸易自由化是如何影响我国出口产品质量的?: 基于贸易政策不确定性下降的视角 [J]. 财经研究, 2016, 42 (4): 61 - 70.

[68] 孙林, 周科选. 区域贸易政策不确定性对中国出口企业产品质量的影响: 以中国—东盟自由贸易区为例 [J]. 国际贸易问题, 2020 (1): 127 - 143.

[69] 田巍, 余淼杰. 中间品贸易自由化和企业研发: 基于中国数据的经验分析 [J]. 世界经济, 2014, 37 (6): 90 - 112.

［70］ 佟家栋，李胜旗．贸易政策不确定性对出口企业产品创新的影响研究［J］．国际贸易问题，2015（6）：25－32．

［71］ 汪建新，黄鹏．价格贸易条件变动、进口关税削减与中国加入WTO的生产率效应［J］．世界经济研究，2011（12）：3－9，84．

［72］ 汪亚楠．贸易政策不确定性与出口企业利润变动：基于中美贸易的实证分析［J］．当代财经，2018（5）：91－101．

［73］ 汪亚楠，王海成，苏慧．贸易政策不确定性与中国产品出口的数量、质量效应：基于自由贸易协定的政策背景［J］．审计与经济研究，2020，35（1）：111－119．

［74］ 汪亚楠，周梦天．贸易政策不确定性、关税减免与出口产品分布［J］．数量经济技术经济研究，2017，34（12）：127－142．

［75］ 王胜斌，杜江．金融发展与出口技术复杂度提升：基于影响渠道的研究［J］．经济问题探索，2019（10）：175－183，190．

［76］ 王永，崔春华．制度质量、自然资源禀赋与出口技术复杂度［J］．经济经纬，2019，36（1）：64－71．

［77］ 王永进，盛丹，施炳展，李坤望．基础设施如何提升了出口技术复杂度？［J］．经济研究，2010，45（7）：103－115．

［78］ 王永钦，董雯．机器人的兴起如何影响中国劳动力市场？：来自制造业上市公司的证据［J］．经济研究，2020，55（10）：159－175．

［79］ 王振国，张亚斌，牛猛，钟源．全球价值链视角下中国出口功能专业化的动态变迁及国际比较［J］．中国工业经济，2020（6）：62－80．

［80］ 王直，魏尚进，祝坤福．总贸易核算法：官方贸易统计与全球价值链的度量［J］．中国社会科学，2015（9）：108－127，205－206．

［81］ 魏明海，刘秀梅．贸易环境不确定性与企业创新：来自中国上市公司的经验证据［J］．南开管理评论，2021，24（5）：16－27．

［82］ 魏如青，张铭心，郑乐凯，施平居．生产分割、知识产权保护与出口技术复杂度：基于生产阶段分割的研究视角［J］．统计研究，2021，38（4）：103－115．

［83］ 魏悦羚，张洪胜．贸易政策不确定性、出口与企业生产率：基于PNTR的经验分析［J］．经济科学，2019（1）：57－68．

［84］ 吴利学，叶素云，傅晓霞．中国制造业生产率提升的来源：企

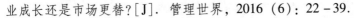

业成长还是市场更替？[J]. 管理世界，2016 (6)：22 -39.

[85] 肖文，林高榜. 政府支持、研发管理与技术创新效率：基于中国工业行业的实证分析 [J]. 管理世界，2014 (4)：71 -80.

[86] 谢杰，陈锋，陈科杰，戴赵琼. 贸易政策不确定性与出口企业加成率：理论机制与中国经验 [J]. 中国工业经济，2021 (1)：56 -75.

[87] 谢谦，刘维刚，张鹏杨. 进口中间品内嵌技术与企业生产率 [J]. 管理世界，2021, 37 (2)：66 -80, 6, 22 -23.

[88] 熊光清. 贸易保护主义盛行及发展的根源 [J]. 人民论坛，2020 (3)：34 -37.

[89] 徐卫章，李胜旗. 贸易政策不确定性与中国出口企业加成率：基于企业异质性视角的分析 [J]. 商业研究，2016 (12)：150 -160.

[90] 杨俊，李平. 要素市场扭曲、国际技术溢出与出口技术复杂度 [J]. 国际贸易问题，2017 (3)：51 -62.

[91] 杨汝岱. 中国制造业企业全要素生产率研究 [J]. 经济研究，2015, 50 (2)：61 -74.

[92] 姚星，王博，王磊. 区域产业分工、生产性服务进口投入与出口技术复杂度：来自"一带一路"国家的经验证据 [J]. 国际贸易问题，2017 (5)：68 -79.

[93] 姚洋，张晔. 中国出口品国内技术含量升级的动态研究：来自全国及江苏省、广东省的证据 [J]. 中国社会科学，2008 (2)：67 -82, 205 -206.

[94] 于津平，邓娟. 垂直专业化、出口技术含量与全球价值链分工地位 [J]. 世界经济与政治论坛，2014 (2)：44 -62.

[95] 余淼杰，王霄彤. 中国—东盟自由贸易协定和中国企业生产率 [J]. 学术月刊，2021, 53 (3)：50 -62.

[96] 余淼杰，张睿. 中国制造业出口质量的准确衡量：挑战与解决方法 [J]. 经济学 (季刊)，2017, 16 (2)：463 -484.

[97] 余明桂，范蕊，钟慧洁. 中国产业政策与企业技术创新 [J]. 中国工业经济，2016 (12)：5 -22.

[98] 余智. 贸易政策不确定性研究动态综述 [J]. 国际贸易问题，2019 (5)：162 -174.

[99] 喻美辞．中间产品贸易、技术溢出与发展中国家的工资差距：一个理论框架 [J]．国际贸易问题，2012（8）：14 – 21．

[100] 张峰，刘曦苑，武立东，殷西乐．产品创新还是服务转型：经济政策不确定性与制造业创新选择 [J]．中国工业经济，2019（7）：101 – 118．

[101] 张杰，刘志彪，张少军．制度扭曲与中国本土企业的出口扩张 [J]．世界经济，2008（10）：3 – 11．

[102] 张平南，徐阳，徐小聪，段艳艳．贸易政策不确定性与企业出口国内附加值：理论与中国经验 [J]．宏观经济研究，2018（1）：57 – 68．

[103] 张先锋，阚苗苗，王俊凯．劳动力市场灵活性是否提升了出口技术复杂度 [J]．财贸研究，2018，29（3）：55 – 70．

[104] 张幼文．要素流动下世界经济的机制变化与结构转型 [J]．学术月刊，2020，52（5）：39 – 50．

[105] 赵昌文，许召元．国际金融危机以来中国企业转型升级的调查研究 [J]．管理世界，2013（4）：8 – 15，58．

[106] 赵富森．劳动力成本上升是否影响了制造业的出口技术复杂度 [J]．国际经贸探索，2020，36（8）：23 – 37．

[107] 赵靓，吴梅．我国生产性服务业对出口产品竞争优势的影响研究 [J]．数量经济技术经济研究，2016，33（3）：112 – 127．

[108] 赵婷婷，李俊．贸易政策不确定性与制造业国际贸易增加值 [J]．首都经济贸易大学学报，2021，23（2）：50 – 68．

[109] 赵伟．高级国际贸易学十讲 [M]．北京：北京大学出版社，2014．

[110] 郑丹青．全球价值链嵌入、自主创新与企业出口技术复杂度 [J]．世界经济与政治论坛，2021（6）：55 – 84．

[111] 郑展鹏，王洋东．国际技术溢出、人力资本与出口技术复杂度 [J]．经济学家，2017（1）：97 – 104．

[112] 周定根，杨晶晶，赖明勇．贸易政策不确定性、关税约束承诺与出口稳定性 [J]．世界经济，2019，42（1）：51 – 75．

[113] 周茂，陆毅，符大海．贸易自由化与中国产业升级：事实与机制 [J]．世界经济，2016，39（10）：78 – 102．

[114] 祝树金，钟腾龙，李仁宇．中间品贸易自由化与多产品出口企

业的产品加成率 [J]. 中国工业经济, 2018 (1): 41 - 59.

[115] 卓乘风, 邓峰. 基础设施投资与制造业贸易强国建设: 基于出口规模和出口技术复杂度的双重视角 [J]. 国际贸易问题, 2018 (11): 104 - 119.

[116] Acemoglu D. , Aghion P. , Zilibotti F. Distance to Frontier, Selection, and Economic Growth [J]. Journal of the European Economic Association, 2006, 4 (1): 37 - 74.

[117] Alessandria G. A. , Khan S. Y. , Khederlarian A. Taking Stock of Trade Policy Uncertainty: Evidence from China's Pre-WTO Accession [R]. NBER Working Paper, 2019.

[118] Amiti M. , Konings J. Trade Liberalization, Intermediate Inputs, and Productivity: Evidence from Indonesia [J]. American Economic Review, 2007, 97 (5): 1611 - 1638.

[119] Antras P. , Helpman E. Global Sourcing [J]. Journal of Political Economy, 2004, 112 (3): 552 - 580.

[120] Arrow K. J. The Economic Implications of Learning by Doing [J]. The Review of Economic Studies, 1962, 29 (3): 155 - 173.

[121] Baker S. R. , Bloom N. , Davis S. J. Has Economic Policy Uncertainty Hampered the Recovery? [R]. Becker Friedman Institute for Research in Economics Working Paper, 2012.

[122] Baker S. R. , Bloom N. , Davis S. J. Measuring Economic Policy Uncertainty [J]. The Quarterly Journal of Economics, 2016, 131 (4): 1593 - 1636.

[123] Balassa B. Trade Creation and Trade Diversion in the European Common Market [J]. The Economic Journal, 1967, 77 (305): 1 - 21.

[124] Balassa B. Trade Liberalization and "Revealed" Comparative Advantage [J]. The Manchester School, 1965, 33 (2): 99 - 123.

[125] Baldwin J. R. , Gu W. Plant Turnover and Productivity Growth in Canadian Manufacturing [J]. Industrial and Corporate Change, 2006, 15 (3): 417 - 465.

[126] Bao B-H, Bao D-H. Usefulness of Value Added and Abnormal Eco-

nomic Earnings: An Empirical Examination [J]. Journal of Business Finance & Accounting, 1998, 25 (1-2): 251-264.

[127] Bartik T. J. Who Benefits from State and Local Economic Development Policies?[M]. W. E. Upjohn Institute for Employment Research, 1991.

[128] Bas M., Berthou A. Does Input-Trade Liberalization Affect Firms' Foreign Technology Choice?[J]. The World Bank Economic Review, 2017, 31 (2): 351-384.

[129] Behrens K., Lamorgese A., Ottaviano G., Tabuchi T. Testing the Home Market Effect in a Multi-Country World: The Theory [R]. CEPR Discussion Papers, 2004.

[130] Bernard A. B., Eaton J., Jensen J. B., Kortum S. Plants and Productivity in International Trade [J]. American Economic Review, 2003, 93 (4): 1268-1290.

[131] Bernard A. B., Jensen J. B., Redding S. J., Schott P. K. The Margins of US Trade [J]. American Economic Review, 2009, 99 (2): 487-493.

[132] Bernard A. B., Redding S. J., Schott P. K. Multiproduct Firms and Trade Liberalization [J]. The Quarterly Journal of Economics, 2011, 126 (3): 1271-1318.

[133] Berthelon M. Chilean Export Performance: The Role of Intensive and Extensive Marginss [J]. Journal Economía Chilena, 2011, 14 (1): 25-38.

[134] Bertrand M., Duflo E., Mullainathan S. How Much Should We Trust Differences-In-Differences Estimates?[J]. The Quarterly Journal of Economics, 2004, 119 (1): 249-275.

[135] Bianconi M., Esposito F., Sammon M. Trade Policy Uncertainty and Stock Returns [J]. Journal of International Money and Finance, 2021, 119: 102492.

[136] Blonigen B., Ma A. Please Pass the Catch-up the Relative Performance of Chinese and Foreign Firms in Chinese Exports [R]. NBER Working Paper, 2007.

[137] Boone J. Competitive Pressure: The Effects on Investments in Product and Process Innovation [J]. The Rand Journal of Economics, 2000, 31

(3): 549 – 569.

[138] Brandt L., Van Biesebroeck J., Wang L., Zhang Y. WTO Accession and Performance of Chinese Manufacturing Firms [J]. American Economic Review, 2017, 107 (9): 2784 – 2820.

[139] Brandt L., Van Biesebroeck J., Zhang Y. Creative Accounting or Creative Destruction? Firm-level Productivity Growth in Chinese Manufacturing [J]. Journal of Development Economics, 2012, 97 (2): 339 – 351.

[140] Branstetter L., Lardy N. China's Embrace of Globalization [R]. NBER Working Paper, 2006.

[141] Bustos P. Trade Liberalization, Exports, and Technology Upgrading: Evidence on the Impact of MERCOSUR on Argentinian Firms [J]. American Economic Review, 2011, 101 (1): 304 – 340.

[142] Caldara D., Iacoviello M., Molligo P., Prestipino A., Raffo A. The Economic Effects of Trade Policy Uncertainty [J]. Journal of Monetary Economics, 2020, 109 (1): 38 – 59.

[143] Carballo J., Handley K., Limão N. Economic and Policy Uncertainty: Export Dynamics and the Value of Agreements [R]. NBER Working Paper, 2018.

[144] Chatterjee A., Dix-Carneiro R., Vichyanond J. Multi-Product Firms and Exchange Rate Fluctuations [J]. American Economic Journal: Economic Policy, 2013, 5 (2): 77 – 110.

[145] Crowley M., Meng N., Song H. Tariff Scares: Trade Policy Uncertainty and Foreign Market Entry by Chinese Firms [J]. Journal of International Economics, 2018, 114 (9): 96 – 115.

[146] Curran L. The Impact of Trade Policy on Global Production Networks: The Solar Panel Case [J]. Review of International Political Economy, 2015, 22 (5): 1025 – 1054.

[147] De Hoyos R. E., Iacovone L. Economic Performance under NAFTA: A Firm-Level Analysis of the Trade-productivity Linkages [J]. World Development, 2013, 44: 180 – 193.

[148] Facchini G., Liu M. Y., Mayda A. M., Zhou M. China's "Great

Migration": The Impact of the Reduction in Trade Policy Uncertainty [J]. Journal of International Economics, 2019, 120: 126 – 144.

[149] Feenstra R. C., Romalis J. International Prices and Endogenous Quality [J]. The Quarterly Journal of Economics, 2014, 129 (2): 477 – 527.

[150] Feng L., Li Z., Swenson D. L. Trade Policy Uncertainty and Exports: Evidence from China's WTO Accession [J]. Journal of International Economics, 2017, 106 (5): 20 – 36.

[151] Foster L., Haltiwanger J. C., Krizan C. J. Aggregate Productivity Growth: Lessons from Microeconomic Evidence [M]. Chicago: University of Chicago Press, 2001.

[152] French S. Revealed Comparative Advantage: What Is It Good For? [J]. Journal of International Economics, 2017, 106: 83 – 103.

[153] Fudenberg D., Tirole J. The Fat-Cat Effect, the Puppy-Dog Ploy, and the Lean and Hungry Look [J]. The American Economic Review, 1984, 74 (2): 361 – 366.

[154] Gereffi G., Lee J. Why the World Suddenly Cares about Global Supply Chains [J]. Journal of Supply Chain Management, 2012, 48 (3): 24 – 32.

[155] Gozgor G., Tiwari A. K., Demir E., Akron S. The Relationship between Bitcoin Returns and Trade Policy Uncertainty [J]. Finance Research Letters, 2019, 29: 75 – 82.

[156] Greenland A., Ion M., Lopresti J. Exports, Investment and Policy Uncertainty [J]. Canadian Journal of Economics, 2019, 52 (3): 1248 – 1288.

[157] Griliches Z., Regev H. Firm Productivity in Israeli Industry 1979 – 1988 [J]. Journal of Econometrics, 1995, 65 (1): 175 – 203.

[158] Groppo V., Piermartini R. Trade Policy Uncertainty and the WTO [R]. WTO Staff Working Papers, 2014.

[159] Grossman G. M., Helpman E. Endogenous Product Cycles [J]. The Economic Journal, 1991a, 101 (408): 1214 – 1229.

[160] Grossman G. M., Helpman E. Outsourcing in a Global Economy [J]. The Review of Economic Studies, 2005, 72 (1): 135 – 159.

[161] Grossman G. M., Helpman E. Quality Ladders and Product Cycles

［J］. The Quarterly Journal of Economics, 1991b, 106（2）: 557 – 586.

［162］ Grubel H. G. The Theory of Intra-industry Trade ［J］. Studies in International Economics, Amsterdam, 1970: 35 – 51.

［163］ Handley K. Exporting under Trade Policy Uncertainty: Theory and Evidence ［J］. Journal of International Economics, 2014, 94（1）: 50 – 66.

［164］ Handley K. , Limão N. Policy Uncertainty, Trade, and Welfare: Theory and Evidence for China and the United States ［J］. American Economic Review, 2017, 107（9）: 2731 – 2783.

［165］ Handley K. , Limão N. Trade and Investment under Policy Uncertainty: Theory and Firm Evidence ［J］. American Economic Journal: Economic Policy, 2015, 7（4）: 189 – 222.

［166］ Hausmann R. , Hidalgo C. A. Country Diversification, Product Ubiquity, and Economic Divergence ［R］. Harvard University, John F. Kennedy School of Government Working Paper, 2010.

［167］ Hausmann R. , Hwang J. , Rodrik D. What You Export Matters ［J］. Journal of Economic Growth, 2007, 12（1）: 1 – 25.

［168］ Hausmann R. , Klinger B. The Structure of the Product Space and the Evolution of Comparative Advantage ［R］. CID Working Paper, 2007.

［169］ Hayek F. A. The Constitution of Liberty ［M］. Chicago: University of Chicago Press, 2011.

［170］ He F. , Lucey B. , Wang Z. Trade Policy Uncertainty and Its Impact on the Stock Market-Evidence from China-US Trade Conflict ［J］. Finance Research Letters, 2021, 40: 101753.

［171］ Hidalgo C. A. , Hausmann R. The Building Blocks of Economic Complexity ［J］. Proceedings of the National Academy of Sciences, 2009, 106（26）: 10570 – 10575.

［172］ Holmes T. J. , Schmitz Jr J. A. Competition and Productivity: A Review of Evidence ［J］. Annual Review of Economics, 2010, 2（1）: 619 – 642.

［173］ Horn H. , Mavroidis P. C. , Sapir A. Beyond the WTO? An Anatomy of EU and US Preferential Trade Agreements ［J］. The World Economy, 2010, 33（11）: 1565 – 1588.

［174］ Huang Y. , Luk P. Measuring Economic Policy Uncertainty in China ［J］. China Economic Review, 2020, 59: 101367.

［175］ Hummels D. , Klenow P. J. The Variety and Quality of a Nation's Exports ［J］. American Economic Review, 2005, 95 (3): 704 - 723.

［176］ Jarreau J. , Poncet S. Export Sophistication and Economic Growth: Evidence from China ［J］. Journal of Development Economics, 2012, 97 (2): 281 - 292.

［177］ Jens C. E. Political Uncertainty and Investment: Causal Evidence from US Gubernatorial Elections ［J］. Journal of Financial Economics, 2017, 124 (3): 563 - 579.

［178］ Julio B. , Yook Y. Political Uncertainty and Corporate Investment Cycles ［J］. The Journal of Finance, 2012, 67 (1): 45 - 83.

［179］ Keynes J. M. The General Theory of Employment ［J］. The Quarterly Journal of Economics, 1937, 51 (2): 209 - 223.

［180］ Knight F. H. Risk, Uncertainty and Profit ［M］. Boston: Houghton Mifflin, 1921.

［181］ Koopman R. , Wang Z. , Wei S. Tracing Value-Added and Double Counting in Gross Exports ［J］. American Economic Review, 2014, 104 (2): 459 - 494.

［182］ Kose M. A. Economic Integration, Business Cycle, and Productivity in North America ［R］. IMF Working Paper, 2004.

［183］ Krugman P. A "Technology Gap" Model of International Trade ［J］. International Economic Association Series, 1985: 35 - 61.

［184］ Krugman P. R. Increasing Returns, Monopolistic Competition, and International Trade ［J］. Journal of International Economics, 1979, 9 (4): 469 - 479.

［185］ Krugman P. Scale Economies, Product Differentiation, and the Pattern of Trade ［J］. The American Economic Review, 1980, 70 (5): 950 - 959.

［186］ Lakatos C. , Nilsson L. The EU-Korea FTA: Anticipation, Trade Policy Uncertainty and Impact ［J］. Review of World Economics, 2017, 153 (1): 179 - 198.

［187］ Lawless M. Deconstructing Gravity: Trade Costs and Extensive and Intensive Margins [J]. Canadian Journal of Economics, 2010, 43 (4): 1149 – 1172.

[188] Lileeva A. Trade liberalization and productivity dynamics: evidence from Canada [J]. Canadian Journal of Economics, 2008, 41 (2): 360 – 390.

[189] Liu Q. , Ma H. Trade Policy Uncertainty and Innovation: Firm Level Evidence from China's WTO Accession [J]. Journal of International Economics, 2020, 127: 103387.

[190] Li X-L, Li J. , Wang J. , Si D-K. Trade Policy Uncertainty, Political Connection and Government Subsidy: Evidence from Chinese Energy Firms [J]. Energy Economics, 2021, 99: 105272.

[191] Lucas Jr R. E. On the Mechanics of Economic Development [J]. Journal of Monetary Economics, 1988, 22 (1): 3 – 42.

[192] Lucas Jr R. E. Studies in Business-cycle Theory [M]. Massachusetts: Mit Press, 1983.

[193] Manova K. , Yu Z. Multi-product Firms and Product Quality [J]. Journal of International Economics, 2017, 109: 116 – 137.

[194] Markusen J. R. Trade in Producer Services and in Other Specialized Intermediate Inputs [J]. American Economic Review, 1989: 85 – 95.

[195] Mayer T. , Melitz M. J. , Ottaviano G I P. Market Size, Competition, and the Product Mix of Exporters [J]. American Economic Review, 2014, 104 (2): 495 – 536.

[196] Melitz M. J. , Ottaviano G. I. P. Market Size, Trade, and Productivity [J]. The Review of Economic Studies, 2008, 75 (1): 295 – 316.

[197] Melitz M. J. , Polanec S. Dynamic Olley-Pakes Productivity Decomposition with Entry and Exit [J]. The Rand Journal of Economics, 2015, 46 (2): 362 – 375.

[198] Melitz M. J. The Impact of Trade on Intra-Industry Reallocations and Aggregate Industry Productivity [J]. Econometrica, 2003, 71 (6): 1695 – 1725.

[199] Menger C. Carl Menger and His Legacy in Economics [M]. North Carolina: Duke University Press, 1990.

[200] OECD. ISIC Rev 3 Technology Intensity Definition: Classification of Manufacturing Industries into Categories Based on R&D Intensities [R]. OECD

Directorate for Science, Technology and Industry, 2011.

[201] Olasehinde-Williams G. Is US Trade Policy Uncertainty Powerful Enough to Predict Global Output Volatility? [J]. The Journal of International Trade & Economic Development, 2021, 30 (1): 138-154.

[202] Olley G. S., Pakes A. The Dynamics of Productivity in the Telecommunications Equipment Industry [J]. Econometrica, 1996, 64 (6): 1263-1297.

[203] Osnago A., Piermartini R, Rocha N. Trade Policy Uncertainty as Barrier to Trade [R]. WTO Staff Working Paper, 2015.

[204] Pastor L., Veronesi P. Uncertainty about Government Policy and Stock Prices [J]. The Journal of Finance, 2012, 67 (4): 1219-1264.

[205] Pickles J., Plank L., Staritz C., Glasmeier A. Trade Policy and Regionalisms in Global Clothing Production Networks [J]. Cambridge Journal of Regions, Economy and Society, 2015, 8 (3): 381-402.

[206] Redding S. Dynamic Comparative Advantage and the Welfare Effects of Trade [J]. Oxford Economic Papers, 1999, 51 (1): 15-39.

[207] Redding S., Venables A. J. Economic Geography and International Inequality [J]. Journal of International Economics, 2004, 62 (1): 53-82.

[208] Rehman F. U., Ahmad E., Khan M. A., Popp J., Oláh J. Does Trade Related Sectoral Infrastructure Make Chinese Exports More Sophisticated and Diversified? [J]. Sustainability, 2021, 13 (10): 5408.

[209] Rehman F. U., Ding Y. The Nexus between Outward Foreign Direct Investment and Export Sophistication: New Evidence from China [J]. Applied Economics Letters, 2020, 27 (5): 357-365.

[210] Rodrik D. What's So Special about China's Exports? [J]. China & World Economy, 2006, 14 (5): 1-19.

[211] Romer P. M. Endogenous Technological Change [J]. Journal of Political Economy, 1990, 98 (5, Part 2): S71-S102.

[212] Romer P. M. Increasing Returns and Long-run Growth [J]. Journal of Political Economy, 1986, 94 (5): 1002-1037.

[213] Samuelson P. A. Where Ricardo and Mill Rebut and Confirm Arguments of Mainstream Economists Supporting Globalization [J]. Journal of Eco-

nomic Perspectives, 2004, 18 (3): 135 – 146.

[214] Savage L. J. The Foundations of Statistics [M]. Chicago: Courier Corporation, 1972.

[215] Schiff M., Wang Y. Regional Integration and Technology Diffusion: The Case of the North America Free Trade Agreement [R]. World Bank Policy Research Working Paper, 2003.

[216] Schmidt C. Uncertainty in Economic Thought [M]. England: Edward Elgar Publishing, 1996.

[217] Schott P. K. The Relative Sophistication of Chinese Exports [J]. Economic Policy, 2008, 23 (53): 6 – 49.

[218] Schott P., Pierce J, Schaur G, Heise S. Trade Policy Uncertainty and the Structure of Supply Chains [R]. Society for Economic Dynamics Meeting Papers, 2017.

[219] Seker M., Rodriguez-Delgado J., Ulu M. Imported Intermediate Goods and Product Innovation: Evidence from India [R]. World Bank Working Paper, 2011.

[220] Simon H. A. Models of Bounded Rationality: Empirically Grounded Economic Reason [M]. Massachusetts: MIT Press, 1997.

[221] Smith P. J. Global Trade Policy: Questions and Answers [M]. Hoboken: Wiley Blackwell, 2013.

[222] Soderbery A. Trade Elasticities, Heterogeneity, and Optimal Tariffs [J]. Journal of International Economics, 2018, 114: 44 – 62.

[223] Solow R. M. A Contribution to the Theory of Economic Growth [J]. The Quarterly Journal of Economics, 1956, 70 (1): 65 – 94.

[224] Solow R. M. Technical Change and the Aggregate Production Function [J]. The Review of Economics and Statistics, 1957: 312 – 320.

[225] Steinberg J. B. Brexit and the Macroeconomic Impact of Trade Policy Uncertainty [J]. Journal of International Economics, 2019, 117: 175 – 195.

[226] Sudsawasd S., Moore R. E. Investment under Trade Policy Uncertainty: An Empirical Investigation [J]. Review of International Economics, 2006, 14 (2): 316 – 329.

［227］ Tacchella A. , Cristelli M. , Caldarelli G. , Gabrielli A. , Pietronero L. Economic Complexity: Conceptual Grounding of a New Metrics for Global Competitiveness ［J］. Journal of Economic Dynamics and Control, 2013, 37 (8): 1683 – 1691.

［228］ Taylor O. H. Economics and the Idea of Natural Laws ［J］. The Quarterly Journal of Economics, 1929, 44 (1): 1 – 39.

［229］ Uzawa H. Optimum Technical Change in an Aggregative Model of Economic Growth ［J］. International Economic Review, 1965, 6 (1): 18 – 31.

［230］ Viner J. The Customs Union Issue ［M］. Oxford: Oxford University Press, 2014.

［231］ Von Mises L. Human Action ［M］. Austria: Lulu Press, Inc, 2016.

［232］ Von Neumann J. , Morgenstern O. Theory of Games and Economic Behavior ［M］. Princeton: Princeton University Press, 2007.

［233］ Wang Z. , Wei S. What Accounts for the Rising Sophistication of China's Exports? ［R］. NBER Working Papers, 2008.

［234］ Wang Z. , Wei S. , Zhu K. Quantifying International Production Sharing at the Bilateral and Sector Levels ［R］. NBER Working Paper, 2013.

［235］ Wood A. , Mayer J. Africa's Export Structure in a Comparative Perspective ［J］. Cambridge Journal of Economics, 2001, 25 (3): 369 – 394.

［236］ Xu B. , Lu J. Foreign Direct Investment, Processing Trade, and the Sophistication of China's Exports ［J］. China Economic Review, 2009, 20 (3): 425 – 439.

［237］ Xu B. Measuring China's Export Sophistication ［R］. China Europe International Business School Working Paper, 2007.

［238］ Xu B. The Sophistication of Exports: Is China Special? ［J］. China Economic Review, 2010, 21 (3): 482 – 493.

［239］ Zhou Y. , Ji Y. Trade Policy Uncertainty, Innovation and Total Factor Productivity ［J］. Sustainability, 2022, 14 (1): 266.

［240］ Zhu S. , Fu X. , Lai M. , Xuan J. What Drives the Export Sophistication of Countries ［R］. SLPTMD Working Paper, 2010.

附　　录

附录Ⅰ　对不同制造业部门进行分类的标准

将不同制造业行业按照两种方式进行归类：（1）借鉴吴利学等（2016）的做法，根据制造业行业的经营类型，将制造业划分为食品工业、轻纺工业、化学工业、材料工业和装备工业五大类；（2）参考窦钱斌和李孜（2021）的做法，根据制造业行业要素密集度，将制造业划分成劳动密集型、资本密集型和技术密集型三大类。具体如附表1所示。

附表1　　　　　　　　　　中国制造业部门的分类

制造业行业名称	制造业部门分类	制造业行业名称	制造业部门分类
食品加工和制造业	A1	塑料制品业	C1
饮料制造业	A2	橡胶制品业	C1
印刷和记录媒介的复制业	B1	石油加工及炼焦业	C2
家具制造业	B1	有色金属冶炼及延压加工业	D2
文教体育用品制造业	B1	金属制品业	D1
服装及其他纤维制品制造业	B1	非金属矿物制品业	D1
木材加工及木、竹、藤、棕、草制品业	B1	黑色金属冶炼及延压加工业	D2
皮革、毛皮、羽毛（绒）及其制品业	B1	专用设备制造业	E3
纺织业	B1	交通运输设备制造业	E3
造纸及纸制品业	B2	仪器仪表及文化办公用机械制造业	E3
化学原料及化学制品制造业	C2	普通机械制造业	E2
化学纤维制造业	C2	电子及通信设备制造业	E3
医药制造业	C3	电气机械及器材制造业	E3

　　注：字母A～E按顺序分别表示食品工业、轻纺工业、化学工业、材料工业和装备工业；数字1～3按顺序分别表示劳动密集型、资本密集型和技术密集型产业。

附录Ⅱ　对不同目标市场进行分类的标准

（1）参考 WDI 数据库的界定，本书将样本中发达国家市场划分为：丹麦、以色列、冰岛、加拿大、卢森堡、奥地利、希腊、德国、意大利、挪威、斯洛伐克、斯洛文尼亚、新西兰、日本、比利时、法国、波兰、澳大利亚、爱尔兰、爱沙尼亚、瑞典、瑞士、美国、芬兰、英国、荷兰、葡萄牙、西班牙。（2）由于目前对于新兴国家或地区的界定没有标准划分，本书参考摩根士丹利资本国际公司（MSCI）划分的新兴经济体名单，将样本中新兴国家或地区市场划分为：俄罗斯、匈牙利、南非、印度、印度尼西亚、哥伦比亚、土耳其、埃及、墨西哥、巴西、捷克共和国、摩洛哥、新加坡、智利、泰国、秘鲁、菲律宾、韩国、马来西亚、中国台湾、中国香港。（3）其他国家或地区的市场界定为发展中国家市场。

附录Ⅲ　中国工业企业数据库清洗与企业 TFP 测算

1. 原始数据

本书使用的中国工业企业数据原始样本年份为 1998～2013 年，该数据库主要由国家统计局及其各地下属机构统计的"全国国有及规模以上非国有工业企业"数据信息构成。由于不同学者获取该数据库的途径可能不同，导致各自的原始数据质量可能存在一定差异。为了保证本书研究结果的可靠性，我们的首要工作是考察原始数据质量。附表 2 显示，1998～2008 年，本书掌握的中国工业企业原始数据的企业数量，与官方统计资料《中国统计年鉴》、陈林（2018）和聂辉华等（2012）的统计信息差距不大，佐证了本书使用数据的可信度。在 2008 年之后，特别是在 2009 年和 2010 年，本书数据库与《中国统计年鉴》的企业数量信息存在一定差距。进一步对比每年度本书数据库与陈林（2018）中企业法人代码的重复情况可以发现，本书的原始数据在 2009 年法人代码重复问题严重，说明该年份的数据质量较差。

附表2　　　　　　　本书中国工业企业数据库的企业数量信息　　　　　单位：家

年份	本书原始数据企业数量	统计年鉴企业数量	陈林（2018）企业数量	聂辉华等（2012）企业数量	本书原始数据法人代码重复企业数量	陈林（2018）法人代码重复企业数量
1998	165039	165080	164726	—	0	0
1999	161972	162033	161635	160733	10	2
2000	162820	162885	162488	161480	13	4
2001	168957	171256	170874	169695	0	2
2002	181499	181557	181213	179899	11	2
2003	196165	196222	195896	194507	13	4
2004	274745	276474	278724	277139	26	8
2005	271785	271835	271560	270110	20	6
2006	301902	301961	301686	300194	27	8
2007	336695	336768	336512	335076	34	10
2008	411389	426113	411311	—	6	0
2009	348885	434364	377341	—	115805	5322
2010	310524	452872	348536	—	18	4124
2011	300681	325609	302593	—	0	0
2012	309457	343769	311314	—	0	0
2013	342670	352546	344875	—	0	0

2. 数据处理

本书对原始数据的处理过程主要参考了布兰特等（Brandt et al.，2012）、鲁晓东和连玉君（2012）、聂辉华等（2012）、聂辉华和贾瑞雪（2011）、杨汝岱（2015）、张天华（2016）、余淼杰（2017）等文献，具体包括：

（1）采用序贯识别法将中国工业企业每年的截面数据合并成面板数据。采用"法人代码"信息对截面数据进行年份间匹配，若法人代码重复或者匹配不上则进一步采用"企业名称"进行年份间匹配，若企业名称重复或者匹配不上则更进一步采用"法人代表姓名＋地区编码"进行匹配，若仍未匹配成功则继续采用"地区编码＋行业代码＋电话号码"进行匹配，若最后还是没有匹配成功，则采用"邮政编码＋成立年份＋电话号码"进行匹配。在数据匹配完成后，由于不同年份采用的国民经济行业分类标准不同，本书统一到 2002 年的版本。

（2）尽可能地处理企业缺失数据。第一是利用会计核算恒等式，计算出等式中变量所缺失的数据，利用的等式包括"流动负债 + 长期负债 = 负债合计""资产 = 负债 + 所有者权益""固定资产原值 − 累计折旧 = 固定资产净值""资产总计 = 流动资产合计 + 固定资产合计 + 无形和递延资产""工业中间投入合计 = 直接材料 + 制造费 + 管理费 + 营业费""工业中间投入 = 工业总产值 − 工业增加值 + 应交增值税""中间投入 = 产出 ×（销售成本/销售收入）− 工资支付 − 折旧值""中间投入 = 存货 − 产成品 + 主营业务成本 − 主营业务应付工资 − 主营业务应付福利费"等。第二是在基于会计恒等式对缺失数据进行补充后，若变量仍存在数据缺失，则采用常规数据清理方法进行处理。对固定资产原值、固定资产净值、从业人数、工业增加值、工业总产值等财务信息变量的数据缺失，按照"均值插补法"采用前后两年变量的均值予以插补，对企业数在地区、开业年份等个体属性变量，采用面板个体对应的众数予以调整。第三是对于前两步处理后还存在缺失的变量，基于一定的前提假设进行数据插补。例如，工业增加值数据，假设当年缺失的工业增加值相比前一期的增速与工业总产值的增速相同，则可以利用后者的增速来调整前者的缺失数据。

（3）剔除不符合统计常识的样本。对于工业总产值、工业增加值、工业中间投入、固定资产、累计折旧、本年折旧、应付工资总额、主营业务收入等重要变量的数据，若缺失或者小于等于 0 则予以剔除。若企业存在"流动资产多于总资产""固定资产多于总资产""累计折旧 < 当期折旧""从业人数少于 8 人"的变量予以剔除。处理到这里，本书数据库的全样本观测值有 2665935 个、企业数量有 511440 个，1998~2007 年样本的观测值有 1834278 个、企业数量有 505007 个。对比杨汝岱（2015），其在数据处理后，1998~2007 年的样本观测值有 2075512 个、企业数量有 552977 个，可以发现与本书的差距不大，在一定程度上验证了本书数据处理的可靠性。

（4）资本、工业中间投入和工业增加值变量的处理。第一，对资本变量进行处理主要参考了杨汝岱（2015）的方法。对于面板数据中企业个体在第 1 期之后的变量，则是将固定资产原值的后一期与前一期做差分，则得到了当期的固定资产投资名义变量，然后再利用固定资产投资价格指数进行平减则得到了固定资产投资的真实值。对于企业个体在第 1 期出现的样本，则是假设企业的投资增速与企业所在行业的投资增速保持一致，然后推算出企业从开业年份到样本年份之间的每年的固定资产投资名义值，再对每年的名义值进行价格指数平减则得到了自开业年份以来的固定资产投资真实值，最后基于永续盘存法和 15% 折旧率的假设推算出企业真实的资本存量。第二，对工业增加值和工业中间投入变量主要参考了鲁晓东和连玉君（2012）的处理方法，采用企业所在地的工业品出厂价格指数进行平减，并定基到 2000 年。

3. 企业 TFP 测算

基于上述过程处理后的数据，参考鲁晓东和连玉君（2012）的设定，本书对制造业企业 TFP 的测算主要采用了 OP 和 LP 两种方法。附图 1 分别汇报了 2000 年和 2007 年国有企业、民营企业和外资企业的全要素生产率（OP 方法）分布图，可以发现与既有文献测算的结果总体一致。

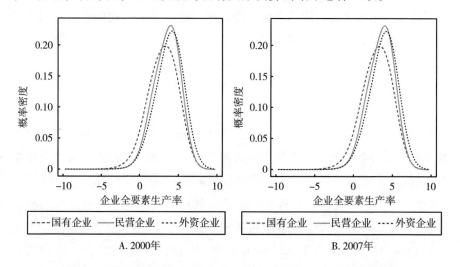

附图 1　中国制造业企业全要素生产率（OP 方法）的概率密度分布

后　记

时维五月，序属夏初。上海的天气虽然格外的好，街道上却几乎没有人。在这种忧闷的空气中，即将迎来我博士生涯的尾声，一时间百感交集。回望这几年的时间，见识有所增益，惬怀多过痛楚，承蒙了不少师长、同窗、挚友以及家人的无私济助和鼎力支持。时常想，我这样一个如此渺小的人，何德何能拥有这样幸运的人生。

我很庆幸能够来到世界经济研究所。感谢我的导师李安方老师选择了我。李老师是我科学研究的引路人，李老师时常教诲我不要只盯着"经济学"这一片小小的树叶，要站到"历史的""文化的""政治的""世界的"不同高度去俯瞰同一个问题，将我"小家子气"的视野拉大拔高，领略到"大局观"下的风光。惭愧的是，目前我的眼界离李老师的期望还是存在很大一段距离，扪心自问，我的努力确实远远不够。我还要感谢周宇、黄烨菁和胡晓鹏老师。不夸张地说，周老师可能是改变我人生轨迹的一位老师，当初我硕士即将毕业，正在举目茫然之际，周老师向我抛出"橄榄枝"，如果没有周老师，我可能就不会在世界经济研究所求学，更不会获得这一路上的"奇遇"。黄老师是一位谦和细腻的长辈，黄老师不仅带我参加科研项目和学术会议，逐字逐句地帮助我修改论文，在生活上更是关怀入微，在外聚餐时黄老师总是坚持"坚决不能让学生付费"，学习之余黄老师还不时会送面包、水果、洗发水等，细微之处令人感动。胡老师的治学风范深深地影响了我，胡老师的个人风格强烈，看问题犀利独到，近乎通晓经济学的"全领域"，在互联网、产业经济学以及国际经济领域，我都听过胡老师许多不同寻常的深刻见解和观点，胡老师仿佛拥有一种"魔力"，总是能在很短的时间内把看上去很复杂的问题，用很"通俗"和"简单"的语言把事情捋清楚，胡老师"谈笑风生"的许多场景至今记忆犹新。同时也要感谢世界经济研究所的权衡、沈玉良、孙立行、徐明棋和赵蓓文老师，来到世界经济研究所之前，我的专业还是金融学，对于世界经济可谓是"一窍不通"，正是各位老师极高的专业水准和授课方式，让我了解了当前世界经济的现实和理论正在发生着什么，可以说，没有老师们的引路，我没有一点信心去完成一篇世界经济专业的博士论文。师恩如山，莫敢或忘！

在此，我要特别感谢我的师叔——安徽大学经济学院的青年才俊李孜老师。师叔早年求学于海外，携一身"西方经济学"的本领来到安徽大学任教，届时我还在攻读硕士，每每苦闷之时便与师叔和杨阳师兄纵情饮酒，逢饮必醉，学校周边的酒馆均留下了我歪歪斜斜的身影。来到上海之后，"会须一饮三百杯"的机会少了许多，时不时便怀念当时"对酒当歌，人生几何"的日子，好在与师叔和师兄的联系不辍，每逢假期便放浪形骸，畅叙幽情。我的博士论文从选题、设计、技术细节到最终成稿，师叔都全程参与，并且做了无比重要的贡献，在这个过程中，我也领悟到了不少师叔身上的"西方经济学"，打心底里存在钦佩和感激之情。

我要感谢求学路上的同窗好友。那年夏天，怀着忐忑的心情参加博士面试，那也是第一次与现在的博士班同学进行交流，后来大家如愿以偿结为同窗，再后来我愈加发现他们实在是一群"神仙"同学。在我过去有限的认知里，第一次发现有这样一群人，不仅可以优秀到让我难以望其项背的地步，同时还非常努力。陈文斌、胡灵、邵运文、孙美露、王德伦、王菲瑶、王伟、谢婧、张竞之，你们的故事与见识激励着我，是我未来仰望的"星空"。同时，我也要感谢同来上海求学的硕士同窗余瑞敏和秦淑悦，余老师在复旦大学，秦妹子在上海财经大学，同在异乡求学，难免遇到不少生活和学业上的困境，我们互相鼓舞和砥砺。在静安寺、在南京路、在国权路，无数的灯影里都闪烁着余老师和我对未来做的种种设想。在这样一个"天下熙熙，皆为利来"的世界里，你们对我的无私帮助不可谓不大，由衷感谢。

我还要感谢我的两个好兄弟，李节和鲁小凡。我这辈子都无法忘掉，2018年末那个下着细雨的寒夜里，怀着一个完全看不见任何曙光的希冀，兄弟二话不说，陪我辗转于南京和上海，三个人挤在一间旅店里，为我"出谋划策"。在南京，凌晨三点我们徘徊在陌生街头，为了一个价值1块钱的袋子，跑了几个街区的超市，第二天，路过"天下文枢"的牌匾，匆匆留影就奔赴下一片山海，没有感受到一丝"文化温度"。那些狼狈之相，至今历历在目。毕业后，李节去了国外工作，鲁小凡去了中国科学技术大学攻读博士，虽然见面机会不多，但彼此相知，每每遇到人生重要决策关口，兄弟们都不遗余力地给我分析和建议。好兄弟李节即将完婚，预祝他新婚快乐、百年好合！也祝好兄弟鲁小凡早日博士毕业！

　　最后，我要感谢我的家人。这也是我最不敢起笔的一段，很羞愧，兜兜转转庸庸碌碌30余年，不仅未对家庭立过"寸功"，反而让家人为我的任性一再付出。家人为我所牺牲的，委实太多太多。我是幸运的，虽然求学之路荆棘不少，但有家人"庇护"，没有经历那些折磨的苦难。并且家人也无灾无难、平安健康，作为一个凡夫俗子，感谢老天爷的眷顾。未来，我要扛起我的责任，不敢妄言"为天地立心，为生民立命"，如果能够让我照顾好家人，尽我孝悌之义，此生应该也无遗憾了。

　　　　　　　　　　　　　　2022年5月22日深夜于上海社会科学院